지으신 것이 보시기에 좋았더라

# 지으신 것이 보시기에 좋았더라

**초판 1쇄 인쇄**_2020년 5월 25일 | **초판 1쇄 발행**_2020년 5월 30일
**지은이**_김경태
**펴낸이**_진성옥 외 1인 | **펴낸곳**_도서출판 한걸음
**주소**_서울시 용산구 한강대로 76길 11-12 5층 501호
**전화**_02)2681-2832 | **팩스**_02)943-0935 | **출판등록**_제 2016-000036호
**e-mail**_jinsungok@empal.com
ISBN_979-11-6186-080-0  03230
※ 책 값은 뒤표지에 있습니다.
※ 도서출판 한걸음은 도서출판 꿈과희망의 계열사입니다.
ⓒprinted in Korea. | ※ 잘못된 책은 바꾸어 드립니다.

# 지으신 것이 보시기에 좋았더라

김경태 지음

한걸음

# 나를 기억하시는 광대하신 하나님

어느 해 여름 며칠간 캘리포니아의 사돈집을 방문한 적이 있다. 새 크라멘토에서 북동쪽으로 33마일 떨어져 있는 오번(Auburn)이란 곳인 데 한적한 시골이다. 식구들과 저녁식사 후 담소를 나누다가 바깥 정 원으로 나가 깜깜한 밤하늘을 올려다보았다. 머리 위의 하늘에는 초 롱초롱한 별들의 향연이 끝없이 펼쳐지고 있었다. 셀 수 없는 수많은 별들이 반짝거리며 자신의 존재를 뽐내고 있었다. 하늘로부터 쏟아 지듯 눈앞에 펼쳐진 별빛 속에 나의 짧은 지식으로 별자리들을 하나 씩 확인해 보며 광활한 우주의 한 모퉁이에 내가 서 있음에 경이감을 느꼈다. 내 눈앞에 한없이 전개되고 있는 이 우주에는 2천억 개 이상 의 은하들이 흩어져 있다. 그렇게 많은 은하들 가운데 우리 은하가 있 고, 우리 은하에만 2천억 개의 별들이 존재한다. 우리 은하에 속한 수 많은 별들 가운데 하나가 태양이라는 별이다. 태양은 행성들을 거느 리며 우주의 한 자리를 차지하고 있다. 태양계는 항성인 태양과 그 중 력에 끌려 공전하는 9개의 행성들로 이루어져 있다. 이 태양계 전체 질량의 99.8%를 태양이 차지하고 있다. 태양은 지구가 130만 개나 들어갈 정도로 크다. 태양계 질량의 0.2%를 9개의 행성들이 나누어 가지고 있는데, 그중에 목성과 토성이 가장 크다. 이 두 행성이 행성 들 전체 질량의 92%를 차지하고 있다. 지구는 8개의 행성 가운데 4번째로 크지만 가장 큰 목성에 비해 1/1,400 밖에 되지 않는다. 광활한 우주에 비해 지구라는 존재가 얼마나 작은지! 우주의 먼지 한 톨에 지나지 않는다. 넓디 넓은 우주 속에 먼지 하나에 불과한 지구의 한 모퉁이에 내가 있다. 동아시아 작은 땅 한반도의 동쪽 끝 포항에 살고 있는 나는 얼마나 미미한 존재인지! 이 우주에서 나의 존재감이란 전혀 없다.

그렇지만 놀라운 사실은 너무나 보잘것없고 초라한 나를 하나님께서 기억하신다는 것이다. 우주를 창조하신 하나님! 광대하신 하나님! 지금도 우주를 통치하고 계시는 하나님께서 나의 존재를 아시고 내 이름을 불러 주신다는 사실이 믿겨지지 않을 정도로 놀랍다. 하나님께서는 죄와 허물로 영원한 진노의 자리에 있던 나를 구원하시기 위해 우주의 먼지 한 톨에 지나지 않는 이 지구 땅을 친히 찾아 오셨다. 나의 죄를 모두 담당하시고 나 대신 십자가의 형벌을 감당하셨다. 나 같은 미물을 기억하시고 아낌없는 희생을 치르신 것이다. 예수님의 십자가 희생으로 죄와 사망의 문제는 깨끗이 해결되었고, 하나님께서는 나를 양자로 삼아 주셨다. 권능과 영광의 하나님, 지극히 위대하신 하나님이 나의 아버지가 된 것이다. 이는 우주가 창조되는 일 못지 않게 기적적인 일이다. 이처럼 놀라운 기적을 경험한 내가 할 일은 영원토록 아버지 하나님을 찬양하는 것이다. 그 분이 창조하신 만물을 바라보며, 그의 기이한 능력을 노래하는 일이다. 내 몸의 세포에서 일어나는 생명 현상을 보면 볼수록 생명 속에 심어 놓은 정교한 작동 메커니즘에 놀라지 않을 수 없다. 또한 내가 살아가는 환경 속에 나타나는 자연현상의 오묘한 질서와 정밀한 움직임은 하나님의 손길을 느끼기에 충분하다. 그래서 창조주 하나님을 찬양하기 위해 이 글을 썼다. 이 책의 글을 읽는 모든 분들이 하나님의 하나님 되심을 인정하고 함께 그 분을 찬양하길 기대한다.

아직도 많이 부족한 나에게 매번 하나님의 창조섭리를 표현할 수 있도록 칼럼을 맡겨 주신 "건강과 생명" 월간지 편집자에게 감사를 드린다. '과학으로 하나님을 만나다'라는 고정 칼럼으로 독자들에게 다가갈 수 있어 참 기쁘다. 특히 매월 마지막 주 따뜻한 안부와 함께 원고요청을 하며 은근히 재촉하는(?) 장정선 기자님께 감사를 드립니다. 그리고 칼럼에 실린 삽화들도 흔쾌히 사용할 수 있도록 제공해 주셔서 감사를 표합니다. 그리고 큰 형님처럼 나를 항상 격려해 주시고 섬김의 본을 보여 주시는 이철지 사장님께도 고마움을 전합니다. 또한 나의 글들을 책으로 예쁘게 묶어 주신 진성옥 대표님께 깊은 감사를 표합니다. 그리고 35년 전 유학시절부터 지금까지 한결같이 믿음의 동지로 지내며 격려를 아끼지 않는 한동대학교 김대식 부총장님께 감사를 드립니다. 김 부총장님은 명석한 두뇌와 빠른 판단으로 많은 가르침을 주는 선배며 이번에 부족한 글에 대해 추천사를 써 주셔서 감사합니다. 그리고 내가 교만해지지 않도록 쓴 소리를 아끼지 않고, 날마다 기도로 지원해 주는 나의 동역자 아내에게도 감사를 전합니다. 또한 아름다운 가정을 일구고 있는 아들 요한, 페이튼 부부와 귀여운 손녀 해나에게 지면을 빌려 사랑을 전합니다.

2020년 신년에
김경태

# 만물을 있게 하신 하나님

　세상에는 두 종류의 사람이 있습니다. 하나님을 인정하고 그 분의 뜻대로 살고자 하는 사람이 있는 반면에 또 다른 종류의 사람은 하나님의 존재를 인정하지 않는 사람입니다. 이들에게는 두 종류의 믿음이 있습니다. 한 사람은 하나님의 살아 계심을 믿고, 다른 사람은 하나님이 없다 라고 믿는 것입니다. 이런 믿음에 바탕을 둔 두 사람의 살아가는 방식에는 매우 큰 차이를 보입니다. 하나님이 지금도 우리의 모든 삶을 지켜보고 계심을 믿는 자는 하나님의 뜻대로 살고자 노력할 것입니다. 반대로 하나님의 존재를 부정하는 자는 자신이 스스로 가치 있다고 생각하는 것을 좇아 살아갈 것입니다. 다시 말해서 가치관의 분명한 차이를 발견할 수 있습니다. 성경에서 말하는 가치기준은 종종 세상이 얘기하는 가치와 충돌하는 경우가 많습니다. 특히 만물의 존재에 대한 시각에 큰 차이가 있습니다. 한 부류의 사람은 모든 만물이 하나님에 의해 창조된 것으로 믿는데, 다른 부류는 만물이 저절로 우연히 형성되었다고 믿습니다. 존재하는 모든 것에는 원인이 있습니다. 하나님이 만물을 존재하게 했고, 모든 존재에게 목적을 두었습니다. 이를 깨닫는 것이 지혜요 신앙인의 가치체계입니다.

　하나님을 믿는 신앙인이요 생명을 연구하는 과학자로서 김경태 교수는 만물을 바라보는 독특한 안목으로 '과학으로 하나님을 만나다'라는 책을 저술한 바 있습니다. 이어서 '자연, 생명, 그리고 하나님'을 저술하였고, '만물이 그로 말미암고'와 '깊도다 그의 지혜의 부요함이여'라는 책을 시리즈로 출판한 바 있습니다. 그리고 이번에 '지은 것이 보기에 좋았더라' 제목을 정하고 다섯 번째 책을 내어 놓았습니다. 김교수는 창조과학자의 시각으로 일관성 있는 글들을 꾸준히 발표하며, 그가 이해하고 있는 창조주 하나님을 소개하고 있습니다. 그는 만물이 하나님으로 말미암았고, 하나님께서 만물의 주인이심을 전하고 있습니다. 김교수는 교육자로서 학생들을 가르치는 일에도 성실하게 자신의 본분을 다할 뿐만 아니라 연구자로서 대학원생들과 치열한 연구의 삶을 살고 있습니다. 김교수와 대화를 하다 보면, 그는 새로운 사실을 배우는 일에 대단한 열정을 가지고 있음을 발견하게 됩니다. 그는 새롭게 깨달은 과학적 사실에서 하나님의 창조 원리를 이해하고자 합니다. 광대한 우주만물의 오묘함과 생명체에 깃들인 정교함에 감탄하면서 놀랍도록 섬세한 작동원리를 풀어 해석하고 있습니다. 또한 이렇게 만드신 하나님께서 우리에게 던져 주시는 메시지를 전해 주고 있습니다. 그래서 김교수는 하나님께서 만물을 바라보며 흐뭇해하시고 기뻐하시는 마음을 전하고 싶어 합니다. 그는 본인이 이해하는 과학적 원리를 다른 분들과 공유하고자 과학을 전공하지 않은 분들도 이해할 수 있는 언어로 쉽게 설명하였습니다. 또한 과학적 원리에 덧붙여 성경적 삶의 원리를 제시하고자 하였습니다. 신실한 크리스찬 생명과학자로서 과학을 과학으로 머물게 하지 않고, 과학을 있게 하신 하나님의 의도를 깨닫기 위해 애를 쓰고 있습니다. 김경태 교수는 자신만의 독특한 안목으로 만물 속에 담긴 하나님의 자연계시를 바라보고, 이와 아울러 성경을 통한 하나님의 특별계시를 함께 전하고자 합니다. 그래서 창조주 앞에 선 한 인간으로서 어떻게 살아가는 것이 옳은 일인지 끊임없이 고민하고 있습니다. 김교수는 이 책을 통해 자연과 성경을 동시에 허락하신 하나님의 마음을 글로 옮겨 놓았습니다. 하나님의 마음을 이해한 자는 하나님의 뜻을 이루어가는 위대한 삶의 여정을 걸어갈 수 있으리라 믿습니다. 이 책을 통해 하나님의 하나님 되심을 확인하고, 만왕의 왕이요 모든 신들의 신이신 하나님을 함께 찬양하는 복된 시간 누리시길 기대합니다.

2020년 1월
한동대학교 부총장 김대식

• 차례 / 지으신 것이 보시기에 좋았더라

서문 / 나를 기억하시는 광대하신 하나님 · 김경태  004

추천사 / 만물을 있게 하신 하나님 · 김대식  008

# 놀라운 뇌의 세계

017    깊은 묵상은 뇌건강의 보약

022    화병엔 기도가 특효약

029    나이 들면 너그러워진다

034    베풀면 행복해지는 이유

039    어릴 적 친구를 또렷이 기억하는 이유

044    망각은 어떻게 일어나나

049    달면 삼키고 쓰면 뱉는다

054    운동은 치매 개선에도 좋다

059    잠을 잘 자야 치매가 예방된다

# 신비한 인체 기능

067    100세 시대를 살아가는 법

073    불로초가 있나?

078    남녀 행동의 차이가 나는 이유

083    뚱뚱해지면 당뇨에 잘 걸리는 이유

088    가나안인 후손은 누구?

093    암(癌)은 왜 생기나?

099    암세포가 포도당을 찾는 이유

104    면역 항암요법의 전략

110    부모사랑은 유전자를 안정시킨다

115    생체시계는 어떻게 작동하나

120    아이를 재울 때 흔드는 이유

125    앉기보다 일어나기의 유익

130    최고의 맛을 찾아서

135    위장에도 커피 수용체가 있다

140    추울 때 임신하면 날씬한 자녀 낳나?

145    운동기능 유전자가 있나?

150    역사적 무대에서 승리하려면

156    업무능력 향상에는 격려가 최고

161    음악이 감동을 주는 이유

166    우한 폐렴의 습격

## 자연세계의 비밀

173     눈으로 볼 수 있는 한계

178     세상에서 가장 비싼 보석은?

183     세상에서 가장 정확한 시계는?

188     우주에 구멍이 있나?

193     진짜와 가짜가 헷갈릴 때

198     노벨상 명문가 퀴리

203     송이돌과 파찌

209     포도주는 언제부터 즐겼나?

## 재미난 동물세계

217     붉은 바다거북의 항해비밀

222     가장 빠르게 헤엄치는 물고기

227     과학발전에 기여한 해파리

233     도마뱀이 천장을 걸어 다니는 이유

238     위장술의 대가는 누구일까?

243 닭이 매일 알을 낳는 이유

249 초원의 신사 기린의 생존비밀

254 모기에게 물리지 않으려면

259 여왕벌이 되기 위해서는?

264 육각형 벌집의 비밀

## 희한한 식물세계

271 꽃은 꿀을 어떻게 만드나?

277 딸기는 꿀벌을 원한다

282 겨울에 나무는 왜 벌거벗는가

# 놀라운 뇌의 세계

# 깊은 묵상은 뇌건강의 보약

　우리가 살아가는 현대사회는 무척 복잡하고, 변화 속도가 대단히 빠르다. 각종 매체를 통해 쏟아지는 정보의 홍수 속에서 우리는 무엇이 진실인지 헷갈릴 때도 많다. 매일 쌓여가는 지식의 총량은 폭발적으로 늘어가기에 이를 이해하고 따라 잡는 것은 몹시 힘든 일이다. 뒤쳐지지 않기 위해서는 날마다 지적 호기심을 가지고 꾸준히 새로운 지식을 습득해야 한다. 그러지 않으면 경쟁에서 도태되고 자아실현의 기회를 잃어버리는 경우가 많다. 현대 사회에서는 기술의 혁신을 통해 새로운 시스템을 끊임없이 개발하여 이전에 알지 못하던 생소한 기술환경을 제공하므로 이를 빨리 이해하고 적응하는 데도 힘이 든다. 특히 전자제품의 경우 1년만 지나면 골동품 취급 받을 정도로 새로운 기능과 사양을 장착한 제품들이 쏟아진다. 나는 아직도 휴대폰의 다양한 기능을 다 이해하지 못해 젊은 학생들에게 특정 앱이나 프로그램에 대해 자주 묻고 배운다. 또한 오늘날 물류의 이동은 거대하고 다양하며 사람들의 왕래는 매우 빈번하다. 톱니바퀴처럼 맞물려 돌아가는 사회 시스템에서 우리는 각자의 임무에 철저하도록 교육받고 있다. 자신이 감당해야 할 일을 등한히 하다 보면 주위에 큰 피해를 줄 수도 있다. 사람과의 관계에서도 신경을 곤두세워야 한다. 가

급적이면 생산적인 인간관계와 효율적 업무수행을 위해 노력해야 한다. 그리고 오늘날 우리 사회는 대단히 동적이다. 매우 급박하게 돌아가는 사회다. 정적이며 느릿한 조직은 찾기가 힘들 정도다. 특히 급변하는 도시환경에서는 심각한 스트레스가 발생하고 우리의 정신은 메마르고 기계화되기 쉽다. 그래서 갖가지 육체적, 정신적 통증이나 인지장애, 분노 등을 경험하고 있다.

그런데 이를 해결할 방법이 제시되었다. 조용히 명상을 하면 정신적 충격으로부터 회복도 되고 만성 통증이나 편두통도 줄일 수 있다는 결과가 나왔다. 2015년 2월에 미국통증학회 학술지에 명상의 효과에 대한 결과가 실렸다. 만성적으로 목에 통증이 있는 사람들을 대상으로 명상을 실시하면, 운동치료를 한 사람들과 비교하여 현저하게 통증과 불편감이 해소되었다고 한다. 89명의 환자들을 대상으로 명상그룹과 운동그룹으로 나눈 다음 치료를 시행했는데, 명상이 운동요법보다 좋았고, 고통을 견디고 감소시키는 데 탁월하다는 것이다. 그리고 미국 웨이크 포레스트 침례병원에서 실험한 결과, 명상이 편두통과 분노의 감소에 효과적이라고 한다. 편두통을 앓고 있는 환자들을 대상으로 8주간 요가 및 명상 프로그램을 실시한 결과, 편두통 증상이 덜했다. 즉 자주 발생하던 통증의 주기가 길어졌고, 발작 증세가 완화되었다. 그리고 환자들은 편두통에 대한 자기 통제가 가능하다고 느꼈다. 또한 고통스러운 자극에 대한 실험에서도 의미 있는 결과를 얻었다. 피실험자들의 피부에 열을 가해 49도까지 올리는 실험을 하였다. 참가자들이 명상을 할 경우, 단순히 눈만 감고 있는 것보다 40% 정도 고통의 강도가 덜했다. 이때 불쾌감도 57%나 줄어들었다. 뇌영상을 촬영해 보면, 고통에 관여하는 부위의 활동은 둔화되고, 주의력과 감정통제와 관련된 뇌 부위의 활동은 증가하는 것으로 나타났다. 이뿐 아니라 명상을 하면 인지력의 향상이 있었고, 일상적 분노를 줄이는데도 효과가 있었다. 피실험자 가운데 경도 인지장애가 있는 55−90세 사이의 대상자에게 8주 동안 동일한 명상 프로그램을 적용한 후 통상적인 치료를 받은 사람들과 비교하였다. 명상치료를 받은 사람들의 뇌에서는 신경망 연결이 향상되고, 감정 조절 및 학습과 기억을 관장하는 해마 부위의 위축이 줄어드는 것을 관찰하였다. 이는 알츠하이머씨 병에 의해 손상된 뇌 부위에 긍정적인 영향을 미치고, 병의 진행을 늦추는 효과가 있음을 말해 준다. 그리고 분노 관련 연구에서 명상을 실시한 대상자들은 매일 겪게 되는 분노에 대해서도 39%나 감소하는 것으로 밝혀졌다. 명상을 할 때 사고와 감정, 염려 조절 등에 관여하는 대뇌피질 영역이 활성화되어 분노를 억제한다는 것을 보여 주었다.

이처럼 명상은 두뇌활동과 행동에 괄목할 만한 효과를 나타내는 방법이다. 명상이 뇌의 세밀한 어떤 부분과 연관되어 있으며 어떻게 작용하는지 정확하게는 모르지만 고통과 분노를 완화시킨다는 것은 확실하다. 우리 신앙인에게도 강조되는 것이 묵상이다. 묵상은 그리스도인의 중요한 영성훈련이다. 묵상을 통해 하나님과 나와의 관계를 튼튼히 할 수 있다. 그리고 하나님께서 나의 삶을 어떻게 인도하실지 알게 된다. 또한 하나님께서 원하시는 길을 걸어갈 수 있도록 능력과 지혜를 공급받을 수 있다. 그러므로 하나님께서는 출애굽한 이스라엘 백성들에게 명령하셨다. "오늘날 내가 네게 명하는 이 말씀을 너는 마음에 새기라"(신 6:6)고 하셨다. 하나님의 말씀을 마음에 새기기 위해서는 깊이 묵상해야 한다. 성경의 구절을 되풀이해서 묵상하면 그 뜻이 명료해지고 분명해진다. 그리고 지혜를 얻을 수 있다. 모세의 뒤를 이어 이스라엘 민족을 영도하게 된 여호수아에게 하나님은 가나안 정복 전쟁을 어떻게 수행할 것인지 전술적 지시를 하지 않았다. 군사들의 훈련과 무기제작을 요구하시지도 않았다. 하나님께서 명하신 것은 오직 하나님의 말씀을 묵상하라는 것이었다. "이 율법책을 네 입에서 떠나지 말게 하며 주야로 그것을 묵상하여 그 가운데 기록한 대로 지켜 행하라 그리하면 네 길이 평탄하게 될 것이라 네가 형통하리라"(수 1:8). 하나님께서 약속하신 가나안 땅을 얻기 위한 비책은 율법책을 가까이 하여 항상 묵상하라는 것이다. 이것이 지도자로서 가장 중요한 일이라는 것이다. 비록 힘 세고 장대한 가나안 민족들이 버티고 있다 하더라도 말씀을 깊이 묵상하는 지도자에게 하나님은 형통하게 할 것이라고 약속하셨다. 전쟁은 하나님께 속한 것이니 걱정 말라는 것이다. 또 다른 위대한 지도자 다윗도 늘 묵상하는 자였다. "여호와여 내 입의 말과 마음의 묵상이 주의 앞에 열납되기를 원하나이다"(시 19:14) 라고 고백했다. 다윗은 나라를 통치하면서 하나님 앞에서 늘 묵상하였다. 자신의 뜻보다는 하나님의 뜻을 갈망하며, 묵상하여 깨달은 대로 다스리길 원했다. 그래서 이스라엘 왕국의 위대한 역사를 만들어 나갔다. 묵상은 하루의 삶에서 시작이요 기초를 다지는 훈련이다. 하나님의 말씀이 성령님을 통해 내 삶에서 역사하시도록 하는 것이다. 묵상으로 시작하는 하루가 쌓여갈 때, 우리의 삶 전체가 그리스도의 장성한 분량에 이르기까지 자라간다. 나의 직관, 이성, 의지, 감정까지 사용하여 전인격에 하나님의 뜻이 채워지도록 한다. 분주하고 복잡한 오늘의 삶에서 조용히 하나님을 묵상하는 시간이 필요하다. 그 시간이 우리의 뇌를 튼튼하게 만들 뿐만 아니라 영적 건강도 지켜준다. 오늘도 성경의 말씀을 깊이 묵상함으로써 시대를 분별하고, 내 삶에서 메마른 사막이 변하여 강이 되는 하루가 되길 기도한다.

# 화병엔 기도가 특효약

우리가 살아가는 동안, 모든 일이 원하는 대로 순조롭게 풀려가는 경우는 거의 없다. 난처한 일이나 어렵게 꼬여버린 문제들이 우리 앞을 가로 막는 경우가 허다하다. 이는 우리의 일상이 언제나 공평무사(公平無私)하게 처리되는 것은 아니기 때문이다. 우리가 경험하는 여러 어려움 가운데 피하고 싶은 것 중의 하나는 억울하게 당하는 일이다. 나의 실수로 인해 야기된 실패는 감수할 수 있다. 하지만 스스로 최선을 다했고, 성실하게 일을 추진하였지만 본래의 취지와는 다르게 이해되고, 실망스러운 결과가 도출될 때 몹시 안타깝다. 특히 다른 사람의 교묘한 덫에 걸려 속아 넘어간 경우는 참으로 원통하기 짝이 없다. 치밀한 계획하에 진실하게 추진하던 사업이 사기꾼의 농간으로 물거품이 되고 말 때는 억장이 무너진다. 이와 아울러 선한 의도로 시작한 일에 대해 많은 사람들이 나쁘게 평가하고 매도할 때는 정말 화가 난다. 그리고 인간관계에서 자신의 의도와는 다르게 오해가 발생하여 본의 아니게 어려움을 당하기도 한다. 때로는 자신이 개진한 의견을 다른 사람이 정확하게 이해하지 못함으로 인해 뜻하지 않은 곤욕을 치르기도 한다. 이처럼 억울하다고 느낀 일을 경험하지 않은 사람은 거의 없을 것이다. 요즈음도 뉴스를 통해 마음이 답답해지는 일을 자주 듣게 된다. 오랫동안 알뜰하게 절약하여 모은 돈을 보이스 피싱으로 순식간에 날려 버려 발을 동동 구르는 사건을 우리는 심심찮게 목격하고 있다.

우리가 살아가면서 가끔 당하게 되는 불공정한 처사에 대해, 내가 왜 이런 대접을 받아야 하나 생각할 때 화가 치밀어 오른다. 그런데 이런 상태가 장기화되면 육체적으로뿐만 아니라 정신적으로도 여러 문제가 발생한다. 심해지면 화병으로 발전하는 것이다. 화병은 감정을 발산하지 않고 억누른 상태가 지속될 때 생기는 병이다. 스트레스가 결국 분노로 변하고, 이를 억제할 때 화병이 되는 것이다. 가슴이 답답해지고, 소화장애가 발생하며, 억울하고 분한 감정이 자주 치밀어 오른다. 이런 경우, 아주 효과적인 치료방법이 기도라는 것이 밝혀졌다. 오하이오 주립대의 브래드 부시맨(Brad J. Bushman) 교수팀은 3가지 실험을 하였다. 첫 번째 실험은 53명의 대학생들을 대상으로 하였다. 이들에게 설문조사를 실시하여 분노, 피로감, 우울감, 활력, 긴장을 각각 어느 정도 느끼고 있는지 조사하였다. 그리고 자신을 화나게 만든 일에 대해 5분 동안 글을 쓰도록 하였다. 이렇게 쓴 글을 평가자에게 보내었는데, 의도적으로 혹평을 내리게 하였다. '내가 읽은 글 가운데 가장 최악이었다'라는 식의 평가를 함으로써 피실험자를 몹시 화나게 만든 것이다. 그런 다음, 화가 잔뜩 난 대학생들에게 신경모세포암에 걸려 투병 중인 사람의 얘기가 실린 신문기사를 읽게 하였다. 자신의 글이 나쁜 평가를 받아 기분이 상했지만, 이 일에 대해 잠시 벗어나 다른 일에 집중토록 한 것이다. 그 후 한 그룹의 대학생들에게는 암환자를 위해 기도하게 하고, 다른 그룹은 환자에 대해 생각만 하게 하였다. 그리고 다시 설문조사를 해 보니 암환자를 위해 기도한 그룹이 생각만 했던 그룹보다 분노나 부정적 감정을 훨씬 적게 가짐을 확인하였다. 두 번째 실험은 94명을 대상으로 수행했는데, 이번에는 자신의 글을 혹평했던 평가자를 위해 기도하게 했다. 그리고 다른 그룹은 그 사람에 대해 생각만 하게 하였다. 즉 자신을 기분 나쁘게 만들었던 그 일에 계속 생각이 머물도록 한 상태에서 실험한 것이다. 두 번째 실험에서도 기도한 그룹은 생각만 했던 사람들에 비해 화를 누그러뜨리고, 공격성을 감소시키는데 효과적이었음을 보여 주었다. 세 번째 실험은 기도의 대상을 다르게 하였다. 이번에는 56명을 대상으로 실험하였는데, 피실험자들로 하여금 각자가 잘 아는 사람 가운데 어려움에 처해 도움을 필요로 하는 사람을 위해 기도하거나 혹은 기도는 하지 않고 생각만 하게 하였다. 이 실험에서도 생각만 한 그룹에서는 분노 관련 평가가 상승하였고, 기도를 한 사람에게서는 분노 조절이 훨씬 잘 되었다. 일련의 실험들을 통해 기도는 감정적 경험이나 사회적 행동, 인지적 검증에서 대단히 긍정적인 영

향력을 발휘하고 있음을 보여 주었다. 이는 사람들이 분노나 공격적인 충동을 느낄 때, 원인 제공자에 대해 기도하는 것이 가장 효과적인 해소방법임을 말해 준다.

다윗은 이스라엘 왕국의 2대 왕으로서 탁월한 통치자로 존경을 받은 분이었다. 그렇지만 다윗만큼 억울한 일을 많이 당한 분도 없을 것이다. 그는 유다 지파 이새의 여덟 아들 중 막내 아들로 태어나 주목을 받지 못하였지만, 하나님의 마음에 합한 자로 인정받아 기름부음을 받았다. 그는 목동이었고 시인이며 용맹스런 군인이었고, 정치가, 예언자였다. 다윗이 양을 치던 소년 시절, 블레셋과의 전쟁이 일어났다. 전쟁에 참여한 형들의 안위를 알아보기 위해 전쟁터로 찾아 간 다윗은 이스라엘을 조롱하고 하나님을 모욕하는 적장 골리앗을 바라보게 되었다. 혈기왕성한 다윗은 그냥 지나칠 수 없었다. 그는 골리앗을 향하여 용감하게 나아갔고, 싸워서 이겼다. 다윗이 사용한 무기는 예리한 칼도 아니고, 활도 아니었다. 목동으로서 양을 보호하면서 맹수를 물리칠 때 사용하던 물매였다. 그는 익숙한 물매를 사용하여 골리앗의 이마에 돌을 정확히 맞춤으로써 쓰러뜨렸다. 적장을 단숨에 제압하여 나라의 영웅이 되었다. 이후 다윗은 사울왕의 신임을 얻고, 장군이 되어 여러 전쟁에 나가 승리를 거두어 혁혁한 공을 세웠다. 그러자 백성들은 다윗을 크게 칭송하였다. '사울의 죽인 자는 천천이요 다윗은 만만'이라고 높였다. 다윗의 인기가 치솟자 사울왕은 그를 시기하였고, 급기야 다윗을 죽이고자 하였다. 다윗이 언젠가는 자신의 왕위를 노릴 것이라 생각한 것이다. 질투에 눈먼 사울왕은 자신의 딸 미갈을 주겠다는 빌미로 위험한 전투에 다윗을 내 보냈다. 이 전투에서 블레셋 사람의 양피, 즉 음경의 포피를 100개 가져오면 공주를 주겠다는 것이다. 사울의 예상과 달리 다윗은 용감하게 싸워 블레셋 사람의 양피 200개를 갖다 바쳐 미갈을 아내로 얻었다. 그래서 다윗은 사울의 사위가 되었다. 이제 다윗은 사울의 집안사람이 되었다. 그럼에도 불구하고 여전히 불안을 느낀 사울은 어찌하든지 그를 죽이기로 작정하였다. 이 사실을 알게 된 아내 미갈이 다윗의 탈출을 도와 사무엘이 살고 있는 라마 나욧으로 간신히 도망칠 수 있었다. 그리고 사울의 아들 요나단의 도움으로 예루살렘과 가까운 '놉'에 있는 성막으로 갔다. 거기서 제사장 아히멜렉을 만나 진설병 떡으로 허기를 채우고, 골리앗이 차고 있었던 칼을 얻었다. 그리고 가드 왕 아기스에게 가서 잠시 몸을 의탁하기도 했으며, 모압 땅으로 망명을 떠나기도 했다. 그 후 유대 땅으로 들어와 예루살렘 남서쪽 26km에 위치한 아둘람 굴로 몸을 숨겼다. 이때 환난을 당한 자들, 빚진 자들, 마음이 원통한 자들이 그 굴로 몰려들었고, 다윗은 약 400여 명의 우두머리가 되었다. 다윗이 유대 땅에 있다는 사실을 알게 된 사울왕은 자신의 정보망을 총동원하여 다윗을 찾았다. 다윗이 엔게디 광야에 있을 때, 어떤 사람이 사울왕에게 다윗의 위치를 고자질하여 사울 군대의 추격을 받았다. 하지만 사울은 성공하지 못했다. 오히려 다윗에게 사울을 제거할 절호의 기회가 찾아 온 것이다. 깊은 굴 속에 숨어 있던 다윗은 굴 어귀에서 잠자는 사울을 죽일 수 있었다. 그러나 그는 가만히 겉옷 자락만 베어내었다. 그런 다음 사울의 군사들이 떠나 서로의 거리가 멀어진 후, 큰 소리로 자신의 억울함을 사울왕에게 호소하였다. "여호와께서 재판장이 되어 나와 왕 사이에 심판하사 나의 사정을 살펴 억울함을 풀어 주시고 나를 왕의 손에서 건지시기를 원하나이다"(삼상 24:15). 또 한번은 '십' 사람이 기브아에 있는 사울에게 다윗의 은신처를 알렸다. 다윗이 지금 광야 앞 하길라 산에 숨었다고 말이다. 이에 사울은 3천 명의 군사를 이끌고 다윗을 추격하였다. 다윗을 찾기 위해 무리한 행군을 하던 사울과 군사들은 곤하게 자고 있었다. 이 틈을 타서 다윗은 부하 아비새를 데리고 몰래 사울의 진영에 들어갔다. 그리고는 사울왕을 치지 않고 창과 물병만 가져 나왔다. 그곳을 벗어난 다윗은 큰 소리로 외쳐 물병과 창을 보여 주며, 자신은 결코 왕을 죽일 마음이 없다는 사실을 알렸다. 그리고 사울왕에게 애원하였다. 자기 힘으로는 왕을 대적할 만한 능력이 없는 미약한 자인데 왜 나를 죽이려 하느냐고 외쳤다. 그리고 사울 앞에서 다윗은 하나님께 부르짖었다. "오늘 왕의 생명을 내가 중히 여긴 것 같이 내 생명을 여호와께서 중히 여기셔서 모든 환난에서 나를 구하여 내시기를 바라나이다"(삼상 26:24).

　자신의 목숨을 노리는 사울을 피해 도망 다니던 다윗은 말로 표현하기 어려울 정도로 고통스러웠을 것이다. 나라와 왕을 위해 오로지 충성 하였건만 돌아오는 것은 살기등등한 살해 위협이었다. 너무나 억울한 일이었다. 하지만 다윗은 억울한 감정을 스스로 풀어 보려 하지 않고, 하나님께 자신의 억울함을 호소하였다. 하나님의 간섭하심을 기대하며 기도하였던 것이다. 자신을 해치고자 집요하게 추적하는 사울에 대해 그는 하나님께 기도한 것이다. 이러한 기도를 하나님께서는 들어 주시고 다윗을 지켜주셨다. 다윗이 드린 기도는 마음에 자리 잡은 분노를 가라앉히는 특효약으로 작용했으리라 본다. 예수님도 우리에게 말씀하셨다. "너희 원수를 사랑하며 너희를 미워하는 자를 선대하며 너희를 저주하는 자를 위하여 축복하며 너희를 모욕하는 자를 위하여 기도하라"(눅 6:27-28). 원수를 위해 기도하는 것이 승리의 비결이다. 우리를 위협하는 원수를 위해 기도하면 우리의 몸과 정신을 건강하게 만든다. 마음에 분노를 품고 있으면 그 분노는 나 자신을 찌른다. 결국 분노는 부메랑이 되어 나를 공격하기 때문이다. 기도는 기대 이상으로 유익한 효과를 일으킨다. 마음속에 꿈틀거리는 나쁜 감정을 털어 버림에 있어서, 나를 힘들게 하는 당사자를 위해 기도하는 것이 효과적이다. 또한 내 주위의 어려운 사람을 위해 기도하는 것이 정신적 건강에도 좋다. 화병을 다스리는 데는 기도만한 약이 없다. 기도는 공허한 외침이 아니다. 인격적인 하나님과의 대화이고, 나의 억울함에 대한 부르짖음이다. 기도를 쉬지 않는 자에게 하나님께서는 선물을 주신다. 그중에 하나는 화병에 걸리지 않는 것이다. 이런 특효약을 우리에게 주신 하나님께 감사드린다.

# 나이 들면 너그러워진다?

　　나는 대학원에서 공부할 때 지도교수님을 참으로 어려워했다. 지도교수님은 당시 30대 후반이었고 혈기왕성하였으며 성격이 불 같았다. 교수님께서 지시한 실험을 제대로 수행하지 못하면 불호령이 떨어졌다. 그리고 실험할 때, 고가의 연구장비를 이용할 경우에는 특히 조심해야 했다. 파손이 되거나 고장이 나면 엄청난 후폭풍을 경험해야 했기 때문이다. 당시 우리나라의 연구비 사정은 넉넉하지 않았다. 이러한 어려운 상황 속에서 교수님은 비싼 장비들을 어렵게 장만하였다. 그런데 고장이 나면 수리하는 데도 비용이 발생하고, 오래 걸리므로 후속 연구에 큰 차질이 발생하였다. 그래서 고가 장비를 이용할 때는 특별한 주의를 기울여야 했다. 교수님께서는 방학기간을 이용하여 미국에 가서서 2달 정도 연구를 하고 오시기도 했는데, 돌아오신 직후에는 바짝 긴장을 해야 한다. 교수님이 안 계시는 동안 흐트러진 우리의 자세를 바로잡기 위해 한번씩 혼을 내기 때문이다. 실험실에서 교수님의 목소리가 커지면 아예 기숙사로 도망쳐 한나절 보내다가 교수님께서 퇴근하신 이후에 슬그머니 나타나는 동료도 있었다. 나는 지도교수님으로부터 동물세포 배양을 직접 배우기도 했는데, 혹시나 실수하지 않을까 조마조마 마음을 졸였던 기억이 있다. 그리고 교수님께서 사무실로 부르실 때는 무슨 일일까 생각하며 가슴이 철렁하기도 했다. 석사과정 2년 동안 내가 먼저 교수님께 다가가 이런저런 얘기를 나눈 적이 별로 없었다. 이처럼 나의 은사 교수님은 괄괄하고 다혈질의 성격을 가지고 계셨다. 하지만 내가 졸업하고 유학을 거쳐 오랜 시간 후에 만나 뵈었을 때는 순한 양처럼 변해 있었다. 아주 인자하시고 제자의 앞날에 관심을 갖고 따뜻한 격려의 말을 해 주셨다. 그분도 세월이 흘러 은퇴를 하셨고 이제는 고인이 되셨다. 연세가 많아지면서 젊은 시절의 급한 성격은 사라지고 제자를 인자하게 대해 주시던 모습에 놀라움과 함께 새로운 감동을 맛보곤 했다.

  이렇게 나이가 들면서 화를 덜 내고 너그러워지는 것은 나의 은사님에게만 국한되는 것이 아닌 것 같다. 나이에 따른 성격변화는 과학적으로 근거가 있다. 대뇌 피질의 두께 및 접힘 정도가 나이에 따라 변한다는 것이다. 영국 캠브리지 대학교와 미국 플로리다 대학교 및 이탈리아 과학자들로 구성된 연구팀이 뇌지도를 살펴보면서 얻은 결론이다. 연구팀은 22세-36세 사이의 젊은이 500명의 뇌사진을 분석하였다. 대뇌 피질을 비교하면서 알게 된 사실은 사람이 나이가 들면서 피질의 두께가 얇아지고 주름은 더 많이 접힌다는 것이다. 대뇌 피질은 감각, 운동, 인지, 언어, 사고, 계획, 기억 등을 담당하여 사람을 사람답게 만드는 기능을 가지고 있다. 연구팀은 5가지 유형의 성격과 대뇌 피질의 두께, 위치, 접힘 정도의 상호 관련성을 분석하였다. 5가지 성격은 신경질적, 외향적, 개방적, 쾌활한, 성실한 유형으로 각기 분류했다. 신경질적인 성격은 대뇌 측두엽의 접힘 정도와 관계가 있다고 한다. 그리고 외향성은 두정엽 피질의 두께와 측두엽이 관련되어 있으며, 개방성은 대뇌 앞쪽의 전두엽과 밀접한 관련성이 있었다. 이와 아울러 쾌활성과 성실성도 전두엽과 연결되어 있음을 확인하였다. 나이가 들어 가면, 대뇌 피질의 영역이 극대화되고, 두께가 얇아지면서 많은 주름이 발생한다. 그래서 대뇌 피질이 확장되어 간다. 그러면 부정적인 감정상태로 이동하는 신경질적인 반응이 줄어들고, 성실함과 쾌활성은 증가하는 경향으로 나타났다. 즉 분노 표출이 줄어들고, 남을 배려하는 이타성과 서로 협조하는 자세가 늘어난다는 것이다. 또한 자기를 통제하는 능력이 커지고 결단성을 보여 주게 된다. 따라서 시간이 흐름에 따라 더욱 책임감 있고, 다른 사람에 대해 덜 적대적이며 친화성이 높은 모습으로 변해간다고 한다. 이와 같이 뇌구조가 나이에 따라 변하고, 기본적인 성격에도 영향을 미치고 있음이 밝혀졌다. 따라서 뇌구조와 성격과의 상호관계를 이해하게 됨으로 인해 누구든지 대뇌피질의 형태를 알면 성격을 유추할 수 있으리라 보고 있다.

성경의 인물 가운데도 노년에 이르기까지 경건한 삶을 살며 신앙의 본을 보여 준 분들이 많다. 그중에 시므온과 안나가 있다. 나이 들어 노인이 되기까지 하나님을 경건하게 섬기던 시므온과 안나는 성전을 방문한 아기 예수님을 가슴에 품어 보는 감격을 누렸다. 유대의 율법에 의하면 남자 아이를 낳은 산모는 40일 후에 정결예식을 드려야 한다. 또한 장자는 하나님께 바치도록 되어 있으므로 제사를 지내야 했다. 그래서 예수님의 부모는 아기 예수를 데리고 예루살렘 성전으로 올라갔다. 이때 예루살렘에 거주하는 시므온과 안나라는 두 노인을 만나게 되었다. 시므온은 매우 연로했지만 경건하여 명망이 높았다. 그는 하나님께서 약속하신 메시야를 간절히 기다리던 분이었다. 시므온은 평생을 의롭게 살아 왔다. 착할 뿐만 아니라 율법의 원칙대로 하나님의 기준에 합당한 삶을 살았던 사람이었다. 그리고 하나님 앞에서 신중하고도 세밀한 주의를 기울여 살아가던 경건한 사람이었다. 다시 말해서 외적으로는 율법이 가르치는 대로 충실히 산 의로운 자였고, 내적으로는 하나님을 경외하며 겸손하고 구별된 삶을 살아가는 사람이었다. 성전을 처음으로 방문한 아기 예수를 본 시므온은 성령의 감동으로 아기가 메시야임을 바로 알아보았다. 그래서 가슴에 안고 하나님을 찬송하며 이제는 죽어도 여한이 없음을 고백하였다. "내 눈이 주의 구원을 보았사오니 이는 만민 앞에 예비하신 것이요 이방을 비추는 빛이요 주의 백성 이스라엘의 영광이니이다"(눅 2:31-32)라고 찬송하였다. 이런 고백을 듣고 놀라는 요셉과 마리아를 시므온은 축복하였다. 시므온은 성령의 사람이었다. 성령의 이끄심대로 순종하는 사람이었다. 그래서 메시야를 보기 전에는 죽지 않으리라는 성령님의 가르침을 받고 인내하면서 기다렸다. 그래서 마침내 그 꿈을 이루었다. 시므온과 더불어 성전에서 아기 예수를 만난 분이 또 한

분 있었는데, 안나라고 하는 여선지자였다. 그녀는 결혼생활 7년 만에 과부가 되어 84세가 되도록 성전에서 주야로 금식하며 기도하고, 하나님을 충성스럽게 섬겼다. 안나는 성전 중심의 삶을 살았던 분이었다. 안나는 남편과 사별 후 거의 60여 년을 독신으로 살며 기도의 제물이 되었던 분이다. 쉬지 않고 기도함으로 하나님의 뜻을 분별하여 순종하며 살던 사람이었다. 안나는 늙도록 하나님을 사랑하고 신앙의 지조를 지키며 살았다. 그래서 메시야를 직접 만나는 복을 누렸다. 늘 깨어 기도하던 안나는 메시야이신 아기 예수님을 성전에서 알아 볼 수 있었다. 하나님께서 그녀의 영안을 열어 주셨기 때문이다.

안나처럼 과부로 오랜 시간 산다는 것이 얼마나 외롭고 힘들겠는가? 그녀는 경제적으로도 몹시 궁핍하였다. 하지만 메시야에 대한 소망을 끝까지 붙들어 마침내 소원을 이루는 모습을 성경은 기록하고 있다. 시므온과 안나는 아름다운 신앙의 모습을 노년에 보여 주었다. 그들의 인격은 늙어 가면서 점점 성숙해졌다는 것을 짐작하게 한다. 젊었을 때는 성질부리고 충동적으로 살았을지 모른다. 모나고 급한 성격으로 실수를 저지른 경우도 많았을 것이다. 하지만 나이가 들면서 날카로운 성격이 부드러워졌다. 신중해지고 무게가 있으며 진중해졌다. 이와 아울러 하나님에 대한 진실한 신앙으로 의롭고 경건한 삶을 살았다. 인생의 마지막이 아름다운 그들의 삶은 참으로 존경스럽고 흠모할 만하다. 우리도 시므온과 안나처럼 노년에 이르도록 주님의 일에 힘쓰고, 기도하며 찬송하길 원한다. 그래서 날이 갈수록 우리의 인격과 신앙이 정금처럼 빛나길 소원한다. 후손들에게 믿음의 본을 보여 주며 젊은이들을 축복해 주는 신앙의 선배가 되길 소원해 본다.

# 베풀면 행복해지는 이유

　나와 아내는 매년 두 차례 3박 4일 동안 진행되는 영성훈련의 모임에서 봉사자로 섬기고 있다. 영성훈련을 위해서 약 3개월 전부터 봉사팀이 구성된다. 일주일에 한 번씩 모여 예배를 드리고, 행사를 위해 기도하며 필요한 물품을 준비하고 진행될 프로그램을 숙지하는 연습을 한다. 이렇게 3개월을 함께 준비하다 보면 한 팀이 된다. 동일한 목적으로 함께 움직이는 동지들이 되는 것이다. 그리고 일단 영성훈련이 시작되면 쉼 없이 전개되는 프로그램이 원활하게 진행되도록 조직적으로 움직인다. 3일 동안 매일 3-4시간 밖에 잠을 자지 못하는 강행군이지만 서로 격려하며 자신의 맡은 임무를 수행한다. 봉사자들은 영성훈련 참가자들이 불편함 없이 지내며, 오직 하나님께만 초점을 맞출 수 있도록 최선의 노력을 기울인다. 이렇듯 봉사자들은 많은 시간을 할애하여 헌신한다. 이뿐 아니다. 3박 4일 간의 숙식을 위한 경비도 스스로 부담할 뿐 아니라 참가자를 추천하고 이들의 숙식비까지 담당한다. 그래서 봉사자들의 경제적 지출도 상당하다. 봉사자들이 이렇게 자신의 귀한 시간과 돈을 쓰면서 희생하는 이유는 단 하나다. 봉사하고 나면 기쁘기 때문이다. 몸은 파김치가 되어도 참가자들이 하나님의 사랑을 경험하고 만지고 보았다고 간증할 때, 행복함과 희열을 느낀다. 참가자들이 영성훈련을 마치고 가정과 교회와 일터에서 하나님의 사랑을 전하는 크리스찬 리더로 살아가도록 돕는 것이 목표이다. 그래서 그들이 하나님의 사랑을 실천하겠다고 다짐하는 모습을 볼 때 가슴 벅찬 보람을 느끼며 기쁜 것이다.

이처럼 다른 사람을 위해 자신의 삶을 투자하면 행복해진다는 것을 우리는 경험을 통해 알고 있다. 그래서 힘든 봉사를 또 다시 하게 되는 것이다. 이와 같이 봉사와 섬김에 대한 동기부여가 뇌신경과학적으로 어떻게 이루어지는 지에 대한 연구가 이루어졌다. 독일의 뤼벡 대학과 미국 노스웨스턴 대학 및 스위스 취리히 대학의 공동 연구팀은 기능성 자기공명영상 실험을 통해 관대함과 행복 간의 연결고리를 뇌에서 찾았다. 이들은 자신의 연구결과를 2017년 네이처 커뮤니케이션즈(Nature Communications) 저널에 발표하였다. 남자 11명과 여성 39명으로 구성된 평균 25세의 지원자를 대상으로 실험을 하였다. 그리고는 각 사람에게 매주 25 스위스 프랑씩 4주간 총 100 스위스 프랑을 송금하였다. 그리고 실험군에게는 그 돈을 다른 사람들을 위해 사용하라고 하였다. 다른 사람에게 선물을 주거나 식사를 함께 하는 등 각자 알아서 사용토록 하였다. 반면에 대조군에게는 그 돈을 자신을 위해서 사용하라고 하였다. 음식을 사 먹든지 필요로 하는 물건을 사든지 하라고 한 것이다. 그런 다음 참여자들의 뇌를 자기공명영상 장치로 조사하였다. 그 결과, 타인에게 베푼 이타적 행동과 만족감 사이에 연관성이 나타났다. 즉 너그럽게 행동한 사람들이 행복함을 더 크게 느꼈다. 다른 사람을 위해 돈을 쓰겠다고 결정했을 때, 측두엽과 두정엽의 경계부위가 대조군에 비해 매우 활성화되었다. 그리고 이 부위의 활성에 의해 영향을 받는 선조체 부위의 기능이 활발해졌다. 이와 아울러 안와전두엽(orbitofrontal cortex)의 활성도 증가하였다. 다시 말해서, 친사회적 행동과 너그러움에 반응하는 측두엽과 두정엽 경계부위가 활성화 되면, 행복감과 관련된 선조체 부위의 반응이 증가한다. 그리고 장단점을 따져 의사결정하는 안와전두엽의 활성도 활발해지는 것이다. 즉 타인을 위해 봉사할 때 뇌의 보상회로가 활성화 되어 쾌감을 느끼는 것이다. 이타적이고 관대한 선택, 그리고 자기중심적인 편견을 극복할 수 있는 것은 측두정엽 경계부위의 기능적 활동 및 구조적 특성과 상관관계가 있다. 이 부위가 활성화 되면 이타적인 영역과 행복감을 느끼는 영역 간에 상호작용이 강화되어 기쁨과 보람을 느끼고, 이를 실행하고자 하는 동기부여가 이루어지는 것이다.

인간 사회는 자선단체에 기부하거나 시간을 자원봉사 하는 행동으로부터 이익을 얻는다. 이 같은 관대한 행동은 타인의 이익을 위해 자신의 자원을 투자하기 때문에 비용이 많이 든다. 그럼에도 불구하고, 자신의 소유를 기꺼이 나누는 경우를 흔하게 볼 수 있다. 왜냐하면 관대한 행동이 긍정적이고 행복한 감정을 맛볼 수 있다는 사실을 환기시켜 주기 때문이다. 연구팀은 이타적인 결정 및 행동을 주관하는 뇌 신경부위가 기쁨과 쾌락을 주도하는 신경회로의 활동을 증가시키는 사실을 보여 줌으로써 뇌조직 간의 연결고리를 확인하였다. 초대교회시대 바나바라는 분이 있었다. 바나바는 착한 사람이었고 성령과 믿음이 충만한 사람이었다고 성경은 설명하고 있다. 착하다는 것은 마음이 선하고 어진 분에 대해 표현하는 말인데, 바나바는 고통 중에 있는 자들을 위로하고 도와주기를 즐거워하였다. 이는 그의 이름에서 알 수 있다. 바나바는 권위자(勸慰者) 즉 위로를 잘하는 사람이란 의미를 갖고 있다. 그는 교회 안의 어렵고 힘든 사람들을 보고 자신의 밭을 팔아 교회에 바친 사실이 기록되어 있다. 바나바는 마음이 너그럽고 관대한 분이었다. 사도 바울은 회심하기 전에 그리스도인들을 잡아 예루살렘의 종교재판에 회부하며 핍박하던 자였다. 대제사장의 공문을 들고 멀리 다마스커스로 올라가던 중, 부활하신 예수님을 만나고 거듭났다. 그래서 주님을 따르는 제자로 변하였지만 아무도 믿지 않았다. 예루살렘에 있는 주님의 제자들을 만나기 위해 바울은 내려갔지만 만날 수 없었다. 이때 사도들과 신뢰의 관계를 맺고 있던 바나바가 바울의 회심을 보증하고, 인정받도록 도와주었다. 그리고 예루살렘 교회로부터 안디옥 교회의 지도자로 파송 받은 바나바는 바울이 머물고 있는 다소까지 찾아 가 바울을 설득하여 함께 사역하도록 요청하였다. 이처럼 바나바는 다른 사람의 필요를 채워주고 위로하며 세워주는 역할을 감당하였다. 바나바는 실수한 자를 보듬고 다시 기회를 주는 관대한 사람이었다. 바울과 함께 소아시아 지방으로 1차 전도여행을 할 때, 함께 갔던 마가는 힘들어 중도에 도망쳐 버렸다. 바울은 이 일로 인해 큰 상처를 입었다. 그 후 2차 전도여행을 떠나고자 할 때, 바울은 마가를 선교팀으로 고려하지 않았다. 하지만 바나바는 마가를 용납하고, 다시 기회를 주고자 하였다. 이 일로 인해 갈등이 생긴 두 사람은 각자 선교여행을 떠나게 되었다. 바나바와 함께 선교여행을 떠났던 마가는 성숙해져서 초대교회의 요긴하고도 중요한 지도자가 되었다. 그는 마가복음을 기록하였고, 나중에 옥중의 바울이 마가를 찾을 정도로 신실한 일꾼이 되었다. 잘못을 용서해 주고 미래의 가능성을 보고 용납해 준 바나바가 있었기에 마가는 교회의 유익한 일꾼이 될 수 있었다. 아마도 바나바는 자기희생을 통해 깊은 행복을 맛보는 일에 익숙하였던 것 같다. 나 자신도 실수와 허점투성이다. 하지만 "인자가 온 것은 섬김을 받으려 함이 아니라 도리어 섬기려 하고 자기 목숨을 많은 사람의 대속물로 주려 함이니라"(마 20:28)

고 선언하며 희생하셨던 예수님이 계셨기에 아직도 나는 건재하다. 주님의 말할 수 없는 희생과 아낌없는 섬김을 통해 나 같은 자도 영생의 복을 누리고 있는 것이다. 바나바와 예수님처럼 남을 위해 섬기고 베풀며 희생할 수 있는 성숙한 그리스도인이 되길 소원한다. 이 길이 진정으로 행복해지는 비결이기 때문이다.

# 어릴 적 친구를 또렷이 기억하는 이유

우리는 살아가면서 수많은 사람들을 만나고 관계를 맺는다. 그중에는 어쩌다 한두 번 만나 스쳐 지나가기도 하고, 어떤 경우는 친밀한 사이로 발전하여 수시로 연락을 주고받으며, 서로 많은 시간을 공유하기도 한다. 얼마 전 서울에 사는 조카의 결혼식에 참석했다가 우연히 40년 만에 친구를 만났다. 얼굴에는 주름이 생기고 머리 숱은 엷어졌지만 옛 친구인지 금방 알아볼 수 있었다. 반갑게 인사를 나누고, 어떻게 지내왔는지 서로의 삶에 대해 물으며 이런저런 얘기를 나누었다. 아쉬운 마음으로 헤어지면서 이제부터라도 종종 안부를 묻고 연락하며 지내자고 약속하였다. 오랜 시간이 흘렀지만 친구의 모습은 내 뇌리에 분명히 남아 있었다. 우리는 살아가면서 수많은 사람을 만나는데, 얼마나 많은 사람의 얼굴을 기억하고 있을까?

뉴욕대학교의 연구팀이 이 질문에 대한 답을 얻기 위해 연구를 하고, 2018년에 그 결과를 영국왕립학회보에 발표하였다. 연구팀은 18세에서 61세까지 다양한 연령층의 지원자 25명을 대상으로 얼굴 모습에 대한 기억을 테스트하였다. 참가자들의 가족, 친구, 가족의 친구, 친구의 가족, 동료, 이웃 등 14개 항목에 해당하는 사람들을 확인하였다. 그리고 길거리나 공공장소에서 우연히 만난 사람들의 얼굴을 기억하고 있는지 여부도 살펴보았다. 실험에 참가한 대부분은 자신이 생각할 때 중요하다고 여기는 사람들의 얼굴에 대해서는 명확하게 기억하고 있었다. 친구나 동료 등 개인적으로 친밀한 사람들의 얼굴 모습에 대해서는 또렷이 기억하고 있는 반면에 사진이나 영상을 통해 알게 된 얼굴 모습을 기억하는 경우는 적었다. 하지만 개인적으로 존경하거나 흠모하는 스타 배우나 음악가, 스포츠 스타, 정치인들의 얼굴 모습은 참가자들이 생생히 기억하고 있었다. 그래서 개인별로 적게는 일천 명, 많게는 1만 명의 얼굴을 기억하였다. 얼굴기억에 대한 개인적인 편차를 평균해 보면, 각자 약 5,000명의 얼굴 모습을 기억하고 있다는 결론을 얻었다.

그렇다면 우리의 뇌는 사람의 얼굴을 어떻게 기억하고 인식하는가? 이스라엘 바일란 대학교 바딤 악셀로드(Vadim Axelrod) 박사 연구팀은 시각피질의 특정 신경세포가 얼굴에 반응한다는 것을 처음으로 발견하고, 2019년 뉴롤로지(Neurology) 저널에 논문을 발표하였다. 이 신경세포는 도시의 풍경이나 어떤 물체의 모양보다 사람 얼굴에 대해 강하게 반응하였다. 사람의 얼굴에 반응하는 신경세포의 존재는 1970년대 원숭이 실험에서 먼저 확인이 되었다. 그 후 2005년에 사람의 뇌에서 측두엽의 중앙 부위에 있는 신경세포가 유명 배우의 사진에 반응한다는 사실을 알았다. 당시 영국 레스터 대학교의 로드리고 퀴로가(Rodriggo Quiroga) 박사 연구팀은 사람 뇌의 해마 부위에 100개의 전극을 꽂고 실험한 결과, 특정 여배우의 사진을 보여 줄 때 활발하게 반응하는 신경세포가 있음을 알았다. 이에 더하여 이번 연구팀이 발견한 내용은 시각피질에 있는 특정 세포가 얼굴에 민감하게 반응한다는 사실이다. 이 세포는 유명인의 사진이든 일반인의 사진이든 얼굴 모습에 대해 강한 반응을 보여 주었다. 그리고 퀴로가의 실험에서 보여 준 신경세포보다 반응속도 면에서 훨씬 빨랐다. 해마의 세포는 0.3초 정도 걸린 반면에 시각피질의 세포는 0.15초 만에 반응하였다. 이렇게 사람의 얼굴을 인식하는 뇌신경세포가 특이적으로 존재한다는 것은 확실하다. 뇌졸중을 앓고 난 사람 가운데 시각피질의 손상이 일어났을 때, 다른 시각기능은 정상이지만 얼굴에 대해서 인식하지 못하는 경우가 있다. 이는 얼굴인식에 선택적인 신경세포들의 사멸로 인해 발생한 현상이다. 하지만 단 한 명의 사람에게만 선택적으로 반응하는 세포가 존재하는 것은 아니라고 여겨진다. 만일 할머니를 기억하는 신경세포가 5개 있는데, 어쩌다가 이 신경세포들이 죽으면 할머니를 만나더라도 인식하지 못할 수 있다는 것인데 이는 사실이 아니다. 지금까지의 결과는 얼굴을 인식하는 세포는 다양한 얼굴모습을 인식하였고, 그중에서 특정 모습의 얼굴에 비교적 더 활발히

반응할 뿐이었다. 망막의 세포는 사물의 한 점을 인식하지만 여러 망막세포의 신호를 받는 시신경세포는 중심 부분과 주변 구조에도 반응하며 빛 파장에 대해서도 민감하게 반응한다. 그리고 수백만 개의 시신경세포들의 정보는 10억 개가 넘는 시각피질 세포로 정보가 전달되며 펼쳐진다. 시각피질의 세포들은 입력되는 정보를 활용하여 사물의 각도를 인식하거나, 양쪽 눈에서 오는 정보를 통합한다. 또한 복잡한 모양, 움직임, 얼굴에 각각 반응한다. 이들 세포들은 특정 반응에 대해 비교적 강하게 활동하지만 다른 종류의 자극에 대해서도 일부 반응하는 스펙트럼을 보여 준다. 이들 신경세포들이 서로 정보를 주고받으며 물체의 인식에 종합적으로 관여하는 것이다. 마치 오케스트라의 다양한 악기들이 각자의 선율에 따라 연주하지만 총체적으로 하나의 음악을 만들어내듯이 뇌에서도 색상이나 형태, 움직임 등에 관여하는 신경세포들이 각자 활동하여 생성된 정보가 다시 통합되고 합쳐져 사물에 대한 인식을 형성하는 것이다. 이러한 인식이 저장되었다가 회상을 통해 나올 때 기억한다고 말하는 것이다.

　이스라엘 민족이 이집트를 탈출하여 가나안 땅에 안착한 후 살아갈 때, 사사들이 나타나 하나님의 뜻을 전하며 백성들을 가르치고 다스렸다. 사사시대의 끝 무렵에 에브라임 지파의 엘가나라는 사람이 두 아내와 살고 있었다. 한나와 브닌나가 그의 아내였는데, 브닌나에게는 여러 자식들이 있었지만 한나에게는 자식이 없었다. 이에 브닌나는 한나를 업신여기며 힘들게 하였다. 엘가나는 브닌나보다 한나를 더 사랑하여 많은 선물을 주었지만 이것이 한나를 위로하지 못하였다. 한나는 실로에 있는 하나님의 집에 올라가 제사를 드릴 때, 하나님 앞에 통곡하며 기도를 올렸다. "만군의 여호와여 만일 주의 여종의 고통을 돌아보시고 나를 생각하시고 주의 여종을 잊지 아니하사 아들을 주시면 내가 그의 평생에 그를 여호와께 드리고 삭도를 그 머리에 대지 아니하겠나이다"(삼상 1:11). 괴로운 심정으로 소리를 내지 않고 입술로만 기도할 때, 엘리 제사장은 한나가 포도주에 취한 것으로 오해하기까지 하였다. 하지만 한나가 마음의 원통함과 응어리를 얘기하자 엘리는 한나에게 축복의 말을 하며 위로하였다. 평안히 가라 이스라엘의 하나님이 너의 기도하여 구한 것을 허락하시길 원한다고 하였다. 이후 집으로 돌아간 한나는 임신하게 되었고, 위대한 선지자 사무엘을 낳게 되었다. 마음의 무거운 짐을 지고 괴로워했던 한나는 하나님께 부르짖으며 주의 여종을 잊지 말아 달라고 간구하였다. 하나님께서는 한나를 기억하셨다. 그의 마음 속 깊은 곳의 슬픔까지 기억하셨다. 이처럼 하나님께서는 우리를 결코 잊지 않으시고 기억하신다. 눈으로 보이지 않는 마음의 고통과 슬픔도 아시고 함께 아파하신다. 하나님께서는 "내가 너를 내 손바닥에 새겼고 너의 성벽이 항상 내 앞에 있나니"(사 49:16)라고 하신다. 하찮은 미물에 지나지 않는 나를 하나님께서는 긍휼히 여기셨다. 그래서 나의 얼굴을 영영히 잊지 않으시고, 나의 이름을 손바닥에 새기기까지 기억하신다. 이보다 더 큰 은혜가 어디에 있나! 그런데 나는 하나님께서 나와 함께 하신다는 생각을 잊을 때가 종종 있다. 마치 하나님께서 계시지 않는 것처럼 행동하고 말을 할 때가 있다. 크고 놀라운 하나님의 사랑에 감격하며 나의 삶의 순간순간마다 하나님을 잊지 않고 하나님의 뜻을 이루어가길 간절히 기도한다.

# 망각은 어떻게 일어나나

분주하고 복잡한 현대를 살아가는 사람들은 자신이 해야 할 많은 일들에 대해 기억 못하고, 간혹 잊어버리는 경우를 경험한다. 나는 다른 이와 약속시간을 잡거나 회의 일정이 발생할 때는 반드시 달력 일정표에 기록을 한다. 그렇지 않으면 놓치는 경우가 많기 때문이다. 하루 동안에도 여러 업무를 순차적으로 수행해야 하는데, 메모해 놓지 않으면 실수하기 쉽다. 왜 이렇게 우리는 기억해야 할 일들에 대해 시간이 흐르면서 잊어버리는 실수를 할까?

망각의 기작을 이해하기 전에 기억은 뇌에서 어떤 형태로 남아 있는지 살펴 볼 필요가 있다. 학습이나 반복훈련을 하면 뇌신경세포에 분자적 변화가 일어난다. 이러한 뇌조직에서의 변화가 기억으로 저장된다. 특히 신경세포의 정보통신을 담당하는 시냅스의 구조와 기능에 변화가 발생하여 일정 시간 기억으로 유지된다. 신경세포 간의 연결 접점인 시냅스는 신경세포 사이의 통신효율을 결정하는 장소이다. 시냅스의 구조는 항상 동일한 상태로 유지되는 것이 아니라 바뀔 수 있는데, 이를 시냅스 가소성이라고 한다. 시냅스의 구조와 기능이 변하는 현상을 통해 기억으로 저장되기도 하고, 이를 회상해 내기도 한다. 즉 구조적 변화가 발생한 시냅스를 통해 전기적 활성을 다시 유도해 내는 것이다. 이러한 전기적 신호가 감지되지 못할 정도로 약해지거나 혹은 잠재되어 있는 신경 신호의 변화를 끄집어낼 수 없는 상태가 되면 이를 망각이라 말한다. 그러면 망각은 왜 일어나는 걸까? 망각을 유도하는 원인 인자에 대한 연구가 이루어져 기억의 소실에 대한 분자기작이 밝혀지고 있다.

독일 괴팅겐의 유럽신경과학연구소 카민 딘(Camin Dean) 박사팀이 기억의 감소현상에 관여하는 단백질을 규명하고, 그 기능을 밝혀 2019년 사이언스(Science) 잡지에 발표하였다. 시냅스는 시냅스 전(前) 말단과 시냅스 후(後) 말단으로 구성되는데, 시냅스 전 말단으로부터 신경전달물질이 분비되어 시냅스 후 말단에 도착함으로 신호를 전달한다. 시냅스 후 말단의 막에는 수용체들이 포진하고 있어서 신경전달물질이 도착하면 이들을 인식하여 결합함으로써 전기적 신호와 화학적 신호를 생성한다. 이 신호의 증감에 따라 신경세포 간의 정보전달 효율이 정해지는 것이다. 신경신호 전달효율의 변화는 신경전달물질의 분비량이 달라지거나 혹은 시냅스 후 말단에 포진한 수용체 수를 조절함으로 이루어진다. 그래서 특정 시냅스의 활성이 왕성할 경우, 수용체들로 하여금 세포막에 많이 존재하게 하여 신호전달을 강화한다. 반면에 신경자극이 없는 기간이 지속되면 시냅스 후 말단으로부터 수용체들을 제거함으로써 약화시킨다. 그래서 시냅스 후 말단 표면의 수용체 숫자에 변화가 일어나는데, 세포 안에 있던 수용체들이 표면으로 이동하거나 혹은 표면에 있던 수용체 단백질이 세포질로 들어오는 과정이 일어나는 것이다. 이렇게 수용체 숫자의 변화를 매개하는 인자가 칼슘이온이다. 칼슘이 증가하는 패턴에 따라 수용체의 이동방향이 정해지는 것이다. 빈번하고 강한 자극이 와서 세포 내 칼슘의 농도가 높이 오래 유지되면, 수용체가 세포막 쪽으로 많이 이동하고, 약한 자극이 가끔 와서 신경세포로 칼슘이온이 조금만 들어오면 수용체가 세포막에서 세포 안으로 이동한다. 그렇다면 이렇게 약한 칼슘이온 농도의 변화를 감지하여 작용하는 인자가 무엇일까? 칼슘이온과 결합할 수 있는 시냅토태그민(synaptotagmin)이란 단백질이 주목을 받고 있다. 신경세포의 자극으로 칼슘이온이 증가하면, 특별히 시냅토태그민-3 단백질이 시냅스 후 말단의 막으로부터 떨어져 나온다. 이때 글루탐산 수용체의 일종인 AMPA 수용체와 결합하여 세포 안으로 이동함이 밝혀졌다. AMPA 수용체는 뇌에서 빠른 신경신호전달을 담당하는데, 칼슘이온이 높아지면 막표면에서 세포내부로 이동한다. 이때 칼슘이온을 감지하여 AMPA 수용체를 이동시키는 역할을 시냅토태그민-3 단백질이 감당하고 있다. 다시 말해서 시냅스 후 말단에서 칼슘이온 농도가 변하면 시냅토태그민-3이 감지하여 막표면에 존재하던 AMPA 수용체와 결합하여 세포 안으로 이동시키는 것이다. 이는 시냅토태그민-3이 AMPA 수용체와 결합할 뿐만

아니라 소포체를 형성하여 세포 내부로 이동시키는 기능을 가진 단백질들과도 결합을 하기 때문이다. 따라서 시냅스 후 말단의 표면에 존재하는 AMPA 수용체의 수는 감소하게 되고, 글루탐산과 같은 신경전달물질에 대한 반응이 약화된다. 즉 반복되는 학습과 훈련을 통해 기억이 형성될 때, 시냅스 표면에는 AMPA 수용체의 숫자가 증가하여 장기강화현상을 나타낸다. 그러나 시간이 흐르면서 AMPA 수용체의 숫자가 표면에서 줄어들면서 시냅스의 기능은 떨어지는데, 이 과정이 망각으로 이해되는 것이다. 연구팀은 시냅토태그민-3 유전자의 기능을 없앤 생쥐를 제작하여 실험하였다. 뇌의 해마 부위에 빈번한 반복자극을 주면 시냅스 장기 강화 현상이 발생하였고, 이 현상은 정상쥐에 비해 오랜 기간 유지되었다. 그리고 공간 기억을 점검하는 수중 미로(Water maze) 행동실험을 실시하여 정상쥐와 비교하였다. 수중미로 실험은 영국 에딘버그 대학의 리차드 모리스(Richard Morris) 박사가 고안해낸 것으로 쥐의 공간 기억을 테스트하는데 보편적으로 사용되고 있다. 수중 미로 실험에서는, 바닥이 보이지 않는 우윳빛 물로 가득 채워진 수조에 생쥐를 넣는다. 우윳빛 물 속에는 생쥐가 탈출 할 수 있는 작은 받침대를 하나 둔다. 수조에 들어간 생쥐는 물 표면 아래에 숨겨진 받침대와 부딪힐 때까지 물속에서 헤엄치다가 받침대를 발견하면 그 위로 올라간다. 정상쥐는 받침대가 수조의 어느 곳에 있는지 공간적인 위치를 학습하고, 다시 수조에 넣어주면 엉뚱한 곳으로 헤엄치는 시간적 낭비 없이 곧바로 받침대를 향해 헤엄쳐 간다. 또한, 받침대를 찾으면 헤엄치지 않아도 된다는 사실을 알게 된 생쥐는 받침대를 다른 위치에 갖다 놓더라도 동일한 방법으로 찾아 간다. 이와 아울러 받침대를 없애면 받침대가 있었던 곳 주위를 계속 맴돌며 헤엄치는 모습을 볼 수 있다. 이렇게 학습을 한 정상쥐는 특정 위치에 존재하는 물밑 받침대를 기억하는데, 시간이 지나면 서서히 잊는다. 반면에 시냅토태그민-3 유전자 적중 생쥐는 처음에 형성한 기억을 계속 가지고 있었다. 받침대 위치를 바꿔놓고 학습시키면 그곳을 잘 찾아 가지만 이전에 기억했던 곳에 대한 기억이 계속 남아 있으므로 예전의 위치에도 자주 방문하였다. 이는 기억의 소실이 일어나지 않음을 보여 준다. 연구팀은 시냅토태그민-3 단백질이 기억의 흐려짐, 즉 망각과정에 간여하는 중요한 원인 인자임을 밝혔다.

우리는 참으로 많은 사실들을 끊임없이 배우지만 배운 사실을 평생 기억하고 있지는 못한다. 나이가 들어감에 따라 잊어버리는 일은 더 자주 있고, 더 많아지는 것 같다. 이와 아울러 우리들의 기억은 점차 가물가물해지고 왜곡되기도 한다. 하지만 하나님께서는 사랑하는 우리를 결코 잊지 않으신다. 우리가 이 땅에 태어나기 전에 이미 기억하시고, 우리를 자신의 자녀로 삼겠다고 작정하셨다. "여인이 어찌 그 젖 먹는 자식을 잊겠으며 자기 태에서 난 아들을 긍휼히 여기지 않겠느냐 그들은 혹시 잊을지라도 나는 너를 잊지 아니할 것이라"(사 49:15). 젖먹이 아이를 둔 엄마가 혹시라도 그 아이를 잊을지언정 하나님께서는 결코 우리를 잊지 않을 것이라 하신다. 하나님은 우리를 자신의 손바닥에 새겨서 잊지 않겠다고 하셨다. 우리를 기억하시고, 우리를 반드시 구원하고야 말겠다는 하나님의 고집을 꺾을 이는 없다. 그리고 하나님께서 우리를 사랑하시겠다는 그 약속을 잊어버리게 할 자도 없다. 우리는 자주 하나님을 잊어버리고 내 욕심대로 살아간다. 이처럼 사랑 받을 자격이 전혀 없음에도 불구하고 나를 자신의 자녀로 삼아주시고 늘 기억해 주시는 하나님 아버지가 계시기에 우리는 진정으로 행복한 자라 할 수 있다.

# 달면 삼키고 쓰면 뱉는다

나의 가정에 예쁜 손녀가 생기면서 여러모로 변화가 생겼다. 내가 쓰는 핸드폰 배경화면에는 손녀 사진이 자리잡았다. 전화를 걸고 받을 때, 그리고 문자를 보내고 확인할 때마다 손녀의 얼굴은 내 눈을 사로잡는다. 손녀가 자라는 모습을 보는 것은 내게 큰 즐거움이 되었다. 친구나 동료들에게 틈만 나면 손녀의 사진을 보여 준다. 요즈음엔 손녀 자랑을 하려면 돈부터 내란다. 그래서 돈이라도 내고 손녀자랑을 하고 싶은 마음이 든다. 아들 가족이 미국에 살고 있으므로 직접 볼 기회가 별로 없지만 수시로 보내오는 사진이나 동영상을 보면서 손녀의 폭풍성장을 확인한다. 얼마 전에는 아들이 보내 온 손녀 사진으로 한참 웃었다. 그 사진에는 놀란 눈으로 식탁에 놓인 유리잔을 바라보는 손녀의 모습이 있었다. 커다란 유리잔에 스쿱으로 뜬 아이스크림 덩어리들이 5-6개 차곡차곡 쌓여 있었다. 자기 앞에 놓여 있는 엄청난 양의 아이스크림을 바라보고, 놀라워하면서 잔뜩 기대에 찬 얼굴이었다. 달콤한 아이스크림이 어찌 이렇게 푸짐하게 쌓여 있을까? 이 많은 양을 내가 다 먹을 수 있을까 라고 생각하는 것 같았다. 자신이 좋아하는 아이스크림 앞에서 입맛을 다시는 손녀의 모습이 무척 귀엽게 다가왔다.

우리 모두는 아이스크림을 좋아한다. 부드럽고 달콤하며 입 안에서 사르르 녹아 쉽게 넘어가는 아이스크림을 좋아하지 않는 사람은 없을 것이다. 아이스크림뿐만 아니라 초콜릿, 치즈 케익 등 달달한 음식을 대부분의 사람들은 좋아한다. 그런데 이렇게 단 음식을 유별나게 좋아하는 사람들이 있다. 유난히 단 음식을 찾고, 이를 강하게 탐닉하는 사람들은 일반 사람과 달리 그들의 뇌 구조에 차이가 있음이 밝혀졌다. 다시 말해서 단 음식 자체에 사람들의 자제력을 잃게 만드는 중독물질이 존재하는 것은 아니다. 다만 우리의 두뇌 구조가 단 음식에 대해 강한 반응을 보이게끔 되어 있다는 것이다. 이탈리아 피사의 임상생리학 연구소의 과학자들은 단 음식을 강하게 선호하는 사람들을 조사하였다. 자기공명장치를 이용하여 단 음식에 대한 사람들의 두뇌 반응을 관찰하였는데, 실험에 참가한 사람들에게 초콜릿을 먹이거나 초콜릿과 케익의 사진을 보여줄 때 발생하는 뇌 반응을 측정하였다. 단 것에 특별한 반응을 보이는 사람들은 사진만 보더라도 직접 먹는 것과 마찬가지로 뇌의 통제기능이 약화되는 현상을 보였다. 따라서 단 맛에 유난히 집착하는 사람들은 자신의 뇌 구조가 다른 사람과는 약간 다르다는 사실을 스스로 인정해야 할 것 같다.

이와 아울러 단 음식을 많이 먹으면 건망증이 생길 수 있다는 결과도 있다. 독일 베를린의 샤리티(Charite) 의과 대학 연구팀이 조사한 바에 의하면, 혈당이 지나치게 높아질 때 기억력에 문제가 발생함을 확인하였다. 당뇨병이 없는 평균연령 63세의 성인 141명을 대상으로 일정한 단어를 듣게 하고, 30분 후에 이를 기억하도록 했다. 혈당과 당화혈색소의 수치가 높은 사람들은 15개의 단어를 기억하는 것도 힘들어 하였다. 이는 만성적으로 혈당 수준이 높게 유지되면, 인지 기능에 나쁜 영향을 미치고, 학습에 관련한 뇌 부위의 구조변화가 야기됨을 보여 주는 것이다. 특히 노인층에서 적절한 혈당을 유지하는 것이 뇌 기능의 정상적인 작용에 유익함을 말해 준다.

이렇듯 우리는 본능적으로 단 맛을 좋아한다. 그러나 너무 단 음식만 찾다 보면 건강을 해칠 수도 있다. 우리가 단 것을 좋아하듯이 쓴 맛을 싫어하는 것도 선천적으로 타고 났다. 사람은 식물성 및 동물성 음식을 모두 먹을 수 있는 잡식성 동물이다. 그러므로 낯선 음식물이 주어질 때, 먹을 수 있는 것인지 구별하기 위해서 민감한 미각체계를 가지고 있다. 이러한 감각은 생존에 필수적이다. 왜냐하면 우리의 생명을 위협할 수 있는 많은 독소들은 매우 쓴 맛을 가지고 있기 때문이다. 그러므로 본능적으로 쓴 맛을 피하는 것은 좋은 음식을 찾는 일에 있어서 매우 중요한 행동이다. 아기가 태어나 처음으로 맛보는 음식이 엄마의 젖이다. 모유는 단 맛을 지니기에 아이는 거부감 없이 먹는다. 그러다가 젖을 뗄 때쯤에는 엄마의 유방에 쓴 약을 발라 아이로

하여금 회피하게끔 유도하기도 한다. 그러면 아이가 더 이상 엄마의 젖을 찾지 않는다. 이는 우리가 본능적으로 쓴 맛을 싫어하기 때문이다. 그런데 쓴 맛을 멀리하는 습성도 경험에 의해 바뀔 수 있다. 커피 맛은 쓰다. 하지만 기호식품으로 자주 마시다 보면 커피가 가지는 향을 좋아하게 되고, 커피의 쓴 맛조차 즐기게 되는 것이다. 우리가 아플 때는 약을 복용한다. 대부분의 약은 쓰지만 이 약을 먹어야 회복할 수 있다는 생각에 참고 복용한다. 이처럼 우리는 본능에 따라 단 것만 찾는 것이 아니라 경우에 따라서 쓴 약이라도 먹는다. 달면 삼키고, 쓰면 반드시 뱉어내는 것은 아니라는 말이다.

하나님의 말씀을 대하는 우리의 태도도 이와 같아야 한다. 말씀의 교훈을 접할 때, 우리의 상황에 따라 받아들이는 자세가 달라져서는 안된다. 성경을 읽는 가운데 우리는 사랑의 하나님을 만난다. 하나님께서 우리를 향해 달콤한 사랑을 표하시며, 실의에 빠진 우리를 위로해 주신다. 어려운 고난을 만나 힘들어 하며 의기소침해 있는 우리에게 강하고 담대 하라시며 용기를 북돋워 주시기도 한다. 그럴 때마다 우리는 기쁜 마음으로 말씀을 묵상하며 힘을 얻는다. 이와 함께 하나님께서는 우리를 향해 경고의 메시지를 전하기도 하신다. 우리가 저지른 불의와 죄악을 지적하시며, 범죄의 자리에서 떠나라 하시고, 하나님께로 돌이키라고 명할 때가 있다. 하나님의 마음에 합한 자로 칭찬을 받은 다윗은 이렇게 노래했다. "여호와의 율법은 완전하여 영혼을 소성시키며, 여호와의 증거는 확실하여 우둔한 자를 지혜롭게 하며, 여호와의 교훈은 정직하여 마음을 기쁘게 하고, 여호와의 계명은 순결하여 눈을 밝게 하시도다. 여호와를 경외하는 도는 정결하여 영원까지 이르고, 여호와의 법도 진실하여 다 의로우니 금 곧 많은 순금보다 더 사모할 것이며 꿀과 송이꿀보다 더 달도다. 또 주의 종이 이

것으로 경고를 받고 이것을 지킴으로 상이 크니이다. 자기 허물을 능히 깨달을 자 누구리요 나를 숨은 허물에서 벗어나게 하소서. 또 주의 종에게 고의로 죄를 짓지 말게 하사 그 죄가 나를 주장하지 못하게 하소서 그리하면 내가 정직하여 큰 죄과에서 벗어나겠나이다. 나의 반석이시요 나의 구속자이신 여호와여 내 입의 말과 마음의 묵상이 주님 앞에 열납되기를 원하나이다"(시 19: 7-14). 다윗은 하나님의 법이 우리의 영혼을 새롭게 하고 지혜롭게 하며 마음을 기쁘게 한다고 노래하였다. 그리고 하나님의 율법은 진실하고 의로우며 영원에 이르기까지 우리가 지켜야 할 법도가 되므로 순금이나 송이꿀보다 더 사모해야 한다고 가르친다. 하나님의 말씀은 달고 오묘하므로 우리가 즐겨 찾아 묵상해야 한다. 이뿐만 아니라 하나님의 법은 우리의 삶에 경고를 보내기도 한다. 우리의 죄과를 깨닫게 하고, 숨은 허물을 지적하는 것이다. 비록 마음이 아프고 인정하기 싫을 지라도 하나님의 경고를 겸손히 받아들이고, 죄로부터 벗어나야 한다. 나를 부하게 하며 존귀하게 하시겠다는 말씀만 아멘으로 받아들이고, 나의 허물을 지적하며 책망하는 말씀을 외면한다면 절름발이 신앙으로 변질된다. 성경의 말씀 앞에서 스스로 겸비하여 어떤 명령이라도 순종하겠다는 자세가 필요하다. 하나님의 위로와 힘을 받을 때와 마찬가지로 준엄한 경고의 음성에도 귀 기울여 순종하는 자가 복된 자다. 내 심령에 달든지 쓰든지 하나님의 말씀이라면 온전히 수용하는 자세가 바른 신앙의 첫 걸음이다.

# 운동은 치매 개선에도 좋다

컴퓨터 앞에 앉아서 하루 종일 일하는 사무직 종사자들은 대부분 운동이 부족하다. 나도 예외는 아니다. 강의할 때를 제외하고, 회의를 하거나 업무를 처리할 때, 거의 앉아서 한다. 일부러 시간을 만들어 운동을 하거나, 이동할 때도 차를 이용하지 않고 걸어 다니는 습관을 들이지 않으면 필요한 운동량을 채울 수가 없다. 운동이 부족하면 체중이 늘어나고 지방이 쌓이며, 혈액순환에 문제가 발생한다. 그리고 허리나 관절에 유연성이 떨어지고 신체적으로 민첩성도 떨어진다. 따라서 자기 자신의 몸 상태와 체력에 알맞은 운동은 건강유지에 꼭 필요하다. 특히 규칙적인 운동은 심장 건강에 도움이 된다고 잘 알려져 있다. 이뿐 아니다. 운동은 가벼운 인지기능 장애에도 개선 효과를 가져 온다. 인지장애가 오면 기억력이 떨어지고, 언어 구사력이 감소하며, 사고 및 판단력에 문제가 발생한다. 그래서 복잡한 업무를 처리하는데 어려움을 겪고 오래 걸린다. 그러므로 유산소 운동이 뇌기능 향상에 큰 도움이 된다. 미국 신경학회는 일주일에 150분 정도 활발하게 걷거나 조깅을 하든지, 혹은 하고 싶은 운동을 하도록 권하고 있다. 전 세계 60대 이상 사람들 가운데 약 6% 이상이 가벼운 인지장애를 가지고 있다. 이 증상은 나이가 들면서 더 많아지는데, 85

세 이상에서는 37%가 경험하고 있다. 따라서 나이가 들수록 꾸준히 운동을 해야 하고, 이를 통해 인지기능 손상의 유병률을 낮출 수 있다. 운동은 인지기능장애를 개선시킬 뿐만 아니라 알츠하이머 치매도 예방하거나 병의 진행을 늦출 수 있다. 현재 전 세계적으로 3천5백만 명의 사람들이 알츠하이머 치매로 고생하고 있으며, 앞으로 환자의 수는 더욱 늘어날 전망이다. 현 시점에서 알츠하이머 치매에 대한 효과적인 치료약은 없다. 따라서 치매 환자들의 뇌에서 일어나는 뇌신경세포의 사멸과 시냅스의 소실, 기억력의 상실 등에 저항하는 다양한 전략들이 제시되고 있다. 그 가운데 다양한 호르몬들의 작용에 관심이 모아지고 있다. 특히 인슐린, 렙틴, 글루카곤 유사 펩타이드 등은 뇌신경세포의 생존과 시냅스 가소성을 자극하여 인지기능을 포함한 뇌기능을 향상시키는 작용을 가지고 있다. 그래서 이들 호르몬의 작용을 증가시키는 방법을 임상적으로 시험하고 있다.

호르몬 중에서 근육으로부터 분비되는 이리신(irisin)이란 물질이 있는데, 알츠하이머 병을 예방하거나 병의 진행을 더디게 할 수 있음이 밝혀졌다. 브라질 리오데 자네이로 연방대학과 캐나다의 퀸즈대학 소속인 페르난다 데 펠리스 교수팀은 국제 공동연구를 통해 이리신의 항치매 효과를 확인하고, 이를 2019년 네이처 메디신(Nature Medicine)에 논문을 발표하였다. 이리신은 운동에 의해 분비되는 호르몬으로서 지방조직 대사에서 체열발생이 일어나도록 전환하는 기능을 가지고 있다. 그런데 이번의 연구를 통해서 이리신은 알츠하이머 치매에도 치료효과가 있으며, 운동에 의한 뇌건강 향상 효과가 있음을 제시하고 있다. 치매환자들은 정상인에 비해 뇌조직에서 이리신의 농도가 떨어져 있었다. 그래서 생쥐실험을 통해 이리신 분비를 차단해 보면, 학습 및 기억능력이 떨어졌고, 이리신을 공급하면 회복되는 것을 보았다. 알츠하이머 질환 모델 생쥐에게 이리신을 주입하면 시냅스 기능 및 기억력이 회복되었고, 이리신 작용을 억제하면 운동에 의한 뇌기능 증진효과가 사라졌다. 또한 치매에 걸린 생쥐라도 매일 운동을 꾸준히 하면 뇌신경의 시냅스 소실과 퇴화가 늦춰지는 것을 확인하였다. 이처럼 운동을 하면, 근육에서 생성되어 분비되는 이리신이 노인들의 치매 극복에 도움이 된다는 사실을 명확하게 보여 주고 있다. 이리신은 생쥐의 뇌에서 PGC-1α라는 전사조절인자에 의해 유도되고, 뇌유래영양인자인 BDNF의 발현을 촉진한다. 그래서 뇌신경세포의 사멸을 억제하며, 뇌신경 보호 역할을 하는 것이다. 나이가 들면서 뇌기능이 떨어지고 치매발병 확률도 높아지는데, 운동을 통해 어느 정도 극복할 수 있다. 이러한 운동효과의 매개물질이 이리신이라는 호르몬임을 이번에 밝힌 것이다.

　이처럼 꾸준히 몸을 움직이고 운동하는 습관은 건강유지에 필요하다는 사실을 누구나 인식하고 있다. 다만 얼마나 의지를 가지고 실천하느냐에 달려있다. 성경에도 보면 죽을 때까지 기력이 쇠하지 않고 정정했던 분이 있다. "모세가 죽을 때 나이 백이십 세였으나 그의 눈이 흐리지 아니하였고 기력이 쇠하지 아니하였더라"(신 34:7). 가나안 땅을 눈앞에 두고 느보산에서 하나님의 부르심을 받은 모세는 죽는 그 순간에도 건강하였음을 말해 주고 있다. 모세는 히브리인으로 태어나 갈대상자에 넣어져 나일강에 띄워졌지만 이집트 파라오의 딸 공주의 손에 건짐을 받아 왕궁에서 살게 되었다. 공주의 아들로 자라면서 이집트의 다양한 학문을 배우고 군사훈련을 받았다. 40년 동안 이집트 왕자로 살아 온 모세는 건설현장에서 히브리 동족을 괴롭히는 장면을 목격하고, 이집트 관원을 때려 죽일 만큼 의분이 강했고, 육체적으로도 강건하였다. 이 일로 모세는 미디안 광야로 피신하여 목자로서 지냈다. 목자는 양 무리를 끌고 풀과 물을 찾아 다녀야 한다. 한 곳에 정착하여 편안히 지낼 수 없다. 모세는 텐트에서 잠을 자고, 양을 돌보며 매일 이곳저곳 다녀야 하는 삶을 살았다. 그의 삶은 걷고 또 걷는 것의 연속이었다. 40여 년을 목자로서 살아 온 모세는 호렙산에서 여호와 하나님을 만나고 이집트로 다시 돌아가게 되었다. 파라오의 통치 하에서 고통을 당하고 있는 히브리 민족을 탈출시키기 위해서다. 하나님의 기적적인 간섭하심으로 파라오의 폭압에서 벗어난 이스라엘 민족을 앞장서 영도하여 가나안 땅으로 향했다. 약속의 땅으로 가는 여정이 40년간 이어졌다. 이 기간 동안은 광야 길을 걸어 다니는 생활이었다. 광야에서 천막을 치고 잠시 머물다가 구름기둥과 불기둥으로 인도하시는 하나님의 뜻에 따라 움직이는 삶이었다. 모세는 평생 몸을 움직이고, 걷고, 일하며, 운동하는 삶을 살았다. 그러기에 그는 죽는 순간까지도 기력이 왕성했고, 눈이 흐려지지 않

았다. 이 말은 육체적인 상태뿐만 아니라 정신적으로 그리고 영적으로도 강건했다는 것이다. 물론 이러한 복은 하나님의 은혜로 말미암음이다. 하나님께서 그를 특별히 보호하시고 건강을 지켜주셨다. 그런 가운데 한편으로는 그가 건강을 유지할 수 있었던 이유 가운데 하나는 일생 동안 몸을 부지런히 움직였다는 것이다. 청년의 때부터 부지런히 왕궁에서 훈련하며 체력을 키웠고, 피난의 땅에서도 양을 이리저리 끌고 다니며 돌보던 목자의 삶을 살았다. 그리고 이스라엘 민족을 이끌어 가나안 땅으로 향하던 광야의 삶에서도 그는 늘 걷고 움직였다. 그의 삶은 편안하고 안락한 생활이 아니었다. 게으르게 뒹굴며 쉴 틈이 없었다. 이러한 생활이 그로 하여금 120세까지 건강을 유지하게 했던 원인 중의 하나일 수도 있으리라 짐작이 된다. 이제 내가 늙어서 아무것도 할 수 없다 라고 체념하기보다 부지런히 움직이고, 운동하며, 하나님께서 주신 일을 감당해 나가야 한다. 그래서 우리 모두가 "그는 늙어도 결실하며 진액이 풍족하고 빛이 청청하니"(시 92:14)라고 일컬어질 수 있는 강건하고 지혜로운 사람이 되길 소원해 본다.

# 잠을 잘 자야 치매가 예방된다

　시골에 가 보면 젊은이들과 아이들은 눈에 띄지 않고, 연세 많은 어르신들이 낡은 집을 지키며 살고 있다. 이들은 해가 떨어져 깜깜해지면 저녁식사 후 서둘러 잠자리에 든다. 그리고 아침에 동이 트면 새벽부터 하루를 시작한다. 밭에 나가 김을 매고, 물꼬를 트며, 작물을 가꾼다. 반면에 도회지로 오면 상황은 바뀐다. 대부분의 사람들이 직장과 일터에서 퇴근한 후 밤늦게까지 각종 모임을 가지며 활동한다. 거리마다 밝은 조명시설이 설치되어 밤 시간 다니기에 불편함이 없다. 또한 가정과 사무실에서도 환한 작업환경으로 인해 일하는데도 지장이 없다. 사회가 복잡해지며 경쟁관계가 심해진 요즈음 시대에는 주어진 업무가 많아 이를 처리하기 위해 밤늦게까지 일하는 문화가 자연스러워졌다. 그래서 도시 사람들은 대부분 늦은 밤에 잠을 청하는 경우가 많다. 따라서 시골에는 종달새 문화가 형성되어 있고, 도시에는 올빼미 분위기가 이루어졌다. 그러므로 도시를 중심으로 수면 장애 환자들의 수가 점점 증가하는 추세를 보이고 있다. 2012년에 35만 8천 명의 환자가 수면장애를 호소하였는데, 4년 후인 2016년에는 49만 4천 명이 병원을 찾았다. 그래서 5년간 수면장애 환자 수가 211만 명에 이른다. 이와 더불어 노화가 진행되면서 수면의 질이 점점 나빠져 노인층에서 불면증을 호소하는 경우가 많다. 통계에 의하면 불면을 경험하는 노인이 거의 50%에 달한다. 이 중에 37%는 잠들기 어렵다고 호소하고 있으며, 29%는 수면 중에 깨는 것으로 조사되었다.

　이처럼 많은 사람들이 숙면을 못해 왕성하게 활동할 낮 시간에 피곤함을 느끼며 힘들어 한다. 밤 시간에 깊이 잠들지 못하고 깨어 있는 경우, 알츠하이머 치매에 걸릴 가능성이 높다는 것이 보고되었다. 미국 세인트루이스에 있는 워싱턴 대학교 의과대학의 데이비드 홀츠만(David M. Holtzman) 교수팀에서 수면과 알츠하이머 치매와의 연관관계에 대해 논문을 발표하였다. 수면이 부족하면 뇌척수액과 세포 밖 용액에 Aβ 펩타이드와 타우(τ) 단백질의 농도가 높아지는 것을 확인하였고, 이를 2019년 2월 사이언스(Science) 잡지에 발표하였다. 알츠하이머 치매 환자의 뇌에는 Aβ 펩타이드의 응집과 타우 단백질의 엉킴이 발생하여 신경세포의 시냅스가 소실되며 서서히 죽어간다. 건강한 뇌를 유지하기 위해서는 생겨나는 Aβ 펩타이드와 타우 단백질을 효율적으로 제거할 필요가 있다. 만일 이들 단백질의 생성이 너무 많거나 혹은 이들을 청소하는 시스템의 활성이 떨어지면 뇌조직에 쌓이게 된다. 그러면 불필요한 단백질 응집체들이 신경세포 안과 밖에 축적되면서 염증반응을 일으킨다. 뇌조직에 있는 미세아교세포가 단백질 응집체들을 인지하여 처리하기 위해 활동을 개시하고, 이들 세포의 숫자가 크게 증가한다. 그런데 미세아교세포가 감당하기 힘들 정도로 단백질 응집체들이 늘어나면, 이 세포로부터 활성산소와 염증인자들이 만들어지며 분비된다. 이들의 자극을 받은 주변의 신경세포들은 활력을 잃고 점차 죽어가는 것이다. 홀츠만 교수 연구팀은 낮과 밤의 일주기 동안 발생하는 Aβ 펩타이드와 타우 단백질의 생성량을 측정해 보았는데, 깨어 있을 때 약 2배 정도 더 많이 발생함을 확인하였다. 이는 뇌기능이 활발할 때 많이 생긴다는 것이다. Aβ 펩타이드는 서로 뭉치는 성질을 가지고 있어서 녹지 않는 덩어리로 만들어져 세포 밖에 쌓인다. 그리고 타우 단백질의 경우, 비정상적으로 세포 안에서 많아질 때 실타래처럼 엉켜 축색돌기를 따라 흐르는 신경신호전달이 제대로 일어나지 않게 만든다. 이와 아울러 타우 단백질은 세포 밖으로도 분비되어 주변 신경세포로 옮겨가서 새로운 응집이 유도되도록 한다. 연구팀은 생쥐가 자야 할 시간에 붓으로 건드려 잠을 못 자게 만들었다. 그랬더니 잠을 제대로 잔 대조군에 비해서 Aβ 펩타이드의 양이 30%나 증가하였고, 타우 단백질은 50%나 많아졌다. 그리고 잠자지 못하고 깨어 있을 때, 약물을 처리하여 신경활동을 억제하면 타우 단백질의 양이 늘어나지 않았다. 즉 자야 할 시간에 수면을 취하지 못하고 뇌활동이 지속적으로 활성화 되면 뇌 속에 쓰레기들이 쌓이는 것이다. 생쥐의 뇌조직에서 타우 단백질의 반감기는 10일 정도 되고, 사람의 뇌에서는 20일 정도 된다. 하지만 세포 바깥의 용액이나 뇌척수액으로 분비될 경우, 1-2시간의 반감기로 매우 짧아진다. 뇌신경세포 밖으로 나오면 이처럼 빨리 처리하고 제거하는 시스템을 가지고 있는 것이다. 그런데 수면 사이클의 변화가 생겨 세포 밖으로 분비된 타우 단백질의 농도가 걷잡을 수없이 빨리 증가하면 문제가 발생한다. 축적되는 타우 단백질을 효율적으로 제거하지 않으면 주변 세포로 옮겨가며 그곳에서 새로운 응집을 유도하는 것이다. 이런 악순환이 일어나면 뇌세포의 사멸이 촉진되고, 치매와 같은 퇴행성 뇌질환으로 진행된다.

그러므로 일상생활에서 수면과 각성의 주기적 패턴을 규칙적으로 유지 하는 것이 중요하다. 우리는 인생의 1/3을 잠으로 보낸다. 잠은 우리의 삶에 꼭 필요한 시간이다. 잠자는 동안 뇌조직은 노폐물을 치우며 정비를 한다. 그래야 깨어나 활동할 때 정상적인 기능을 할 수 있다. 우리에게 매일 밤을 허락하시고 잠자리에 들게 함이 큰 복이다. 숙면을 한다는 것은 염려로부터 해방되었다는 의미이다. 마음의 근심과 염려는 편안한 잠을 앗아간다. "너희가 일찍이 일어나고 늦게 누우며 수고의 떡을 먹음이 헛되도다. 그러므로 여호와께서 그의 사랑하시는 자에게는 잠을 주시는도다"(시 127:2). 마음의 평안을 동반한 달콤한 잠은 하나님을 의지하는 자에게 주어지는 복이다. 일찍 일어나 늦게까지 수고하여도 인생의 해결되지 않는 문제는 수두룩하다. 문제만 바라보면 고민은 깊어지고 불면의 밤이 지속된다. 그러나 하나님을 온전히 신뢰하는 자는 깊은 잠을 취할 수 있다. 졸지도 않고 주무시지도 않으며 우리를 지키시는 하나님이 계시기 때문이다. 우리에게는 하나님을 신뢰하는 훈련이 필요하다. 예수님께서 갈릴리 지방 가버나움을 방문하셨을 때다. 주님은 중풍병으로 고생하는 백부장의

하인을 고쳐 주셨고, 열병을 앓고 있는 베드로의 장모도 고치셨다. 이에 귀신 들린 자들과 각종 병든 자들이 소문을 듣고 찾아 왔다. 주님은 그들을 측은히 여겨 모두를 고치시며 치유의 은혜를 베푸셨다. 그리고는 제자들에게 갈릴리 바다에 작은 배를 띠우고 건너편으로 가자고 하셨다. 온 종일 사역에 지치신 예수님께서는 작은 배에 몸을 누이고 곤히 잠드셨다. 그런데 얼마 못 가 갑자기 바다에 큰 놀이 일어나 배가 파도에 덮일 지경이 되었다. 그럼에도 불구하고 주님은 피곤하여 여전히 주무셨다. 큰 풍랑으로 인해 두려움이 가득한 제자들이 예수님을 깨우자 주님은 일어나 바람과 바다를 꾸짖어 잠잠케 하셨다. 그러면서 주님은 제자들에게 어찌하여 무서워하느냐 믿음이 적은 자들아! 하며 책망하셨다. 예수님께서 흔들리는 작은 배에서 곤히 주무실 수 있었던 이유가 있었다. 물론 하루 종일 열심히 일을 하신 탓에 피곤하시기도 하였지만, 무엇보다도 주님은 창조주 아버지 하나님에 대한 깊은 신뢰가 있었기 때문이다. 날마다 하나님과 온전한 교감을 나누시던 주님은 거센 풍랑 속에서도 주무실 수 있었다. 한편, 만물의 주인이신 주님을 온전히 신뢰하지 못한 제자들은 그럴 수 없었다. 너희 염려를 다 주께 맡겨버리라고 하신 말씀을 의지하여 주님만을 바라볼 수 있는 자는 복된 자다. 믿음의 사람은 편안한 잠을 누릴 수 있다. 잠자는 동안 그의 뇌조직은 깨끗이 청소되며, 활발하고 온전한 기능을 유지할 수 있다. 하나님을 의뢰하는 자는 육체의 건강, 뇌건강, 정신건강, 영혼건강까지 누리는 복을 받는다.

# 신비한 인체 기능

# 100세 시대를 살아가는 법

　한국인의 기대수명은 1960년에 52세, 1970년에는 62세, 1980년에는 66세, 1990년에는 71세, 2000년에는 76세, 2010년에는 81세로서 계속 늘어나고 있다. 이렇게 평균수명이 증가하는 배경에는 의학과 과학의 발전이 있다. 냉장고가 발명되어 음식의 부패를 막고 보관을 늘려줌으로써 많은 질병을 예방할 수 있었다. 그리고 살균장치, 상수도, 폐수처리 등의 개발도 수명 연장에 크게 기여하였다. 이와 아울러 여러 전염병에 대한 백신을 개발하여 체계적으로 접종함으로써 감염병을 퇴치하는데 큰 도움이 되었다. 따라서 앞으로도 사람의 수명은 꾸준히 증가할 것으로 예측하고 있다. 2015년 2월 미국의 시사 주간지 'Time'지의 표지에 귀여운 아기 사진이 실렸다. 그리고 사진 옆에는 다음과 같은 문구가 적혀 있었다. '이 아이는 142세까지 살 수 있을 지 모른다'고 말이다. 이 아이는 특별한 사고나 질병이 없으면 142세까지 살 수 있을 것으로 예상한다는 것이다. 2001년에 미국 아이다호 대학교 스티븐 오스태드(Stephen Austad) 교수와 일리노이 대학교의 스튜어트 올샨스키(Stewart Olshansky) 교수는 인간 수명에 대해 내기를 했다. 오스태드 교수는 인간수명을 30% 정도 연장시키는 약물이 개발되어 150세까지 살 수 있을 것으로 예상하였다. 반면에 올샨

스키 교수는 그런 일이 일어나지 않을 것이라고 주장했다. 그래서 두 사람은 150년 후인 2150년에 150세까지 살고 있는 사람이 있는지 확인하기로 하였다. 두 교수는 각각 150달러씩 내서 주식을 사고 150년간 묵혀 두기로 하였다. 지금처럼 주가가 상승하면 150년 후에는 5억 달러로 불어날 것이며, 이를 이기는 쪽 자손이 차지하기로 하였다.

우리 몸을 구성하는 세포는 분열할 때, 유전정보 물질인 염색체도 2배로 복제되어야 한다. 염색체가 복제될 때마다 염색체의 말단 부위인 '텔로미어(telomere)'는 조금씩 줄어들게 된다. 따라서 나이가 들면서 텔로미어의 길이가 줄어들어 더 이상 복제를 할 수 없게 되면 세포 분열은 멈추고 스스로 사멸한다. 그러므로 텔로미어의 길이를 알면 남은 수명의 정도를 어느 정도 예측할 수 있다. 이렇게 세포가 분열할 때마다 짧아지는 텔로미어의 길이를 복구해 주는 효소가 텔로머라제(telomerase)인데, 이 효소의 활성을 증가시키는 약물을 개발한다면 노화를 늦출 수 있으리라 본다. 실제로 텔로머라제는 끊임없이 분열하는 줄기세포, 생식세포, 암세포에서 활발하게 작용하고 있다. 그런데 대부분의 세포에서는 이 효소의 활성이 약하므로 줄기세포나 암세포에서 텔로머라제 활성이 유지되는 메커니즘을 깊이 있게 연구하여 이해한다면, 텔로머라제의 활성을 올려줄 수 있는 방법을 찾을 수 있을 것이다. 그런데 이런 약물은 세포의 수명을 늘려줄 수 있지만 세포로 하여금 끊임없이 복제할 수 있게 만들어 암 발생의 위험도 높아질 수 있다.

이처럼 양면의 칼과 같은 텔로미어는 우리의 생활습관이나 신체활동에 따라 조절될 수 있음이 밝혀졌다. 텔로머라제의 존재를 확인하여 노벨상을 받은 엘리자베스 블랙번(Elizabeth Blackburn)과 건강심리학 박사인 엘리사 에펠(Elissa Epel)은 '텔로미어 효과 늙지 않는 비밀'이란 책을 통해 텔로미어의 길이에 영향을 미치는 조건들에 대해 기술하고 있다. 적절한 운동을 하면 텔로머라제 유전자의 발현이 촉진되어 텔로미어 길이를 유지시켜 준다고 한다. 일주일에 적어도 3번, 45분이상 걷거나 천천히 달리는 유산소 운동을 하면 노화의 속도를 늦출 수있다고 설명한다. 그리고 텔로미어는 수면과도 관계 있음을 밝히고 있다. 적어도 7시간 이상 숙면을 취할 때 텔로미어가 안정된다고 한다. 밤에 5시간 이하로 자는 사람은 7시간 이상 자는 사람보다 텔로미어의 길이가 더 짧아졌다. 또한 재미난 사실은 탄산음료를 많이 마시는 사람의 텔로미어는 짧아졌다고 한다. 매일 600ml의 탄산음료를 마시는 사람은 그렇지 않은 사람에 비해 4.6년의 텔로미어 길이가 짧아졌고, 240ml을 마시면 2년 더 늙은 것으로 나타났다. 또한 좋은 음식의 섭취가 텔로미어 길이에 중요함을 일깨워 주고 있다. 특히 복부

비만을 유도하는 식단은 피하고, 양질의 고단백 식품을 권장하고 있다. 그리고 신선한 야채들을 많이 먹고, 오메가 3 지방이 풍부한 연어나 다랑어 등 생선이 좋다고 한다. 한편, 피해야 할 음식으로는 햄, 소시지 등 가공육과 패스트푸드, 탄산음료 등이다. 따라서 건강에 유익한 음식을 가려 먹는 습관이 필요함을 말해 준다. 이와 함께 정서적인 자극과 환경도 중요하다고 한다. 엄마의 사랑을 듬뿍 받은 아이는 텔로미어의 길이가 잘 유지됨을 보여 주었다. 원숭이들을 두 그룹으로 나누어 생후 7개월 동안 한 집단은 어미가 키우고, 다른 집단은 보육시설에서 키웠다. 4년 후 두 그룹의 텔로미어 길이를 측정해 본 결과, 어미의 보살핌 속에 자란 원숭이들의 텔로미어가 훨씬 길었다. 이는 정신적 안정이 세포의 성장 및 활력에 영향을 미친다는 사실을 말해 준다. 즉 충분한 사랑을 받아 자존감이 큰 아이는 스트레스에 대한 저항력도 커서 텔로미어의 손상을 막아준다. 그리고 만성적인 스트레스를 받더라도 활발하게 생활하면 텔로미어의 길이가 속히 짧아지는 것을 방지할 수 있다. 이와 아울러 텔로미어는 다음 세대에까지 영향을 미친다고 한다. 아이를 가졌을 때는 스트레스나 흡연을 피하고, 좋은 음식으로 적절한 영양을 섭취하는 것이 좋다. 그리고 태어난 아이들은 정서적으로 안정되고, 환경적으로 오염되지 않은 깨끗한 곳에서 자라도록 함이 바람직하다. 왜냐하면 텔로미어는 우리가 살아가는 방식과 환경에 따라 영향을 받기 때문이다.

우리의 몸은 서서히 늙어간다. 노화되는 것을 피할 수는 없다. 그러나 우리가 먹는 음식과 생활방식, 인간관계, 정신건강 상태, 살아가는 환경에 따라 노화의 속도는 달라진다. 우리가 어떤 삶의 방식을 가지는지 참으로 중요하다. 즉 우리가 하기 나름이다. 빨리 늙을 수도 있고, 노화를 더디게 일어나도록 할 수도 있다. 우리의 영적 건강도 우리의 태도에 달려 있다. 매일 하나님의 말씀을 읽고 묵상하여 내가 마음에 새기고 지켜야 할 삶의 원리를 이해하는 것은 매우 중요하다. 그리고 깨달은 성경의 원리에 따라 삶이 이루어져야 한다. 마음은 원이로되 육신이 연약하여 할 수 없다고 주저앉아 있으면, 내 영혼의 텔로미어는 급속히 짧아진다. 따라서 영적 게으름은 영혼의 노화를 부른다. 그러면 영적 활력은 사라지고, 주님께서 나에게 기대하시는 바를 이룰 수 없다. 또한 매일 기도의 분량을 완수하는 삶이 필요하다. 기도 없이 계획하면 자기 야망의 성취밖에 되지 않는다. 왜냐하면 하나님의 뜻이 개입할 여지가 없기 때문이다. 그리고 계획 없이 기도하면 허공을 때리는 기도를 하게 된다. 그러므로 하나님의 뜻을 분별하고 그 뜻에 근거하여 계획을 세우고, 하나님의 도우심을 위해 힘써 기도해야 한다. 그런 다음 하나님의 자녀로서 담대하게 세상 속으로 걸어가야 한다.

다니엘은 유대인으로서 바빌로니아 제국으로 끌려간 포로였다. 그는 이방의 나라에서 우상에게 바친 제물을 먹지 않았다. 그리고 하루세 번씩 하나님께 기도하였다. 그는 끊임없이 하나님의 뜻을 구하며 순종하고자 하였다. 하나님께서는 그를 높여 바빌로니아 제국에서 페르시아 제국에 이르기까지 총리로서 나라를 다스리게 하였다. 페르시아 다리오 왕 시대에 그의 경쟁자들은 그를 모함하여 곤경에 빠트리고자 음모를 꾸몄다. 왕을 부추겨 30일 동안 왕 외의 어떤 신이나 사람에게 기도하지 못하도록 한 것이다. 왕의 명령을 어기면 사자 굴에 던져 넣기로 정하였다. 이처럼 살벌한 상황 속에서도 다니엘은 하나님을 향한 기도를 쉬지 않았다. 당시 80세가 넘은 고령임에도 불구하고 신앙의 열심은 사그라지지 않았다. 결국 사자 굴에 던져졌지만 하나님께서 천사를 보내어 사자의 입을 막아 버렸다. 반면에 그를 참소

했던 자들은 그들의 가족과 함께 사자굴에 던져져 그들의 뼈까지 부서뜨려지며 죽음을 당했다. 다니엘은 영적으로 건강한 사람이었다. 사람을 두려워하지 않고 하나님을 경외하였다. "몸은 죽여도 영혼은 능히 죽이지 못하는 자들을 두려워하지 말고 오직 몸과 영혼을 능히 지옥에 멸하실 수 있는 이를 두려워하라"(마 10:28). 우리가 온 몸과 마음을 다해 섬기고 두려워해야 할 분은 하나님밖에 없다. 하나님만이 나의 영혼과 육신을 모두 멸할 수 있는 권능을 지닌 분이기 때문이다. 다니엘처럼 늘 기도에 힘쓰고, 깨달은 하나님의 뜻을 자신의 삶에 구현해 나감으로 영적 텔로미어가 유지되길 기도해 본다.

# 불로초가 있나?

친하게 지내는 친구 중 한 사람이 최근에 눈 수술을 받았다. 청년시절부터 우정을 나누며 지내고 있는데, 젊을 때는 눈이 초롱초롱하였다. 그런데 나이가 들면서 눈꺼풀이 내려 와 언제부터인가 눈이 단추구멍만큼 작아졌다. 그래서 늘 졸고 있는 눈으로 변했다. 친구가 눈을 감고 있는지 뜨고 있는지 가끔 헷갈릴 때가 있을 정도였다. 그런데 어느 날 수술을 하고 나타났는데, 눈이 커지고 눈동자가 또렷해졌으며 얼굴의 전체 인상이 젊어진 것이다. 사람의 이미지에서 눈이 차지하고 있는 비중이 참으로 크다는 사실을 알게 되었다.

이처럼 노화과정은 지상의 모든 생명체에게 일어난다. 사람도 예외는 아니다. 시간의 흐름에 따라 머리카락이 가늘어지는 탈모가 진행되며, 내 친구처럼 눈꺼풀을 제어하는 근육의 힘이 약해져 아래로 처지게 되는 안검하수의 현상도 나타난다. 그리고 피부의 탄력을 유지하는 콜라겐이 감소하여 피부가 처지고, 깊게 패이면서 주름도 생긴다. 또한 피부 두께가 얇아지고, 자외선 등의 영향으로 기미나 검버섯이 얼굴에 나타난다.

이뿐 아니다. 노화는 다양한 악성질환들과 심혈관 및 퇴행성 신경질환 등 주요 만성 질환을 유발하는 가장 위험한 요인으로 여겨지고 있다. 그래서 노화의 원인과 아울러 노화가 진행되는 과정에 대한 깊은 이해가 필요하다. 이와 함께 노화가 일어나더라도 건강을 유지할 수 있는 해결책이 필요하다. 적절한 약물요법이나 노화을 지연시키는 행동 습관에 대한 뚜렷한 방법이 많지 않다. 지난 세기에 걸쳐 의료기술이 획기적으로 발전하고, 사회 경제적인 발전으로 말미암아 인간의 수명 연장은 괄목할만한 수준으로 이루어졌다. 하지만 수명이 길어짐과 비례해서 건강유지도 동일한 속도로 증가하지 못했다. 오히려 노인인구가 늘어남에 따라 노화 관련 각종 질환의 발병률은 증가하고 있다. 특히 심혈관 질환, 퇴행성 뇌질환, 암 등은 노인들의 주된 질병으로 자리잡고 있다. 따라서 이러한 난치성 질병들에 대한 개별적 치료방법이 필요한데, 이에 대한 개발 성과가 미미한 실정이다. 그러므로 노인성 질환을 해결하는 가장 좋은 방법은 노화 과정 자체를 늦추거나 억제하는 것이라 할 수 있다. 현재까지 가장 잘 알려진 방법으로는 효율적인 식이요법을 하거나 몇 가지 약리학적 노화 억제방법이다. 즉 영양실조가 발생하지 아니하는 범위 안에서 음식 섭취량을 줄여 칼로리를 제한하는 방법이 효과적이라고 한다. 그리고 약리학적으로는 스페르미딘(spermidine), 라파마이신(rapamycin), 메트포르민(metformin), NAD+ 전구물질, 레스베라트롤(resveratrol) 등의 약물들이 노화를 어느 정도 억제한다고 알려졌다.

흥미롭게도, 역학 연구를 통해 밝혀진 바에 의하면, 규칙적으로 폴리페놀이 풍부한 음식을 섭취할 때, 노화관련 질환의 감소가 뚜렷하였다. 폴리페놀 가운데 특히 레스베라트롤은 효모로부터 생쥐에 이르기까지 수명을 연장시키는 결과를 보여 주었다. 폴리페놀은 식물성 화합물로서 꽃가루받이를 위해 곤충을 유인하기 위해 만들어지거나 혹은 병원균이나 자외선으로부터 스스로를 보호하기 위해 생성된다. 폴리페놀 가운데 플라보노이드 계열의 화합물들은 항염증, 항암, 세포보호 및 퇴행성 뇌질환 억제 기능을 가진다고 논문들은 보고하고 있다. 이와 아울러 노화 관련 유전자들도 일부 밝혀지고 있는데, 자가식작용(autophage)에 관여하는 유전자들이 연관되어 있다고 한다. 영양학적으로, 그리고 약학 및 유전학적으로 수명을 연장하는 것들은 자가식작용에 자극을 주는 것으로 나타났다. 예를 들어, 자가식작용을 억제하면, 장수 약물로 알려진 레스베라트롤, 라파마이신, 스페르미딘 등의 노화 억제 효능이 나타나지 않았다. 자가식작용은 세포 내 재활용 과정이다. 손상되거나 불필요한 세포 내 고분자나 소기관들을 지질막으로 둘러싸고, 리소솜(Lysosome)과 융합하여 분해시키는 과정을 거친다. 리소솜에는 각종 분해효소들이 가득 차 있으므로 세포 내 큰 구조물도 쉽게 해체시킨다. 분해작용으로 생성된 작은 분자들은 생합성에 재활용되는 부품으로 공급된다. 그러므로 자가식작용은 세

포 안의 낡은 것들을 분해하고, 필요한 거대분자들을 새롭게 만들고 재생함으로써 세포의 기능을 정상적으로 유지되게 만들어 준다.

오스트리아 그라즈 대학의 귀도 크로이머(Guido Kroemer)와 프랑크 마데오(Frank Madeo) 박사를 중심으로 한 다국적 연구팀이 노화억제에 좋은 기능을 보이는 또 다른 물질을 보고하였다. 연구팀은 180여 개의 플라보노이드 화합물을 테스트하였고, 4,4′-dimethoxychalcone(DMC)라는 물질이 항노화 효능을 보인다는 사실을 2019년 네이처 커뮤니케이션즈(Nature Communications) 저널에 발표하였다. DMC는 신선초라고 알려진 미나리과의 풀에 많이 함유되어 있는데, DMC를 세포에 처리하면 활성산소에 의한 세포사멸을 억제하였다. 또한 효모와 예쁜 꼬마선충, 그리고 초파리에 먹였을 때 수명을 연장시켰다. 그리고 생쥐에게는 심장보호 효과가 관찰되었고, 알코올에 의한 간독성도 감소시켰다. DMC는 항산화 기능이 뛰어날 뿐만 아니라 자가식작용을 유도함으로써 그 활성을 증가시켰다. 따라서 자가식작용을 활성화시키는 물질로서 손상된 세포기능을 회복시켜 노화를 억제하는 것으로 보고 있다. 따라서 DMC는 수명연장에 효과가 있으며 건강증진에도 유익한 역할을 할 수 있는 천연물로서 주목을 받고 있다.

의료수준이 발달하고 위생상황이 개선됨에 따라 사람의 수명이 증가된 것은 사실이다. 과학자들의 연구를 통해서 수명연장과 건강유지에 필요한 다양한 해법이 제시되고 있다. 그러나 아직도 100세를 넘기기가 쉽지 않고, 100세 이후에도 육체적으로 정신적으로 활발하게 활동하는 사람을 만나기는 극히 드문 것이 현실이다. 세월이 흘러가는 동안, 우리는 서서히 늙어가고 결국은 죽음을 맞게 된다. 우리는 태어나면서부터 죽기 위해 살아간다. 그러나 영원한 삶을 살아가는 사람이 있다. 즉 영생을 소유한 사람들이 있다. 어떻게 영원히 살수 있을까? 이들은 하나님으로부터 영생을 선물로 받은 자들이다. "하나님이 세상을 이처럼 사랑하사 독생자를 주셨으니 이는 그를 믿는 자마다 멸망하지 않고 영생을 얻게 하심이라"(요 3:16). 영원히 사는 삶, 즉 영생을 얻기 위해서는 충족시켜야 할 조건이 하나 있다. 바로 하나님께서 보내신 독생자 예수님을 믿는 것이다. 예수님께서 하나님의 아들로서 이 땅에 인간의 몸을 입고 오신 분임을 믿어야 한다. 예수님은 죄가 하나도 없으신 분이었지만 나의 죄와 허물을 담당하시고, 나 대신 십자가 형벌을 받아 처절하게 죽으셨음을 믿어야 한다. 그리고 죽은 지 사흘 만에 다시 살아나셨음을 믿어야 한다. 예수님께서 내가 받아야 할 죗값을 대신 치르셨다는 사실을 믿어야 한다. 왜냐하면 죄의 삯은 사망이라고 하나님께서 선언하셨기 때문이다. 우리는 불완전하고 연약하여 날마다 죄를 범한다. 하나님께서 하라고 명하시는 바를 행하지 못하고, 하지 말라고 하신 것들을 하고 만다. 이것이 모두 죄다. 그래서 나는 죽을 수밖에 없다. 그렇지만 나의 죗값을 예수님께서 대신 감당해 주셨기에 하나님께서 약속하신 영원한 생명을 누리게 되었다. 이 사실을 믿음으로 영원히 사는 자가 되는 것이다. 이제는 영생을 소유하고 하늘나라의 백성으로 이 땅을 살아가는 복된 자가 된다. 비록 육신이 죽더라도 예수님처럼 다시 살고, 살아서 믿는 자는 영원히 죽지 아니한다는 사실을 알기에 참으로 행복한 자다. 영원한 불로초는 바로 예수님을 내 인생의 주인으로 고백하고 그의 뜻을 따라 살아가는 것이다.

# 남녀 행동의 차이가 나는 이유

교회에서 함께 봉사하고 있는 교우의 집에 저녁식사 초대를 받은 적이 있다. 식사를 나누며 담소하고 있을 때 그의 딸이 외출했다가 귀가했다. 중학교에 다니는 딸인데 자기 방에 들렀다가 갑자기 큰 소리로 엄마를 부르는 소리가 들렸다. 돌아 보니 옷을 하나 들고 나와 이게 뭐냐고 묻는 것이다. 딸의 손에는 분홍색 여름 잠옷이 들려 있다. 엄마가 딸을 위해 예쁜 잠옷을 사서 방에 두었던 것이다. 그런데 딸아이는 꽃분홍색의 잠옷을 도저히 못 입겠다는 것이다. 아이의 엄마는 너를 위해 일부러 예쁜 것을 골랐으니 오늘 저녁부터 입어 보라고 한다. 그러나 딸은 못 입겠다는 것이다. 왜 그런가 물어 보니 딸아이는 여자 아이들이 좋아하는 예쁘고 아기자기한 것들에 대해 흥미가 많지 않다는 것이다. 딸아이의 엄마는 이런 성향에 대해 은근히 걱정스럽다고 한다. 그래서 딸의 여성본능을 키워주고자 예쁜 옷을 사서 입어 보게 한다고 한다. 레이스가 달린 예쁜 잠옷을 마다하는 딸과 예쁘게 딸아이를 키우고 싶어하는 엄마의 바람이 부딪치는 모습이었다. 대체적으로 아들과 딸의 성격과 행동에는 상당한 차이가 있지만 이 차이가 뚜렷하지 않을 때 이를 걱정할 일일까? 유치원에서 어린 아이들이 노는 모습을 바라보면 흥미롭다. 대부분의 여자 아이들은 인형을 좋아하고 또래들과 재잘거리며 소꿉놀이를 선호한다. 반면에 남자 아이들은 장난감 로봇이나 총을 가지고 전쟁놀이 같은 것을 좋아하는 경향이 있다. 이처럼 어릴 때부터 남자와 여자의 행동에 왜 이런 차이가 날까? 왜 딸은 여자답게 아들은 남자답게 키우고 싶을까? 여자답다는 것과 남자답다는 것은 사회 통념상 받아들여지는 개념일까? 아니면 유전적인 영향으로 그렇게 차이가 나는 걸까?

이스라엘의 와이즈만 연구소에서 남자와 여자의 유전자를 분석하였는데, 상당한 차이가 있음을 발표하였다. 사람에게서 발현되는 2만여 종류의 단백질을 만드는 유전자를 대상으로 분석하였고, 각 유전자들이 세포조직에서 남녀 간에 어떤 차이점이 있는지를 확인하였다. 연구결과에 의하면 동일한 유전자라도 남녀에 따라 활성이 다른 유전자가 6,500개나 된다는 사실이다. 특히 피부조직과 체모관련 유전자의 발현에 큰 차이가 있었다. 즉 같은 유전자라도 남녀 간에 발현 정도를 다르게 하는 요인이 있고, 이로 인해 남녀간의 특성에 차이가 난다는 말이다. 이는 성 호르몬의 차이로 일부 설명할 수 있다. 남성은 XY 염색체를 가지는 반면, 여성은 XX 염색체를 가진다. 남자가 가지는 Y 염색체에는 미분화된 생식기관을 정소로 만드는 인자에 대한 유전 정보가 있다. 그래서 이 유전자가 발현하면 정소로 발달하고, 남성 호르몬인 테스토스테론을 생산 분비한다. 생성된 테스토스테론은 혈액을 따라 뇌로 들어가 남성화가 일어나도록 작용한다. 이때 테스토스테론이 직접적으로 뇌를 남성화시키지는 않는다. 신경세포의 세포질에 아로마테이즈(aromatase)라는 효소가 있어 테스토스테론이 뇌로 들어오면 이를 에스트로겐으로 전환시킨다. 이렇게 만들어진 에스트로겐은 남자의 뇌에서 수용체 단백질과 결합하여 다양한 유전자의 발현을 유도한다. 그래서 남성화 반응이 일어나도록 하고, 그에 따른 신경망의 형성이 이루어지는 것이다. 그런데 여자 아이의 경우, 초기에는 난소로부터 에스트로겐이 별로 생산되지 않으므로 이러한 변화를 야기시키지 못한다. 만일 갓 태어난 암컷 쥐에게 에스트로겐을 주입하면 성체가 되었을 때 마치 수컷처럼 행동한다. 이는 발생 초기에 생산되는 성 호르몬이 남녀의 차이를 형성하는데 중요한 역할을 한다고 볼 수 있다.

한편, 미국 조지아 주립대학의 연구팀은 햄스터를 이용하여 조사했는데, 세로토닌과 바소프레신이 암수 사이에 반대로 작용함을 알았다. 세로토닌이 암컷에게서 공격성과 지배욕을 증진하는 반면에 수컷에게는 바소프레신이 동일한 작용을 하였다. 뇌의 시상하부에서 이두 물질이 반대로 작용하는 것이다. 따라서 이 물질의 농도를 조절하는 약물은 남녀 간의 행동에 서로 다른 변화를 일으킬 수 있다. 우리가 우울증을 앓는 경우 자주 처방 받는 약이 프로작(Prozac)이다. 프로작은 세로토닌 재흡수 억제제로서 신경망에서 세로토닌의 농도를 높여준다. 그러므로 여성의 경우, 프로작을 복용하면 뇌조직에서 세로토닌의 양이 올라가 항우울 효과와 더불어 공격성이 증가될 수 있다. 반면에 프로작을 복용한 남성의 경우, 지배욕과 공격성은 감소될 수 있다. 이처럼 신경 호르몬의 양적 변화와 아울러 기능적 차이로 인해 남녀간에 상이한 특성이 나타날 수 있다.

남자와 여자 사이에는 차이가 분명히 존재한다. 그리고 이 차이를 만드는 요인은 유전적 요인과 아울러 성 호르몬, 신경조절물질의 작용도 있다. 남녀간 차이를 하나님께서 만드신 것은 서로 약한 부분을 보완하여 살게 함이다. 남녀 사이에 우열의 문제가 있는 것은 아니다. 다만 성격과 행동과 역할의 차이가 있는 것이다. 하나님께서 남자와 여자를 창조하여 결혼을 통해 함께 살게 한 것은 동반자적 역할을 서로 하게 함이다. 성경은 이에 대해 잘 표현하고 있다. "또 남자가 여자를 위하여 지음을 받지 아니하고 여자가 남자를 위하여 지음을 받은 것이니"(고전 11:9)라고 했다. 여자가 남자를 위해 지음 받았다는 것은 여자의 도움이 필요한 존재가 남자라는 뜻이다. 즉 남자는 일을 수행하는 방향으로 행동하고, 여자는 돕는 방향으로 행동한다. 만일 남녀가 완벽하게 동일하다면 서로 도와 줄 수 없다. 남성이 필요로 하는 것을 여성도 가지고 있지 않기 때문이다. 그래서 하나님께서는 남자와 여자를 서로 다르게 창조하셨나 보다. 남성의 부족한 면을 채울 수 있는 여성만의 탁월한 면이 있기에 도울 수 있다고 본다. 그리고 남녀가 서로 다르기에 상대방에 대해 끌림이 있다. 내가 가지고 있지 않은 부분이 있고, 나와 차이가 있기에 서로 신비스럽게 여긴다. 그러므로 남녀는 서로 사귀기를 원하고 함께 할 때 보완이 된다. 서로 합하여 하나의 원만함에 이를 수 있다. 부부가 갖는 아름다움이

남녀의 차이에서 온다. 하나님 앞에 남녀는 동등하다. 지위는 동등하지만 역할에는 차이가 있다. 남편이 엄마가 될 수 없고, 아내가 아빠될 수 없다. 여성이 아이를 임신하고 출산하여 엄마가 된다. 이 역할을 아빠가 대신 할 수 없다. 남녀의 차이와 함께 하나님께서는 가정에 질서를 세우셨다. 가정의 머리로 남편을 택하였다. 이는 남녀가 주종 관계로 이루어진다는 말이 아니고, 남자에게 가정의 책임이 있다는 의미다. 가족에게 일어나는 모든 일에는 남편이 책임을 져야 한다. 즉 그 가정의 아버지가 제일 앞장 서 책임지고, 가정을 위해 일하고, 헌신하여야 한다. 우리는 하나님 아버지를 모신 큰 가족의 일원으로 살아가고 있다. 하나님 아버지께서는 자신이 창조하신 우리가 영원한 복락의 삶을 살기 원하셨다. 하지만 우리가 제멋대로 욕심 따라 삶으로써 영원한 진노의 자리로 떨어지게 되었다. 하지만 하나님 아버지께서 책임을 지시고 우리를 구원하시고자 작정하셨다. 독생자 예수 그리스도를 인간의 몸으로 이 땅에 보내셔서 우리의 모든 죄와 허물을 담당하게 하시고 죗값을 물으셨다. 예수님의 십자가에서의 처절한 죽음은 우리를 구원하고자 하신 하나님 아버지의 책임 때문에 이루어진 것이다. 지극한 하나님의 사랑은 우리를 끝까지 책임지게 하셨다. 그래서 기어코 우리를 사망에서 생명으로 옮기시고 하나님의 자녀로 삼으셨다. 우리를 남자와 여자로 만드시고, 서로 사랑하여 한 몸을 이루게 하신 하나님을 찬양한다. 그리고 우리를 하나님 아버지 품에 거하는 가족으로 불러 주시고, 우리를 향한 끝없는 책임감으로 지켜 주심을 날마다 감사한다.

# 뚱뚱해지면 당뇨에 잘 걸리는 이유

　내가 고등학생 시절에는 키가 크고 삐쩍 말라 친구들이 부실공사라고 놀렸다. 당시에는 체력장 시험이 있었는데 내겐 큰 부담이었다. 달리기, 멀리뛰기, 던지기, 턱걸이 등 다양한 종목으로 체력을 측정하여 점수를 매겼다. 내가 가장 힘들어 했던 종목은 1,000m 달리기였다. 제한된 시간 안에 뛰기가 만만치 않았기 때문이다. 같은 반의 내 친구는 각 종목에서 제시하는 기준을 월등히 넘겨 만점을 맞았는데, 그게 참으로 부러웠던 기억이 있다. 그런데 요즈음은 종합검진을 받을 때마다 근육량에 비해 지방량이 많다고 담당 의사 선생님은 나보고 운동을 열심히 하라고 권한다. 나는 살이 찌지 않는 체질이라고 여겼는데, 세월이 흐르면서 뱃살이 많이 오른 모습이 되었다. 그래서 출퇴근 할 때는 걸어 다니며, 업무 중에라도 약간의 여유가 생기면 캠퍼스 주위를 거닐고자 노력하고 있다.

　몸을 관리하지 않고 자꾸 비만해지면 인슐린 저항성을 증가시켜 대사 증후군을 유발할 수 있다. 인슐린은 혈액 내 포도당을 세포 내로 흡수시켜 잉여의 포도당을 글리코겐, 즉 포도당 중합체로 저장하도록 만드는 혈당 조절 호르몬이다. 인슐린 저항성은 이러한 인슐린이 췌장으로부터 분비되어도 그 기능을 제대로 못하여 세포가 포도당 흡수를 효과적으로 못하는 상태를 말한다. 인슐린 저항성이 높아지면, 신체는 인슐린이 부족하다고 느껴 더 많은 인슐린을 생산 분비하여 혈당을 조절하고자 한다. 그러면 혈액 내 인슐린 농도가 과도하게 높아지는 고인슐린혈증을 초래한다. 고인슐린혈증이 되면 콩팥에서 염분 배설을 억제하기 때문에 혈액의 부피가 커지고, 이와 아울러 교감신경을 자극함으로써 혈압이 높아지게 된다. 그러면 고혈압이 발생할 가능성이 높아진다. 그리고 중성지방도 증가시키며, 좋은 콜레스테롤로 알려져 있는 고밀도지질단백질(HDL; High density lipoprotein)이 상대적으로 줄어들어 이상지질혈증을 유발시킨다. 이러한 일련의 반응들을 대사증후군이라 하는데, 심해지면 신장병, 당뇨병 등이 초래된다. 인슐린 저항성이 생기는 원인에 대해서는 다양한 설명이 있다. 인슐린 수용체의 부족으로 일어날 수도 있고, 인슐린이나 수용체에 대한 자가항체가 생겨 신호전달이 제대로 일어나지 않을 수 있다. 그리고 복부 비만과 운동부족, 음식의 과잉섭취 등과 밀접한 관련이 있다. 인슐린 저항성 때문에 발생한 대부분의 제2형 당뇨병 환자들의 경우, 체중을 줄이고, 운동을 하면 증상이 호전되는 것을 보게 된다.

인슐린 저항성에서 간의 역할이 매우 중요함을 밝히는 연구결과가 2017년 11월 '네이처 커뮤니케이션즈'(Nature Communications)에 발표되었다. 이 논문에서 스위스 제네바 의대 연구팀은 비만과 인슐린 저항성과의 상관관계를 밝혔다. 비만해지면 지방세포의 수와 크기가 커지고, 염증 신호의 증가가 이루어진다. 이때 비만 유발성 염증은 NF-κB라고 하는 전사조절인자를 활성화 시키고, 이로 인해 PTPR-γ(Protein Tyrosine Phosphatase Receptor Gamma) 단백질이 증가한다. 환자들을 대상으로 조사한 결과, 간세포에서 PTPR-γ가 많아지면 인슐린 작용이 억제됨을 알았다. 그래서 이를 확인하기 위해 생쥐로 실험을 하였다. 일부 생쥐는 PTPR-γ를 정상적으로 발현하게 하고, 일부는 발현을 억제하거나 과잉으로 발현하게끔 만들었다. 이 중 PTPR-γ가 전혀 없는 생쥐는 고칼로리 먹이를 먹여 비만을 유도시켰음에도 인슐린 저항성을 보이지 않았다. 그리고 박테리아 세포벽에 존재하여 염증 반응을 유도하는 지질다당질(LPS; lipopolysaccharide)을 주입했을 때도 인슐린 저항성은 나타나지 않았다. 그런데 이 생쥐의 간조직에서만 PTPR-γ가 정상으로 발현되도록 하니까 인슐린 저항성이 나타났다. 이 결과는 다른 조직에 PTPR-γ가 없더라도 간에서만 발현되면, 비만에 의해 인슐린 저항성이 나타남을 보여 준 것이다. 그리고 인위적으로 간에서 PTPR-γ 단백질을 2배로 과발현시키면 비만하게 만들지 않더라도 인슐린 저항성을 유도하였다. 그래서 조직 가운데서도 간이 중요하고, PTPR-γ 단백질의 발현 정도가 관여함을 알았다. 아직도 생체 내에서 PTPR-γ에 결합하는 분자의 정체는 밝히지 못했으나 이를 규명하여 PTPR-γ의 활성을 조절할 수 있다면 당뇨치료가 용이해질 수 있다. 혹은 PTPR-γ에 결합하여 기능을 유도해 내는 물질을 개발한다면 효과적인 당뇨치료제로 사용할 수 있을 것으로 기대를 하고 있다.

이처럼 비만은 건강을 해치는 신체적 불균형이라 할 수 있다. 영적으로도 비만한 사람들이 있다. 영적인 입력과 출력이 조절되지 않고, 입력만 과다할 때, 영적으로 비둔해진다. 예수님을 나의 주 나의 하나님으로 고백하고, 인생의 주인으로 영접한 사람은 하나님의 자녀가 되는 복을 누린다. 그런데 하나님의 자녀가 된 이후의 삶이 중요하다. 교회에서 예배를 드리며 은혜를 받고, 말씀으로 깨달음을 얻는 것들이 영적입력이다. 한편 말씀에 대한 깨달음으로 나의 잘못된 생각과 삶의 방식을 내어 보내는 것이 영적출력이다. 우리가 마땅히 따라야 할 규범, 즉 하나님의 말씀대로 살기 위해서는 지금 내가 유지하고 있거나 습관화 되어 있는 많은 것들을 내어 보내야 한다. 그렇지 않으면 심각한 영적 불균형을 초래할 수 있다. 하늘나라에 대한 소망을 품고 걸어가고자 할 때, 내게 찾아 오는 어려움과 시련을 이겨내어야 한다. 하지만 그 시련이 두려워 하나님의 뜻대로 살고자 하는 노력이 부족하면 영적 비만에 걸리는 것이다. 자기 생각, 자기 고집을 내려놓아야 한다. 주님의 뜻에 굴복시켜야 한다. 교회생활을 오랫동안 하는 가운데 성경에 대한 해박한 지식을 갖추고 있더라도 하나님의 말씀대로 살지 않으면, 입력만 늘어나 영적으로 살만 찌우게 되는 것이다. 우리는 주님의 희생으로 얻게 된 구원의 복에 감격하여 이제부터는 내게 허락하신 시간과 재능과 물질을 이웃을 위해 사용하고 섬겨야 한다. 그래야 균형 잡힌 그리스도인이 될 수 있다.

사도행전에 보면 이방인으로서 첫 그리스도인이 된 고넬료가 있다. 그에 대해 성경은 "가이사랴에 고넬료라 하는 사람이 있으니 이달리야 부대라 하는 군대의 백부장이라. 그가 경건하여 온 집안과 더불어 하나님을 경외하며 백성을 많이 구제하고 하나님께 항상 기도하더니"(행 10:1,2)라고 기록하고 있다. 고넬료는 로마 군대의 백부장으로서 고급장교였다. 백부장은 로마 군대의 핵심이었고, 오랜 군대 경력과 전투 경험을 가진 사람이었다. 로마 군인이지만 그는 하나님을 경외하고 규칙적으로 하나님께 기도하는 경건한 사람이었다. 이와 아울러 어려운 백성을 많이 도와주던 자였다. 그는 성경적 이론만 가진 자가 아니고, 실제 생활에서도 이를 실천하는 신앙인이었음을 말해 주고 있다. 다시 말해 균형 잡힌 경건한 신앙인이었다. 그런 그에게 하나님께서는 큰 복을 준비하셨다. 기도하는 가운데 환상을 보게 하시고, 하나님의 사자를 통해 그에게 말씀하셨다. 너의 기도와 구제가 하나님 앞에 상달되어 기억하신 바가 되었다. 너는 사람을 욥바로 보내어 베드로를 청해라. 그는 지금 가죽제품을 만드는 시몬의 집에 머물고 있는데, 해변에 위치한 집이라고 하였다. 천사의 지시대로 고넬료는 부하들을 욥바로 보내어 베드로를 청하였다. 같은 시각 베드로에게도 환상을 보여 주었다. 하늘에서 큰 그릇이 내려오며, 그 안에 들어 있는 먹지 못할 동물들을 잡아먹으라는 것이다. 율법에 금지되어 있는 것들을 잡아먹으라는 말의 뜻이 무엇일까 고민하던 차에 고넬료가 보낸 사람들을 만나게 되었다. 환상의 의미는 이방인과의 접촉과 교제를 뜻하는 것으로 알아차렸다. 하지만 머뭇거리는 베드로에게 그들을 따라 가라는 하나님의 지시가 있자 베드로는 고넬료의 집으로 따라 나섰다. 그곳에서 베드로는 십자가 복음을 전하였고, 함께한 모든 자에게 성령님께서 임재하시는 복을 경험할 수 있었다. 이를 본 베드로는 고넬료 집에 모인 모두에게 세례를 베풂으로써 온 가정이 구원받는 은혜를 입게 된 것이다. 고넬료는 이방인으로서 첫 번째 그리스도인이 되었다. 하나님을 경건하게 섬김과 동시에 이웃의 어려움을 챙기고 도와주는 균형 있는 신앙의 소유자였다. 나도 고넬료처럼 성경에 대한 이해와 삶에서의 실천이 함께 맞물려 돌아가는 영적으로 균형 잡힌 신앙인이 되기를 소망해 본다.

# 가나안인 후손은 누구?

아들이 장성하여 가정을 이루었다. 학교에서 단기 선교팀을 모집하였는데, 아들과 며느리는 선교 프로그램에 지원하여 함께 훈련 받는 가운데 서로 호감을 가지게 되었다. 방학 기간 중에 중국으로 선교여행을 다녀 온 이후 진지하게 서로 사귀다가 2년 만에 결혼하였다. 결혼식 며칠 전, 나는 그들과 이런저런 얘기를 나누는 시간을 가졌다. 그때 나는 적어도 3명의 손주를 봤으면 좋겠다고 얘기 하였다. 그러자 아들은 이미 이에 대해 둘이 의논하였고, 4명의 자녀를 갖기로 서로 합의했다는 것이다. 아들이 이렇게 얘기하자 나는 몹시 기뻤다. 감사한 마음으로 하나님께서 앞으로 허락하실 손주에 대한 기대에 마음이 부풀었다. 그리고 드디어 며느리가 임신을 했다는 소식을 전해 왔다. 마침내 우리 가정에 식구가 하나 더 늘어나게 된 것이다. 귀한 새 생명을 주신 주님께 진심으로 감사를 드렸다. 그런데 한 가지 걱정거리가 생겼다. 임신한 며느리의 입덧이 심하다는 것이다. 직장에서 일을 해야 하는데, 입덧 때문에 제대로 먹지 못해 어려움을 많이 겪었다. 한 생명이 잉태되어 세상에 나오기까지 어미가 겪는 일은 쉬운 게 아님을 잘 안다. 그래서 며느리가 첫 아이를 가지고 힘들어 하는 모습이 안타깝게 여겨졌다. 얼마 후 아들이 또 소식을 전해 왔다. 며느리가 막상 아이를 갖고 보니 너무 힘들어 더 이상 아이를 갖고 싶지 않다는 것이다. 나는 은근히 실망했지만 한편으로 상황이 변할 수 있다는 생각을 하고 있다. 너희들이 아이를 낳아서 키워 봐라. 재롱을 피우고 예쁜 짓 하는 것을 보면 고생했던 기억은 사라지고 다시 아이를 갖고 싶어 할 것이라고 내심 기대하고 있다.

아이가 정상적으로 태어나기 위해서는 개체 발생에 필요한 유전자의 발현이 정확하게 이루어져야 한다. 사람의 유전체는 46개의 염색체로 구성되어 있다. 염색체는 기다란 이중 나선 구조의 DNA 사슬로 이루어져 있고, 이 사슬은 질서정연하게 꼬여 있다. 이 DNA 사슬 안에 한 사람의 모든 형질을 결정짓는 정보가 들어 있다. 이 정보는 30억 염기쌍으로 암호화 되어 있다. 방대한 유전정보이지만 사람은 이를 해독하고 싶어했다. 그래서 사람의 DNA 염기서열을 모조리 밝히는 작업을 기획하였다. 이를 인간 게놈 프로젝트(Human Genome Project)라고 한다. 이 작업은 다국적 컨소시엄으로 이루어졌는데, 미국, 영국, 독일, 프랑스, 중국과 셀레라 지노믹스(Celera Genomics)라는 회사의 후원을 받아 이루어졌다. 1990년에 시작하여 15년 동안 수행하는 것으로 계획했는데, 2년 앞선 2003년에 완료하였다. 그래서 염색체 안에 들어 있는 10만 개의 유전자를 동정하고 그 위치를 결정하였다. 이를 바탕으로 기능 유전체 연구와 비교 유전체 연구가 진행되고 있다. 기능 유전체 연구는 인간 유전자들을 발굴하고 그 기능을 연구하는 것이다. 그래서 유전 질환의 원인을 규명하고 이 유전자로부터 어떤 단백질이 만들어지는 가를 밝힌다. 그리고 그 단백질의 구조와 기능을 규명한다. 인간 유전체는 매우 크고 복잡하지만 단백질로 발현되는 유전자 부위는 전체 염색체의 2% 정도밖에 되지 않는다. 그래서 유전체 안에서 발굴된 유전자들의 기능을 다각도로 밝혀내며,

질병과 관련된 것을 규명하는 일은 매우 중요한 일이다. 한편, 비교 유전체 연구는 개인, 인종, 생물간 유전체 정보를 상호 비교하여 차이점을 찾고, 이로 인한 생체 기능의 변화를 추적하는 분야이다. 개인 간에 단일 염기서열의 변이가 있고, 이로 인해 질병이 발생하는 경우가 있다. 이를 찾아 치료방법을 개발하기 위해 많은 제약회사들이 연구하고 있다. 왜냐하면 이러한 유전자 염기 서열의 변화로 인해 체질이나 유전적 성향, 약물에 대한 반응이 달라지기 때문이다. 이 분야에 대한 데이터가 축적되면 개인별 맞춤의학이 발달할 것으로 예상하고 있다. 또한 유전체 염기서열을 비교함으로써 인종간의 차이 및 동질성을 규명해 내기도 한다.

영국의 생거 연구소 크리스 타일러 스미스(Chris Tyler-Smith) 연구팀은 레바논 해안 도시인 시돈(Sidon)에서 4,000년 전에 살았던 가나안 사람 5명의 유골을 확보하고, 이들로부터 유전자를 해독하였다. 그리

고 어떤 민족과 가장 유사한지 비교 분석하였는데, 현재의 레바논 사람들이 가장 가깝다는 것을 밝혔다. 즉 레바논 인들이 가나안 사람들의 직계 후손임을 밝힌 것이다. 연구팀은 레바논인 99명의 유전자를 해독하고, 이와 아울러 데이터베이스로 보관되어 있던 수백 명의 사람들 유전자를 찾아 함께 비교하였다. 그래서 가장 가까운 민족이 레바논 사람들임을 알았다. 비록 현재의 레바논 사람들이 외부의 침략으로 인해 유라시아 민족들과 혼합되었을 것으로 추정되지만, 놀랍게도 90% 이상의 유전자가 가나안 사람들과 일치했다. 모세가 이스라엘 민족을 이끌고 이집트를 탈출했을 때, 지금의 중동에는 가나안 민족들이 지배하고 있었다. 하나님은 가나안 민족을 몰아내고 그 땅을 차지하라고 하셨다. 그래서 모세의 뒤를 이은 여호수아의 영도 하에 이스라엘 민족은 정복 전쟁을 벌여 가나안 땅을 차지하였다. 이때 가나안 민족들은 완전히 멸절되지 않았고, 그 명맥이 이어져 지금의 레바논 사람으로 남겨지게 된 것이다. 이번 연구를 통해 가나안 민족은 중동 지역의 토착민과 5,000년 전 신석기 시대에 중동 지방으로 이주한 사람들 간에 혼합이 이루어져 형성되었음을 확인하였다. 비록 가나안 민족은 아무런 기록을 남기지 못했지만 유전자는 그들 민족의 비밀을 간직하고 있었다. 유전체 분석을 이용하여 민족 형성의 비밀과 그들의 후손을 밝힐 수 있었던 것이다.

성경에는 가나안 땅에 7개 부족이 있었음을 명확하게 기록하고 있다. 헷, 아모리, 가나안, 기르가스, 히위, 브리스, 여부스 족속이 터전을 잡고 있었다. 헷 족속은 유다 산지에 거주하였으나 완전히 진멸되지 않고 남겨졌다가 후일 이스라엘 사람들과 통혼하였다. 아모리 족속은 가나안의 최강 부족이었으며, 일부 살아남아 그들의 신 바알과 아세라를 섬겼는데, 이를 이스라엘 사람들도 따라 하는 죄를 범하였다. 가나안 족속은 가나안 땅에 거하는 7족속 전체를 통칭하기도 하지만 게셀에 주로 거했던 지역족속을 일컫기도 한다. 이 족속은 이스라엘에 의해 정복당한 후 흡수되었다. 기르가스와 히위 족속은 이스라엘에 의해 축출 당한 족속으로 이해되고 있다. 브리스 족속과 여부스 족속도 일부 남겨졌다가 후에 솔로몬이 노예로 삼아 성전건축에 동원하였다. 하나님께서는 가나안 민족들과 어떤 종류의 언약도 맺지 말라고 하셨다. 그리고 그들과 혼인하지 말라고 명령하셨다. 남아 있던 가나안 민족은 나중에 이스라엘 백성들로 하여금 하나님을 떠나게 만들며 큰 재앙이 되었다. 하나님의 명령을 어기고 그들과 통혼하며, 그들의 문화를 받아들이고, 이방신을 섬기는 죄를 범한 것이다. 이처럼 우리도 세상의 풍조를 따라 살다 보면 영적 권위를 잃어버린다. 그러면 우리를 통한 하나님의 뜻이 펼쳐지지 못하게 된다. 우리는 세속 원리와의 타협이 아니라 이와 싸워 이겨야 하는 존재로 부르심을 받았다. 미혹하는 영은 끊임없이 우리로 하여금 방향을 잃게 만든다. 하나님 앞에서 제대로 걸어가기 위해서는 하나님의 명령을 늘 가슴에 새기고 순종하는 것이 최선의 방법이다. 하나님의 말씀을 사랑하고 그 가운데 기록한 대로 지키는 자를 복 있는 사람이라 하신다. 요한 계시록에 "이 예언의 말씀을 읽는 자와 듣는 자와 그 가운데에 기록한 것을 지키는 자는 복이 있나니 때가 가까움이라"(계 1:20)고 기록되어 있다. 하나님께서는 이스라엘 민족에게 가나안 민족을 몰아내라고 명령하셨듯이 우리에게도 동일한 말씀을 주신다. 우리 마음에 남아 있는 가나안 족속을 온전히 쫓아내라고 말이다. 세상과 타협하지 말고, 순도 100%의 순전한 마음으로 주님을 따르는 복된 자가 되길 소원한다.

# 암(癌)은 왜 생기나?

아내가 폐암 수술을 받았다. 아내의 질병은 매년 실시하는 정기 건강검진에 의해 발견되었다. 가슴을 찍은 흉부 X-선 사진을 판독하던 중 폐암의 가능성이 제기된 것이다. 의사는 컴퓨터 단층촬영을 통해 면밀히 살펴보는 것이 좋다고 판단하였고, 이렇게 얻어진 영상을 통해 내려진 결과는 폐암의 확진이었다. 그 순간 집안에는 많은 변화가 찾아 왔다. 아내는 침울해졌고, 인터넷을 뒤지며, 폐암의 진행과 치료, 환우들의 투병기 등에 대한 글들을 찾아 보기 시작했다. 인터넷에 있는 여러 정보를 접하면서 치료에 대한 희망을 얘기하였다. 그러다가 치료가 만만치 않다는 경우가 있음을 알게 될 때는 우울해지기도 하였다. 병이 점점 깊어져 돌이킬 수 없는 상태로 된다면, 본인은 천국으로 가니까 괜찮지만 남아 있는 나와 아들이 걱정된다고 말하였다. 아내의 머릿속에는 삶과 죽음에 대한 생각들이 교차되었고, 하루에도 수십 가지의 다양한 생각들이 스쳐 지나가는 것 같았다. 자신의 삶을 돌아보고 정리하며, 이것저것 나에게 뒷일을 부탁하기도 하였다. 가정에는 웃음이 사라지고, 잿빛 분위기가 무겁게 짓눌렀다. 그렇게 시간이 흐르는 동안 아내는 마침내 자신의 생각을 명료하게 정리하였다. 모든 것을 하나님께 맡기며, 어떤 결과가 주어지더라도 감사하며 순종하겠다는 마음을 주신 것이다. 이윽고 수술 날짜는 잡히고, 수술하기 며칠 전 병원에 미리 입원하여 다양한 검사를 받았다. 수술 당일에 아내를 수술실로 들여보내고, 나는 병원 기도실에서 간절한 기도를 올렸다. 하나님께서 집도 의사의 손길을 붙들어 주셔서 정밀하고 정교하게 수술해 주길 간구하였다. 하나님의 은혜로 수술은 깨끗하고 정확하게 진행되었다. 그리고 회복도 빨랐다. 수술 후 3일 만에 퇴원하고, 집 근처 병원으로 옮겨 몸조리를 하도록 조치되었다. 아내는 서서히 원래의 기력을 회복하면서 정상적인 몸 상태로 호전되었다. 병원에서는 3개월에 한 번씩 검사를 받도록 하였고, 나중에는 6개월에 한 번씩 검진을 받았다. 감사하게도 지금까지도 아무런 이상이 발견되지 않고 건강히 지내고 있다.

　폐암은 예후가 좋지 않아 암으로 인한 사망률 가운데 1위를 차지하고 있다. 원인으로는 흡연, 유전적 변이, 벤조피렌 같은 발암물질, 우라늄과 라돈 가스 등 방사성 물질, 석면과 비소 등이 알려져 있다. 이 가운데 90%는 흡연에 의해 발생하는데, 아내는 담배를 피우지 않으므로 아마 다른 원인에 의해 발생했으리라 본다. 폐에서 발생한 암은 암세포의 크기와 형태에 따라 비소세포(非小細胞)암과 소세포(小細胞)암으로 나뉜다. 비소세포암이 80-85%를 차지하고, 비소세포암은 선암(腺癌), 편평상피세포암(扁平上皮細胞癌), 대세포암(大細胞癌) 등으로 나뉜다. 아내의 경우는 선암에 속한다고 판명되었다. 다행히 아무런 자각 증상이 없는 초기에 발견되었기에 수술로 치료가 가능하였다. 폐암은 다른 조직으로 전이가 빠르게 일어나는데, 특히 소세포암은 빨리 자라고 전이가 매우 빠르게 진행되므로 수술로 제거하기가 힘들다고 한다. 암세포의 지속적인 증식을 촉진하는 요인으로는 여러 가지가 있다. 세포증식을 자극하는 성장인자가 정상 수준보다 많아지거나 성장인자가 결합하는 수용체 단백질이 많아지면 계속적으로 증식 신호가 발생한다. 그리고 또 다른 기전으로는 증식억제인자들이 불활성화되는 경우도 있다. 세포의 증식을 억제하는 인자로 종양억제 단백질들이 있다. 이 가운데 대표적인 것이 Rb 단백질과 p53 단백질이다. 이들은 세포주기를 조절하거나 세포노화, 세포사멸 등에 중요한 역할을 하는데, 기능을 잃어버리면 계속적인 세포분열을 유도하여 암을 형성하게 만든다. 정상 세포는 분열하면서 세포간에 접촉이 이루어질 때 증식을 멈춘다. 그러나 이러한 접촉억제 기전을 상실하게 되면 세포는 계속 자란다. 그리고 세포는 스스로 사멸하는 기전을 가지고 있어서 비정상적인 세포의 출현을 억제하고 있다. 세포의 DNA에 손상이 생기면, 이에 대한 수리가 완전히 끝날 때까지 세포분열을 멈추는데, 손상이 심해 수리가 불가능할 경우, 세포는 스스로 죽는 절차를 밟게 된다. 하지만 세포가 자살하는 기능을 외면하고, 유전적

결함이 있음에도 불구하고 지속적으로 자랄 수 있는 능력을 획득하면 암세포로 발전한다. 계속 자라기 위해서 암세포에는 염색체의 복제가 끊임없이 이루어져야 한다. 정상적인 세포분열이 일어날 때마다 염색체는 2배로 복제되면서 끝부분인 텔로미어(telomere)가 점점 짧아진다. 하지만 암세포는 이를 극복하기 위해 텔로미어의 길이를 유지시켜주는 텔로머라제(telomerase) 효소의 높은 활성을 가진다. 이처럼 암세포가 지속적으로 증식하기 위해서는 세포분열과 관련된 다양한 유전자들의 발현이 정상세포와는 다르게 조절된다. 즉 염색체 불안정성이 축적되고 돌연변이 능력을 소유할 때, 암세포로 변할 수 있다. 따라서 발암물질이나 여러 요인에 의해 발생하는 DNA 염기서열의 돌연변이가 수리되지 않고 축적되면, 암의 악성화에 기여하는 유전자들의 발현이 유발될 수 있다. 암조직은 끊임없이 자신의 몸체를 불리기 위해 산소와 영양분의 지속적인 공급을 필요로 한다. 그래서 혈관신생인자를 분비하여 종양조직 내 혈관을 만든다. 그래서 몸집을 불리다가 더 이상 그곳에서 빠르게 성장하지 못할 상황이 되면, 다른 곳으로 이사를 간다. 이를 전이(轉移)라 한다. 일차적으로 발생한 곳에서 움직이지 않고 머물러 있으면 수술로 제거하기가 쉽고 완치가 가능하다. 하지만 암으로 사망하는 가장 큰 원인은 다른 곳으로 옮겨가기 때문이다. 암세포가 전이할 때는 먼저 초기단계의 암세포가 정지상태로 있다가 움직일 수 있는 간엽세포로 전환된다. 이 과정에서 다양한 전사조절인자들이 작용하여 세포외 기질을 분해하는 효소의 활성을 증가시키고, 이로 인해 암세포의 이동을 쉽게 한다. 그래서 상피조직에서 시작된 초기 암세포들이 증식하면서 기저판을 침입한다. 그런 다음 모세혈관으로 들어가 이동을 시도한다. 이때 전이를 일으킬 수 있도록 살아남은 세포는 0.1% 정도밖에 되지 않지만 하나라도 살아 증식을 하게 되면, 새로운 종양이 형성되는 것이다. 혈관에서 이동한 후에 특정 지역의 혈관벽에 부착한 다음 서서히 혈관으로부터 빠져 나온다. 그래서 새롭게 안착한 지점에서 지속적인 세포분열을 통해 새로운 종양을 형성한다. 이런 과정을 반복하면서 암은 이곳 저곳에 왕성하게 증식하면서, 치명적인 위험을 야기시키는 것이다.

우리의 영적 생활에도 심각한 위기에 빠트리는 암적 존재가 있다. 진리의 말씀을 그릇되게 가르쳐 순전한 믿음을 오염시켜 우리를 무너지게 하는 것이 영적 암이다. 사도 바울은 믿음의 아들 디모데에게 편지를 쓰면서 이단 사상에 대해 주의를 환기시켰다. "망령되고 헛된 말을 버리라. 그들은 경건하지 아니함에 점점 나아가나니 그들의 말은 악성 종양(腫瘍)이 퍼져나감과 같은데 그중에 후메내오와 빌레도가 있느니라. 진리에 관하여는 그들이 그릇되었도다. 부활이 이미 지나갔다 함으로 어떤 사람들의 믿음을 무너뜨리느니라"(딤후 2:16-18). 초대교회의 후메내오와 빌레도란 사람은 부활 사건이 이미 발생하였기에 더 이상 일어나지 않는다고 주장하였다. 그래서 죽어도 살겠고, 살아서 믿는 자는 영원히 죽지 아니하리라는 우리의 부활신앙을 흔들리게 만들었다. 바울은 이 같은 주장을 경계하라고 주의를 촉구하고 있다. 오늘날에도 우리 주위에는 각가지 이단사상들이 가만히 들어와 우리를 미혹하고 있다. 거짓 선생들이 나타나 호색하며 신앙인들을 욕먹게 만들고, 자신의 이득을 취하기 위해 공교한 말로 진리를 왜곡하고 있다. 거짓 영에 사로잡힌 자들의 말은 악성 종양처럼 퍼져 교회 안의 연약한 자들을 흔든다. 그래서 믿음의 삶을 하찮게 여기도록 만들고, 결국에는 하나님을 떠나 멸망에 이르도록 만든다. 우리는 양의 탈을 쓴 이리의 모습을 분간할 수 있어야 한다. 그러기 위해서는 부지런히 하나님의 말씀을 배우고 깨우쳐야 한다. 무엇이 옳고 그른지 말씀에 따라 분별할 수 있어야 하기 때문이다. 하나님은 존재하지 않으며 다만 인간이 지어낸 허상일 뿐이라고 주장하는 이도 있고, 자신이 하나님이라고 스스로 높이는 자들도 있다. 이 시대에 나에게 진리와 계시의 정신을 허락하사 거짓과 가짜를 구별함과 아울러 진리에 든든히 뿌리 박아 건강한 믿음의 사람으로 살아가기를 간절히 기도한다.

# 암세포가 포도당을 찾는 이유

　요즈음은 암(癌)이 참으로 흔한 질병이다. 암으로 생명을 잃거나 혹은 가까스로 어려운 고비를 넘긴 사람들이 주위에 많다. 나의 가족 중에도 어머니와 큰 형님이 암으로 소천하였다. 그리고 같은 직장의 동료도 대장암으로 유명을 달리 했다. 그런 반면에 암을 극복하고 지금은 건강한 삶을 누리는 분들도 상당히 많다. 나의 아내가 건강을 되찾았고, 같은 교회를 섬기는 여러 사람들이 수술과 아울러 항암 치료를 잘 이겨내고 지금은 정상적인 생활을 하고 있다.

　우리 몸은 최대한으로 잡아 거의 100조에 가까운 세포들로 이루어져 있다. 이렇게 많은 세포들이 각자의 조직에서 자신의 역할을 제대로 수행해야 건강을 유지할 수 있다. 그런데 가끔 무한정 성장하고 자라기를 원하는 암세포가 생겨나 우리로 하여금 힘들게 한다. 그렇다면 정상세포가 암세포로 변할 때, 어떤 특징적 차이가 발생할까? 각 조직을 이루는 정상세포는 일정한 모양을 가지고 있다. 하지만 암세포로 바뀌면 세포모양이 불규칙적으로 변한다. 세포핵은 커지고 색깔이 어둡고 진하게 된다. 정상세포는 세포성장 과정이 체계적으로 조절된다. 그러나 암세포는 조절불능 상태에 이르러 무한정 분열한다. 그리고 분화과정을 거쳐 성숙한 세포로 되지 않고 미성숙 상태로 남는다. 정상세포는 주변 세포들과 소통하여 서로 항상성을 유지하고 있지만, 암세포는 주위 세포들에 대해서 아랑곳하지 않는다. 또한 면역세포들의 눈에도 잘 띄지 않아 공격을 덜 받음으로 살아남아서 속을 썩힌다. 그리고 혈관생성을 유도하여 종양조직으로 혈액 공급이 이루어지게 만든다. 그래서 영양 공급을 독점하고 싶어 한다. 종양조직은 산소요구량이 높지 않은 반면에 지속적인 세포분열을 위해 많은 에너지가 필요하므로 포도당을 끊임없이 갈망한다. 암덩어리에는 비교적 산소가 부족하여 포도당이 완전히 산화되지 못한다. 그래서 화학에너지 ATP의 생산효율이 정상세포에 비해 턱없이 낮다. 정상세포의 에너지 효율은 95%에 달하지만, 암세포는 고작 5% 밖에 되지 않는다. 정상세포는 포도당을 대사하여 38개의 ATP를 생산하지만, 암세포는 겨우 2개의 ATP만 생산할 뿐이다. 그러므로 미친 듯이 더 많은 포도당을 요구한다. 자신이 필요로 하는 에너지를 채우기 위해서 그렇다. 반면에 정상세포는 포도당뿐만 아니라 지방이나 케톤(ketone) 등도 에너지원으로 활용한다. 따라서 암세포가 요구하는 만큼 포도당의 공급이 절실한 것은 아니다. 정상세포는 원활한 대사작용을 수행하므로 약알칼리 환경을 유지하지만 암세포는 산성을 띤다.

이처럼 정상세포에 돌연변이가 축적되어 어느 순간 종양으로 변하면, 세포의 모양과 성질이 달라진다. 그래서 암세포에서 일어나는 여러 변화들을 역이용하여 종양을 억제하는 방법들이 고안되고 있다. 특히 대사작용에 큰 변화가 일어나는 점에 주목하여 이를 중점적으로 조절하는 방법이 최근에 제시되었다. 종양 세포들은 주로 포도당을 흡수하여 에너지 생산을 꾀하므로 포도당 의존도가 몹시 크다. 그래서 이를 약점으로 공격하는 것이다. 포도당 대신에 다른 당을 슬쩍 대체시키는 방법이다. 영국 글라스고우에 있는 비트선(Beatson) 암

연구소의 케빈 라이언(Kevin M. Ryan) 박사팀은 포도당 대신에 만노스(mannose)를 주입했다. 그랬더니 여러 암세포들의 성장이 둔화되었으며, 항암제 처리에 의해 잘 죽는다는 사실을 발견하고, 이를 2018년 11월 네이처 잡지에 발표하였다. 만노스는 단당류의 일종으로서 포도당과 마찬가지로 탄소가 6개 존재하는 육탄당이다. 크랜베리, 알로에, 가지열매 등에 함유되어 있다. 연구팀은 췌장암, 폐암, 피부암을 유도한 생쥐에 만노스를 첨가한 물을 먹였다. 그러자 체중이나 건강상태에는 큰 변화가 없었지만 종양의 성장속도가 크게 둔화됨을 관찰하였다. 그리고 시스플라틴(cisplatin)과 독소루비신(doxorubicin) 등 항암제를 처리했을 때, 만노스는 이들 약물의 효능을 크게 증가시켰다. 종양의 크기가 줄어들었고, 종양의 성장도 더디게 일어났으며 생쥐의 생존기간이 연장되었다. 만노스는 세포막에 있는 포도당 수송체를 통

해 세포 안으로 들어온 후, 탄소 6번 위치에 인산화된 상태로 축적되는 것을 확인하였다. 그런 다음 포도당을 분해하는 해당작용과 TCA 회로 및 기타 대사경로를 저해하였다. 그래서 만노스로 인해 암세포들의 기능이 위축된 상태에서 기존의 항암 화학요법제를 처리하였을 경우, 암세포의 사멸이 더욱 증가하였다. 이때 만노스를 포도당으로 전환시키는 효소인 아이소머라제(phosphomannose isomerase; PMI)가 적은 경우, 만노스의 종양억제 효과는 두드러졌다. 암의 종류에 따라 PMI의 양에 차이가 나므로 PMI 양을 측정하면 만노스 처리에 대해 얼마나 민감하게 반응할지 예상할 수 있다. 이처럼 만노스를 이용한 종양억제 방법에는 한 가지 문제가 있다. 암환자에게 포도당 없이 만노스만 줄 수 없다는 점이다. 건강한 조직도 에너지를 위해 포도당을 필요로 하므로 적정 수준을 투여해야 한다. 따라서 화학항암제 효능을 강화시키는 효과를 가지면서 동시에 환자의 전반적인 건강을 해치지 않는 적절한 수준의 포도당과 만노스 간의 균형적 처리가 필요하다. 이 문제에 대해서는 앞으로 임상시험이 실시되어 만노스의 적정 농도와 아울러 종양억제의 최대효과를 얻을 수 있는 조건을 찾아낼 수 있으리라 본다.

생체 에너지 생산에 가장 좋은 양질의 재료가 포도당이지만, 이 포도당만 섭취할 경우에 종양의 성장이 촉진될 수 있다. 따라서 포도당 외에 만노스 같은 당도 필요하다.

우리가 신앙의 삶을 살아갈 때도 세상의 문화와 법에 영향을 받지만 세상적인 가치관으로만 살 수 없다. 나의 삶에 온통 세속적인 것으로 채워지다 보면 포도당으로만 사는 것처럼 이 땅에서 살기는 쉬워진다. 하지만 영적 영향력은 전혀 발휘할 수 없게 된다. 겉으로 종교적인 생활모습을 나타내지만, 안에서 살아 움직이는 영적 생명의 활력은 찾기 힘들어진다. 예수님께서 유대인의 명절 유월절을 지키기 위해 예루살렘 성전으로 올라갔을 때였다. 성전에는 소와 양과 비둘기 파는 사람들, 돈을 바꿔주는 환전상들로 가득했다. 당시 20세 이상의 유대인들은 반 세겔의 성전세를 내야 했다. 그런데 헬라 지역, 이집트, 로마 지역에 살던 유대인 순례자들은 자신이 살던 나라의 돈을 가지고 왔으므로 환전해야만 했다. 이와 아울러 제물로 바칠 짐승들도 사야만 했다. 그래서 대제사장들과 결탁한 자들이 돈벌이 수단으로 장사판을 벌인 것이다. 이를 목격한 예수님은 노하여 상을 엎으시고 상인들과 환전상들을 내어 쫓으셨다. 성전을 청결케 하시고 내 집은 만민이 기도하는 집이라 선포하셨다. 예수님은 유대인으로서 유월절을 지키는 율법을 거부하지 않으시고 지키셨다. 당시의 문화와 규례를 따르셨다. 하지만 성전을 장사터로 만든 자들의 잘못된 행태에 대해서는 엄중히 꾸짖었다. 세상이 필요로 하는 돈에 초점을 맞추다 보면, 거룩해야 할 성전에 짐승들과 흥정하는 소리, 고함소리로 가득 찰 수 있다. 성전은 하나님께 기도드리며, 제사를 통해 회개하고, 하나님의 은혜를 경험하며, 감사로 채워져야 할 곳이다. 거룩한 것으로 채워지지 않으면 성전이라도 강도의 굴혈이 되어 버린다. 겉으로는 화려하고 웅장하며 하나님의 이름을 부르는 성전이었지만 시장바닥처럼 변하고 만 것이다. 우리가 세상적인 가치나 재미만 추구하다 보면 영혼을 심각하게 병들게 하는 영적 암에 걸릴 수 있다. 비록 세상 속에서 부대끼며 살아가고 있지만 세상의 원리로만 살아서는 안된다. 세상의 원리 가운데는 성경적 가치관과 어울리지 않는 것들도 많기 때문이다. 비록 이 땅에 발을 디디고 살아가지만 하나님 말씀의 원리가 지배하는 나의 삶이 되길 간절히 소원해 본다.

# 면역 항암요법의 전략

수많은 사람의 생명을 앗아가는 질병 가운데 1위를 차지하는 것이 암이다. 암은 비정상적으로 증식하여 주위의 기관과 조직으로 마구 퍼져 나감으로써 건강한 장기나 조직까지 자신의 기능을 못하게 만들어 죽음에 이르게 한다. 따라서 암을 정복하는 것은 인류 보건에 대단히 중요한 일이요 해결해야 할 급선무이다. 그동안 천문학적인 연구비를 투입하여 암을 다스려 보려 했으나 아직까지 암을 예방하거나 완전하게 치료할 수 있는 방법은 개발되지 않았다. 그렇지만 비교적 효과적인 치료방법들이 다양하게 개발되어 환자들에게 적용하고 있다. 암의 초기에는 절제 수술이 가장 효과적이며, 방사선을 조사하여 종양으로 하여금 죽게 만들기도 한다. 이와 아울러 많은 항암제들이 개발되어 암세포의 성장을 억제하는 화학요법도 흔히 사용하고 있다.

최근에 개발되고 있는 전략은 우리 몸의 면역체계를 활성화하여 암세포를 공격하도록 만들어 치료하고자 하는 것이다. 면역계는 우리 몸을 방어하기 위해 자기 세포는 보호하고, 자기가 아닌 것들을 구별하여 제거한다. 즉 우리 몸에 세균이나 바이러스가 침입하면 이들을 처리하여 자신을 보호하는 것이다. 이런 방어망의 핵심은 백혈구 세포막에 발현된 수용체 단백질이 자신으로 인식되지 않는 구조가 있으면 이것에 결합함으로써 면역계를 일깨워 방어하게 하는 것이다. 이런 반응과 아울러 추가적으로 T 림프구 세포를 활성화시키는 단백질의 작용이 간여한다. 이처럼 면역세포에는 면역반응의 활성화를 유도하는 단백질이 있는가 하면 면역활성을 억제하는 단백질도 있다. 이는 면역계의 과도한 활성화를 막음으로써 자신의 조직을 스스로 파괴하는 자가면역반응을 방지하는데 꼭 필요하다. 그래서 적절하고 유효한 면역반응이 일어나기 위해서는 활성화 반응과 억제반응의 균형적 조절이 필요하다.

면역계를 억제시키는 분자 가운데 PD-1 단백질은 교토 대학교의 혼조 타스쿠 교수팀에 의해서 발견되었다. PD-1은 다양한 면역세포에서 발현되는데, 세포독성 T 림프구, 자연살상세포, B 림프구, 단핵구, 수지상세포 등에 존재한다. 한편 많은 종류의 상피암 세포에는 PD-1에 결합하는 PD-L1이 과발현되어 있어서 상호 결합을 통해 면역반응을 억제함으로써 면역세포의 공격을 피할 수 있음이 확인되었다. 그래서 항체를 이용하여 PD-1을 차단할 때, 암이 치료되는 효과를 관찰하였다. 이 결과는 대단히 성공적이어서 전이된 암환자를 치료하는데 아주 효과적이었다. 이와 함께 미국 UC 버클리의 제임스 앨리슨 교수팀은 다른 면역억제 단백질을 발견하였는데, 바로 CTLA-4 수용체였다. CTLA-4가 암세포의 B7과 결합하게 되면, T 림프구의 활성은 떨어지고 세포주기가 억제되어 면역기능은 전반적으로 떨어지게 된다. 그래서 항체를 사용하여 CTLA-4의 기능을 차단하면 T 림프구로 하여금 암세포를 공격하여 용해시키는 작용이 증가한다. 이로 인해 암세포 억제 효과가 일어나는 것이다. 미국의 연구팀이 암에 걸린 생쥐로 실험했을 때, 항암결과가 탁월했고, 환자들을 대상으로 임상실험을 했을 때도 큰 효과를 보았다. 이와 같은 항암

면역요법은 오늘날의 암 치료에 획기적인 방법으로 자리잡았고, 이를 개발한 앨리슨 교수와 타스쿠 교수는 2018년에 노벨 생리의학상을 공동 수상하였다.

　이처럼 인체의 면역체계가 존재함에도 불구하고 암세포가 우리 몸에서 죽지 않고 살아남는 이유가 있다. 암세포들은 T림프구나 대식세포에게 잡아먹히지 않기 위해 나를 공격하지 말라고 하는 신호를 보내는 것이었다. 즉 암세포 표면에 PD-L1 뿐만 아니라 CD47, B2M과 같은 단백질들을 발현하여 면역세포의 표면에 있는 단백질과 결합하여 자신은 공격할 대상이 아니라고 착각하게 만드는 것이다. 그러므로 이들 단백질들에 대한 단일클론 항체를 만들어 주입하면, 항체들이 먼저 면역세포 단백질에 달라붙음으로써 암세포에 의한 면역억제 신호를 봉쇄한다. 그러면 면역세포는 암세포를 적으로 인식하여

잡아먹을 수 있다. 이런 원리를 이용하여 개발된 면역 항암요법은 여러 암에 대해 성공적인 치료효과를 보여 주고 있다. 하지만 이들 항체를 처리해도 죽지 않는 난소암과 유방암 등이 있다. 이는 면역세포의 공격을 회피하는 또 다른 신호 단백질이 있음을 시사한다. 여성에게 발생하는 난소암과 유방암은 가장 치명적인 질병 중의 하나로서 전이가 잘 되고, 표적치료 방법이 많이 개발되어 있지 않는 형편이다. 이에 미국의 스텐포드 대학의 어빙 와이즈만(Irving Weissman) 교수 연구팀이 난소암과 유방암에서 작동하는 또 다른 공격 회피신호인 CD24를 찾아 2019년 네이처(nature) 잡지에 발표하였다. 이들 연구팀은 암세포 표면에 발현된 CD24가 대식세포 표면의 시글렉 10(Siglec-10) 이라는 단백질과 결합하여 대식세포의 공격을 피해 간다는 사실을 확인하였다. 그래서 단일클론 항체를 제작하여 CD24와 시글렉10과의 상호작용을 못하게 만들면 대식세포들에 의해 암세포들이 죽어 나감을 보았다. CD24는 세포 표면 단백질로서 당이 여러 개 붙어 있으며, 세포막 지질에 붙어 있다. CD24가 시글렉-10과 결합하면, 대식세포에서 탈인산화 효소의 활성화를 유도하는 신호전달경로가 작용하여 염증반응과 대식작용 등을 억제한다. 따라서 감염이나 패혈증, 간 손상, 장기 이식의 거부반응 등에서 발생할 수 있는 해로운 염증 반응을 줄여준다. 그래서 암세포는 CD24를 많이 발현하여 자신을 잡아먹을 수 있는 대식세포의 살상 기능을 피해 간다. 우리 몸에는 암세포를 찾아 처리하는 전담 면역세포들이 존재하지만 암세포는 이들의 공격을 피해 살아가는 전략을 가지고 있는 것이다.

암은 인체의 면역계로부터 공격 당하는 것을 피하기 위해 여러 가지 속임수를 쓰고 있다. 이러한 속임수를 정확하게 파악하는 것이 필요하다. 그러면 이를 효과적으로 차단할 수 있는 방법을 개발할 수 있다. 신앙의 세계에서도 우리를 속여 멸망에 이르게 하는 자가 있다. 바로 사탄이다. "너희는 너희 아비 마귀에게서 났으니 너희 아비의 욕심대로 너희도 행하고자 하느니라 그는 처음부터 살인한 자요 진리가 그 속에 없으므로 진리에 서지 못하고 거짓을 말할 때마다 제 것으로 말하나니 이는 그가 거짓말쟁이요 거짓의 아비가 되었음이라"(요 8:44). 예수님은 자신을 죽이려 하는 유대인들을 향해 외쳤다. 너희는 너희 아비가 행한 일을 하고 있다. 너희 아비는 마귀요 최고의 거짓말쟁이요 거짓의 조상이 된 자라고 폭로하셨다. 사탄은 에덴 동산에 거니는 하와에게 말했다. 동산에 있는 모든 나무의 실과를 먹지 못하게 하셨느냐? 하와는 동산 중앙에 있는 나무의 열매는 먹지도 말고 만지지도 말라 너희가 죽을까 하노라고 하나님께서 말씀 하셨다고 대답했다. 이때 사탄은 거짓말로 속였다. 너희가 결코 죽지 아니하리라. 죽지 않고 오히려 눈이 밝아져 하나님처럼 선악을 알게 될 것이라 꼬드겼다. 인류 역사에서 최초의 속임수는 사탄으로부터 나왔다. 이 거짓말에 넘어간 인간은 타락의 길을 걷게 되었다. 지금도 사탄은 교묘한 속임수로 우리를 속인다. 하나님과 상관없는 삶을 살더라도 별일 없을 것이라고 말이다. 진짜처럼 보이는 속임수의 배후에 사탄이라는 거짓의 영이 있음을 알아야 한다. 사탄은 우리의 눈을 가려 진실을 보지 못하게 하고, 궁극적으로는 패망의 자리에 이르게 한다. 따라서 우리가 해야 할 일은 날마다 사탄을 대적하는 일이다. 예수님의 이름으로 싸워야 한다. 광명한 천사의 모습으로 다가 오는 사탄의 계략을 파악하고 이에 대항해야 한다. 우리는 전쟁 중에 있다. 선한 싸움을 싸우고 반드시 승리해야 한다. 성령님을 의지하고 마귀에게 대항해야 한다. 결국, 우리를 미혹하는 마귀는 불과 유황 못에 던져져 밤낮 괴로움을 받을 것이다. 자칫하다가는 마귀와 함께 그곳에 가는 어리석음을 범할 수 있다. 오늘도 나에게 슬며시 다가와 거짓을 말하며 넘어뜨리는 사탄의 속임수를 간파하고, 나를 위해 말할 수 없는 탄식으로 기도하시는 성령님의 뜻을 좇아 살아가길 소원한다.

# 부모사랑은 유전자를 안정시킨다

　생명체가 지니는 다양한 형질은 핵에 있는 염색체에 의해 결정된다. 염색체에는 한 개체가 필요로 하는 모든 정보가 들어 있다. 마치집을 건축하는데 상세설계도가 필요하듯이 생명현상에 필요한 모든요소들의 정보가 염색체의 DNA에 있는 것이다. 그러므로 DNA에 담겨 있는 유전정보는 잘 보존되어야 한다. 그렇지 않으면 유전자 이상으로 인한 다양한 질병을 앓을 수 있고, 기형의 모습을 가질 수 있다. 그런데 유전자의 안정성에 큰 역할을 하는 요인이 부모의 사랑이라는 것이다. 부모의 사랑과 돌봄의 정도에 따라 염색체의 유전정보에변화가 발생한다는 사실을 최근에 발견한 것이다. 미국 소크(SALK)연구소의 트레이시 베드로시안(Tracy Bedrosian) 박사팀은 어미와 새끼 생쥐와의 관계에 따른 DNA 변이를 뇌의 해마부위에서 분석하고, 이를 2018년 사이언스 저널에 발표하였다. 뇌에서 해마는 공간학습과 기억형성에 중요하고, 감정에도 관여하는 조직이다. 연구팀은 어미가 새끼를 키우는 상태에 따라 전이인자(轉移因子), 즉 트랜스포존(transposon)의 변화를 추적하였다. 특히 트랜스포존 가운데 RNA 유래전이인자인 레트로트랜스포존(retrotransposon)의 개수 변화를 염색체에서 분석하였다. 연구팀의 조사에 의하면, 어미가 새끼에게 젖을 먹이고 핥아 주며, 털 손질을 해 주는 등 정성껏 돌봐주는 경우, 새끼 생쥐의 해마에 레트로트랜스포존의 수가 적었다. 하지만 무관심한 어미의 양육을 받은 새끼의 뇌에는 레트로트랜스포존이 많아졌다. 트랜스포존이란 유전체 속에서 이곳 저곳 이동할 수 있는 능력을 가진 유전자를 말한다. 즉 점핑 유전자(jumping gene)로 알려지고 있는데, 점핑 유전자가 유전체 내부에 무작위적으로 끼어 들어가면 유전자가 망가지거나 발현에 많은 변화가 발생한다. 이 같은 변화가 뇌세포의 기능에 변화를 초래하기도 하고, 신경질환을 유도할 수도 있다.

대부분의 생명체에는 트랜스포존이 존재하는데, 이 유전자의 존재를 처음으로 밝힌 분은 1983년 노벨상을 수상한 바바라 맥클린톡(Babara MacClintock) 박사이다. 트랜스포존은 DNA 형태로만 점핑하는 것이 있고, RNA로 만들어진 다음에 DNA로 역전사 되어 끼어 들어가는 것들도 있다. 유전체 내 다른 유전자 안에 끼어 들어가면 유전자의 기능이 망가지므로 생체의 형질이 변하기도 한다. 그리고 다른 아미노산 서열의 단백질이 만들어질 수도 있으므로 표현형의 변화가 나타날 수 있다. 그리고 이로 인해 질병이 발생하여 죽을 수도 있다. 예를 들어 종양 억제 유전자 안에 들어가면 종양 억제가 안되므로 암이 발생하여 생명의 위협을 받을 수 있다. 만일 트랜스포존 이동이 생식세포에서 일어나게 되면, 유전병을 초래할 수 있다. 그런데 트랜스포존은 제 마음대로 마구 옮겨 다니는 것이 아니라 현재의 위치에서 통제되어 있는 상태로 있다. 사람의 유전체에는 44%, 즉 거의 절반이 트랜스포존으로 구성되어 있다. 그러나 대부분의 사람 유전체 내의 트랜스포존은 비활성화된 상태이다. 하지만 다양한 스트레스를 받을 경우, 염색체 안에서 다시 튀어 나와 움직이는 것이 관찰되고 있다. 그러면 유전자들의 정보가 바뀌기도 하고, 유전자 발현의 재구성이 일어나기도 하는 것이다.

어미로부터 무관심을 받은 새끼들은 스트레스를 많이 받으므로 전이 유전자를 더 많이 복제하면서 염색체 내 여러 장소로 움직이게 되는 것이다. 왜 그런지 이유를 살펴보니, 잠자고 있던 레트로트랜스포존 유전자가 활성화되어 RNA로 발현되어 결국 더 많은 DNA 트랜스포존으로 전환되고, 이들이 유전체에 끼어 들어가기 때문이다. 레트로트랜스포존이 발현되려면 YY1이라는 전사조절인자가 유전자 발현 조절부위에 결합해야 한다. 그런데 YY1이 많이 결합하려면 조절부위 DNA에 메틸화가 적게 일어나야 한다. 이 메틸화를 매개하는 효소가 스트레스를 많이 받은 새끼의 해마에서는 양이 줄어 있었다. 즉 어미가 제대로 돌보지 않으면 DNA 메틸화 효소가 적어지고, 조절부위 DNA에 메틸기가 적게 붙는다. 그러면 YY1 전사조절인자가 많이 결

합할 수 있어서 레트로트랜스포존의 발현이 많아지게 된다. 결국 자녀에게 무관심하면 뇌의 해마조직의 DNA 메틸화 정도가 적어지며, 이로 인해 트랜스포존의 발현이 많아져 유전체 안에 돌아다님으로써 기존 유전자들을 불안정하게 만드는 것이다. 이는 결과적으로 뇌의 기능 및 인지작용에 영향을 미칠 뿐만 아니라, 심하면 우울증이나 정신분열증 등 뇌질환이 발생할 수도 있다.

　이처럼 부모의 사랑이 아기에게 미치는 영향은 대단히 크다는 사실을 논문은 말해 주고 있다. 아이가 사랑을 많이 받으면 세포의 유전정보가 안정적으로 잘 유지되지만, 그렇지 않으면 트랜스포존이 활성화되어 불안정해짐을 알 수 있다. 이번 실험결과에서 보듯이, 생쥐도 어미로부터 관심을 받지 못하면 뇌 유전자가 변하여 두뇌 작용에 심각한 영향을 받을 수 있는데, 사람은 더 말할 나위가 없으리라 본다. 부모가 되기로 결심한 사람은 자녀를 위한 희생적 사랑을 전제로 해야 한다. 사랑을 먹고 자란 아이는 자존감이 높고 건전한 인간관계를 이룬다. 또한 건강한 인지 기능과 정상적인 감정 표현을 할 수 있다. 성경의 시편 저자는 말한다. "자식은 여호와의 주신 기업이요 태의 열매는 그의 상급이로다"(시 127:3). 자녀는 하나님께서 우리에게 주신 유산이요 열매며 상이라고 했다. 따라서 자녀를 소중히 여기며 노엽게 하지 말고, 존중하며 주의 교양과 훈계로 양육해야 한다. 좋은 부모가 되는 일은 쉬운 일이 아니다. 그러나 자녀를 하나님 앞에 반듯하게 양육하는 것처럼 보람된 일은 없다. 하나님께서는 자녀된 우리를 잊지 않으시며 긍휼히 여기신다. "여인이 어찌 그 젖 먹는 자식을 잊겠으며 자기 태에서 난 아들을 긍휼히 여기지 않겠느냐! 그들은 혹시 잊을지라도 나는 너를 잊지 아니할 것이라"(사 49:15). 하나님께서는 우리를 기억하시며 끝없는 사랑을 부어 주신다. 우리도 자녀를 향해 마음껏 사랑을 베풀어야 한다. 조건 없는 사랑으로 양육하고, 격려와 칭찬을 아끼지 말아야 한다. 또한 자녀의 의견을 존중하고, 옳고 그른 것을 가르쳐야 한다. 무엇보다도 부모가 서로 사랑하며 아끼는 모습을 보여 줌으로써 인간관계는 사랑이 기본임을 인식하게 만들어야 한다. 우리가 자녀를 깊이 사랑하면 할수록 자녀의 두뇌는 정상적으로 발육하며, 뇌기능도 효율적이며 건강하게 작동할 것이다. 어버이의 깊은 사랑을 먹고 자란 아이는 삐뚤어지지 않는다. 내 아이가 이 사회에서 존중 받으며 주위 사람들에게 사랑을 베풀 줄 아는 사람으로 성장하길 원하면, 부모된 우리가 먼저 자녀를 사랑해야 한다. 내게 허락하신 자녀를 바라보며, '아들아 딸아! 나는 너희를 진심으로 사랑한단다'라는 말부터 전하는 오늘 하루가 되길 원한다.

# 생체시계는 어떻게 작동하나

우리는 하루 24시간의 주기를 가지며 살아간다. 지구에 살고 있는 모든 생명체는 아침에 태양을 맞이하고 저녁에 해를 보낸다. 이는 태양이 지구 주위를 움직이는 것처럼 보여 이렇게 표현한다. 그런데 사실은 지구가 스스로 빙빙 돌고 있기 때문에 낮밤을 교대로 경험하는 것이다. 우리가 머물고 있는 지구의 한 지점에서 태양을 바라볼 수 있으면, 그 때가 낮이다. 지구가 계속 회전하여 내가 있는 지점에 태양의 빛이 미치지 못할 때가 오는데, 이 기간이 밤이다. 그런데 매일 지구의 특정 지점에서 태양을 맞이하는 시간에 4분의 차이가 있다. 왜냐하면 지구는 자전도 하지만 태양 주위를 도는 공전도 하기 때문이다. 1년에 태양의 주위를 한 바퀴 돌므로 하루에 약 1도 정도 지구의 위치가 바뀐다. 그러므로 지구에서 태양을 바라볼 때 어제와 동일한 지점을 보기 위해서는 1도 더 회전해야 한다. 그래서 걸리는 시간이 4분이다. 매일 반복되는 이런 환경에서 살고 있는 지상의 모든 생물체는 하루를 단위로 하여 일주기 리듬을 가진다. 우리는 아침에 일어나 종일 일하다가 저녁이 되면 휴식을 취하고, 밤이 깊어질 때 잠을 잔다. 이렇게 매일 밤낮의 일정한 리듬을 가지고 살아가게 하는 이유가 무엇일까? 이는 우리 몸에 일주기 리듬을 따라 생활하게 만드는 인자가 존재하기 때문이다. 이것이 바로 생체시계이다.

　이러한 생체시계를 구성하는 인자를 발견한 업적으로 미국의 과학자 3명이 2017년에 노벨상을 받았다. 제프리 홀(Jeffrey C. Hall)과 마이클 로시바시(Macheal Rosbash), 그리고 마이클 영(Michael W. Young) 박사가 초파리의 주기적 생리연구를 통해 생체시계 구성인자들을 규명함으로써 노벨 생리의학상을 공동으로 수상하였다. 생체시계의 존재는 우리가 멀리 외국으로 여행할 때 피부로 느낄 수 있다. 미국이나 유럽에 갔을 때, 현지 시간에 바로 적응하지 못하고 상당한 기간 동안 시차를 느끼는데, 이것이 바로 생체시계 때문이다. 생체시계는 수면주기와 아울러 모든 장기의 활동 등 신체변화에 영향을 미친다. 오전 6시에 잠자리에서 일어날 무렵, 부신 호르몬인 콜티솔의 분비가 시작된다. 콜티솔은 스트레스나 저혈당에 반응하여 혈당을 높이고, 지방과 단백질, 탄수화물의 대사를 돕는데 일주기 리듬을 따른다. 그리고 오전 중에는 혈압의 증가속도가 빨라진다. 이로써 혈압은 밤 시간에 떨어졌다가 아침에 일어나면 상승하기 때문에 심장마비와 뇌졸중이 이때 발생하기 쉽다. 이와 아울러 오전 9시 이후에는 각성 상태가 높아진다. 그래서 오전 10시부터 오후 2시에 이르기까지 집중력이 커지고 논리적 추론 능력이 최고로 이른다. 오후 3시쯤 되면 체내 균형이 잘 맞아 다양한 신체반응 속도가 빨라진다. 이어서 오후 6시 정도가 되면 체온이 가장 높고, 오후 8시쯤에는 혈압이 가장 높아진다. 이 시간 즈음에는 심폐기능과 근력이 좋아지고, 유연성이 높아져 운동능력이 증가한다. 그리고 오후 10시 이후에는 멜라토닌 호르몬의 분비가 많아져 수면으로 빠져들게 하고, 오전 1시경에는 가장 깊은 잠에 이르도록 한다. 생체시계를 이루는 유전자들은 각자 시간에 따라 적절히 발현되고 작동함으로써 호르몬이나 신호전달물질을 조절하여 하루의 주기에 맞게 신체 활동을 조절한다. 그러므로 불규칙적인 생활 패턴으로 인해 일주기 리듬이 깨어져 생체시계가 오랜 기간 망가지게 되면, 여러 질병에 노출될 위험이 커진다. 특히 교대근무 등에 의해 일주기 리듬이 흐트러지면, 손상된 유전자의 복구가 더디 일어날 수 있다. 왜냐하면 DNA 손상을 복구하는 단백질의 생성이 일주기 리듬을 가지기 때문이다. 그리고 비만이나 당뇨와 같은 대사질환도 일주기 리듬의 문제가 있으면 발생할 수 있다. 밤 시간에 멜라토닌의 농도가 높아지는데, 이때 음식을 먹으면 체질량 수치가 증가한다는 보고가 있다. 따라서 밤에 음식을 자주 먹으면 비만해지기 쉽다. 한편 암세포는 정상세포와 다른 리듬을 가지기도 하므로 항암제를 처리할 때, 투약시간을 잘 맞추면 그 효과를 높일 수 있다. 또한 천식이나 가려움증은 밤과 새벽에 심해진다. 그러므로 천식약은 잠자기 전에 먹는 것이 효과적이다. 이처럼 질병에 따라 투약시간을 조절하여 그 효

과를 극대화하고자 하는 연구를 시간약물학이라고 한다. 이와 같이 우리 몸에서 일주기 리듬은 매우 정교하게 움직이며, 이를 이해함으로 인해 질병의 치료를 효과적으로 할 수 있음이 밝혀지고 있다.

우리는 지구라는 환경에서 살아가고 있으므로 밤낮에 따른 일주기 리듬에 영향을 받을 수밖에 없다. 수면, 대사, 체온 및 혈압 조절 등 24시간 주기의 생체시계에 영향을 받으며 살고 있다. 일주기 리듬에 순응하여 조화로운 생리현상을 유지하는 것이 신체적으로 또한 정신적으로 건강해지는 길이다. 우리가 살고 있는 사회는 매우 복잡하고 경쟁이 나날이 치열해지고 있다. 그러다 보니 밤늦게까지 업무와 씨름하거나 동료들과 새벽까지 술과 음식을 나누며 교제하는 일이 빈번해 진다. 그래서 생활의 리듬이 흐트러지기 쉽고, 결국에는 건강을 해치는 경우가 생길 수 있다. 영적 건강도 마찬가지다. 규칙적인 신앙의 삶이 뒷받침 되어야 한다. 신앙의 선배들을 보면 모두 하나님과 교제하는 시간을 규칙적으로 가졌다. 하나님의 마음에 합한 자로 여겨졌던 다윗은 아침마다 하나님 앞에 섰다. 그래서 그는 이렇게 노래하였다. "내 영광아 깰지어다. 비파야 수금아 깰지어다. 내가 새벽을 깨우리로다"(시 57:8). 하루의 첫 시간을 하나님과 만나기 위해 구별하였던 삶의 모습이다. 그의 영웅적인 삶이 바로 규칙적인 하나님과의 만남으로 가능했다는 것을 짐작할 수 있다. 예수님께서도 공생애 기간 이 땅에 계실 때, 새벽에 하나님을 찾았다. "새벽 오히려 미명에 예수께서 일어나 나가 한적한 곳으로 가사 거기서 기도하시더니"(막 1:35)라고 마가는 기록하고 있다. 주님께서는 몹시 바쁜 하루를 보냈음에도 불구하고 이른 새벽에 하나님과 기도하며 교제하셨다. 예수님은 회당에 들어 가셔서 귀신들린 자를 고치셨고, 이어서 베드로의 장모가 앓아누워 열이 펄펄 끓어 힘들어 할 때, 찾아 가셔서 고쳐 주셨다. 또한 해질녘까지 몰려든 각색 병든 자들과 귀신들린 자들을 일일이 고쳐주셨다. 종일토록 주님께서는 자신을 찾아 온 병자들을 물리치지 않고, 그들을 불쌍히 여겨 치유의 사역을 수행하셨다. 그럼에도 불구하고 다음 날 일찍이 일어나 아직도 어둠이 걷혀지지 않은 때, 조용한 곳으로 찾아 가 성부 하나님과 교제하신 것이다. 예수님의 하루는 하나님을 만남으로 시작하였다. 규칙적으로 하나님과 교제하며 하나님의 뜻을 묻고 그 뜻대로 순종하는 모습을 우리에게 본으로 남기신 것이다. 우리의 삶에도 규칙적인 경건의 삶이 있어야 한다. 시간을 정하여 말씀을 읽으며 묵상하고, 기록된 말씀을 상고하여 올바른 삶의 원리를 깨달아야 한다. 그리고 깨달은 대로 순종하며 살아가도록 부단히 노력해야 한다. 이것이 영적 승리의 비결이다. 이 땅에서 승리하는 신앙의 삶은 단 한번의 깨달음으로 이루어지지 않는다. 매일 지속적으로 말씀에 비추어 자신의 모습을 살펴보는 작업이 필요하다. 이런 삶이 일생 동안 이루어져야 한다. 영적 훈련이 부족할 때, 여지없이 무너지는 것이 나 자신이다. 여전히 실수가 많은 나의 모습을 볼 때, 주님 앞에 엎드리는 시간은 필수적이다. 위로부터 오는 신령한 능력을 구해야 하기 때문이다. 지속적이며 규칙적인 경건의 훈련이 유혹 많은 세상에서 우리를 지켜줄 수 있다. 오늘도 정한 시간에 나의 무릎이 하나님 앞에 꿇려지길 원한다. 그리고 날마다 말씀을 사모하는 시간을 가지며, 나 자신을 살피는 시간이 되길 원한다. 그래서 영적 일주기 리듬이 원활하게 작동하여 건강한 영적 삶이 체질화되길 소원해 본다.

# 아이를 재울 때 흔드는 이유

  사람은 늙어 가면서 삶의 방식에 다양한 변화를 경험한다. 육체적으로 정신적으로 변하는 것들이 많은데, 그중에는 불편한 것들도 있지만 긍정적이고 기쁜 일들도 많다. 즐거움을 주는 일들 가운데 하나는 자녀들이 결혼을 하고, 아이들이 태어나는 것이다. 내게도 손녀가 생겼다. 예쁜 눈망울로 나를 쳐다 볼 때면 그렇게 귀여울 수가 없다. 물론 제 눈의 안경이라고 자기 손녀이니까 세상에서 제일 예쁘다고 느끼는가 보다. 아이가 젖을 먹고 새근거리며 자는 모습을 보노라면 세상의 근심은 사라지고 없다. 그리고 아이가 울 때에는 배가 고파서 우는지 기저귀가 젖어서 우는 지 원인을 찾아 얼른 해결해 주고 싶어 마음이 급해진다. 여하튼 아이가 불편함을 느끼지 않도록 최선의 노력을 기울인다. 잠을 재울 때도 아이가 편안하게 자도록 품에 안고 흔들어 준다. 아이의 몸무게로 인해 팔이 아파도 잠들 때까지 쉬지 않고 흔든다.

  이처럼 재울 때 천천히 흔들어 주면, 손녀가 깊이 잠드는 것을 경험한다. 유아의 경우, 흔들어 주면 잠들 때까지의 시간이 감소하고, 잠자는 시간의 길이가 늘어난다고 한다. 어른의 경우에도 흔들어 줄 때, 잠이 빨리 드는 경향이 있고 비렘(non-REM) 수면에서 3단계가 늘어나며 수면의 질이 향상되었다. 건강한 성인은 졸다가 잠자기 시작하는데, 먼저 1단계 비렘수면에 빠진다. 1단계는 과도기적인 수면으로서, 뇌파를 측정하면 알파 리듬이 생기는데, 이 리듬이 서서히 덜 규칙적으로 변하며 약해지고, 눈동자는 느리게 굴러가는 움직임을 보인다. 1단계는 빨리 지나가 불과 수 분밖에 지속되지 않는다. 1단계는 가장 얕은 단계의 수면으로서 쉽게 깨어날 수 있다. 2단계는 약간 더 깊은 수면으로서 5~15분 가량 지속된다. 이때 뇌의 시상에서 발생하는 것으로 알려진 수면 방추파(sleep spindle)라고 하는 8~14Hz의 뇌파가 가끔 관찰된다. 수면방추파는 일시적으로 강한 뇌파가 다발처럼 나타나는 현상이다. 이는 외부 자극을 차단하여 뇌로 하여금 깊은 수면에 이르도록 한다고 알려져 있으며, 나이가 들어가면 횟수가 줄어든다. 비렘 수면에는 K-복합파(K complex)라고 하는 고진폭 파동도 관찰되며, 이때 안구 운동은 거의 정지한다. 그리고 3단계에 이르면, 뇌파가 고진폭의 느린 델타 리듬으로 변한다. 또한 안구와 신체 움직임은 거의 없어진다. 4단계는 가장 깊은 수면 단계로서 2Hz 이하의 큰 진폭의 파동을 가지며, 20~40분 동안 지속된다. 이후에 수면은 다시 얕아지기 시작해서, 10~15분 동안 2단계로 올라갔다가, 갑자기 짧은 주기의 렘(Rapid Eye Movement; REM) 수면으로 변하면서 빠른 주기의 베타리듬이 나타나고, 활발한 안구 운동을 보여 준다. 이러한 주기를 하루 밤 사이에 4-5번 가진다. 수면이 진행됨에 따라, 비렘 수면의 시간은 일반적으로 줄어드는데, 특히 3단계와 4단계의 길이가 감소하고, 렘 수면의 주기가 증가한다. 잠자는 동안 비렘 수면의 길이가 길수록 잠을 푹 잤다고 느낀다. 이런 숙면의 시간은 주기적인 리듬으로 몸이 흔들릴 때 더욱 길어지는 것을 볼 수 있다.

이처럼 흔들어 주면 숙면을 취하는 이유가 무엇일까? 이 질문에 대한 해답을 제시하는 연구결과가 나와 주목을 끌고 있다. 스위스 로잔 대학의 폴 프란켄(Paul Franken) 교수 연구팀은 흔들기 운동의 수면 촉진 효과를 확인하고, 2019년에 커런트 바이올로지(Current biology) 저널에 논문을 발표하였다. 연구팀은 생쥐의 뇌파 측정이 가능한 장치에서 실험하였는데, 몸이 흔들릴 때 깊은 수면을 취한다는 사실을 확인하였다. 생쥐에게서 최적의 주기는 1초에 1번 좌우로 흔들리는 주기였다. 몸의 진동을 감지하는 기관은 귀의 안쪽에 존재하는 전정 기관이다. 그래서 전정기관의 기능이 망가진 생쥐를 이용하여 실험한 결과, 선형의 가속 리듬에 의한 숙면효과가 사라졌다. 이는 침대의 흔들거림이 귀의 전정기관에 의해 인식되고, 이 신호가 뇌로 전해져 숙면을 가져오는 것으로 이해된다. 사람은 생쥐에 비해 약간 느린 0.25Hz, 즉 4초에 한번 흔들거리는 리듬에서 가장 좋은 효과를 나타내었다. 고정된 침대에서 잘 때보다 흔들거리는 침대에서 비렘 수면의 3단계 길이가 평균 22.4-27.4% 증가하였다. 반면에 1단계와 2단계의 수면 길이는 줄어들었다. 이는 깊은 수면의 길이가 증가하였음을 말해 준다. 한편 꿈을 꾸기도 하는 렘 수면의 길이에는 차이가 없었다. 뇌파를 분석해 보면 몸이 흔들릴 때, 비렘 수면의 3단계에 나타나는 느린 파동이 18% 증가하였다. 그리고 수면 방추파의 발생도 30% 정도 늘어났다. 수면 방추파가 자주 나타나고, 느린 주기의 뇌파가 발생하는 3-4단계가 길어질수록 장기기억으로 전환하는 기능이 활발해진다고 알려져 있다. 기억력 검증을 위해 단어 연상 시험을 해 보면 흔들 침대에서 잤을 때, 전날 배운 단어짝을 더 많이 정확하게 기억함을 보여 주었다. 즉 몸이 적절하게 흔들리면 깊은 잠을 이루어 수면의 질이 좋아지고, 기억력 향상에도 도움이 된다는 사실을 말해 주는 것이다.

엄마가 아이를 품에 안고 흔들어 재우면, 아이는 세상의 근심과 걱정은 간데없이 오직 평화와 행복을 경험하게 된다. 하나님 아버지도 우리를 품에 안으시고 지극히 사랑하시며 신령한 평안의 복을 주신다. "광야에서도 너희가 당하였거니와 사람이 자기의 아들을 안는 것 같이 너희의 하나님 여호와께서 너희가 걸어온 길에서 너희를 안으사 이 곳까지 이르게 하셨느니라"(신 1:31). 광야 같은 세상을 살아가는 동안 하나님께서는 자녀된 우리를 안으시고 인도하신다. 이스라엘 민족을 이집트에서 이끌어 가나안 땅으로 향하여 광야 길을 행할 때, 하나님께서는 낮의 구름기둥과 밤의 불기둥으로 앞장 서 인도하셨다. 광야는 물도 귀하고, 먹을 양식도 없고, 전갈과 뱀이 있으며, 추위와 더위가 교차하는 곳이다. 험악한 땅이다. 그런 광야를 지나 가나안 땅에 이른 것은 하나님께서 그들의 길을 인도하시고, 크신 팔로 안으사 보호해 주셨기 때문이다. 어디에서 진을 치고 머무를지, 출발은 언제 할지, 모두 하나님께서 결정하셨다. 우리 삶의 행로에도 고난과 어려움이 도사리고 있다. 그렇지만 하나님께서 사랑으로 우리를 품어 주시며 이끌어 주심으로 우리는 지금까지 지내올 수 있었다. 그래서 지금까지 지내온 것 주의 크신 은혜라고 고백할 수밖에 없다. 우리의 태어나고, 앉고, 서고, 걸어감을 하나님께서는 지극한 관심을 가지시고 살피시며, 최선의 길로 인도하신다. 하나님에 대한 신뢰가 희미해지지 않는 한 우리에게는 안식이 있다. 역경 속에서도 쉴 곳을 마련해 주시며, 우리로 하여금 이겨내게 하신다. 이 세상에는 안전한 곳이 없고, 세상 사람을 의지하는 것으로는 참된 평안을 누릴 수 없다. 오직 하나님의 팔에 안겨 있을 때, 우리는 진정한 안식과 평안함을 경험할 수 있다. 하나님의 품에서만 영속적인 안전을 보장받을 수 있다. 궁극적으로 우리가 의지하고 따를 분은 오직 하나님이심을 다시 한번 인식하고, 아버지 하나님의 품에 뛰어들기 원한다. 우는 사자같이 사탄이 우리를 삼키려고 노리는 험악한 세상에서 우리의 안전을 담보할 수 있는 곳은 하나님의 품밖에 없다. 오늘도 나를 품에 안으시고, 나를 흔들어 재우시며, 안식을 주시고, 안심케 하시는 아버지 하나님을 의지하며 살아가길 기도한다.

# 앉기보다 일어나기의 유익

　요즈음 내게 고민이 생겼다. 눈에 띄게 배가 나온 것이다. 한여름 뜨거운 계절을 지나면서 나의 허리둘레가 많이 늘어났다. 여름에 자주 걸리지 않는 감기를 앓게 되어 거의 한 달 보름간 활발한 운동을 하지 못했다. 그런 가운데 회의와 특강, 출장 등으로 이어지는 스케줄로 인해 충분한 휴식을 취할 겨를이 없었다. 그래서 조금 나을 만하면 다시 심해지는 탓에 신체 활동이 급격히 줄었다. 또한 더운 날 움직이면 땀이 나고 쉽게 지치므로 에어컨 바람으로 시원한 연구실에 웅크리고 앉아 책과 논문을 주로 읽으며 지냈다. 그러다 보니 어느새 뱃살이 붙어 평소에 입던 바지가 허리에 꽉 끼게 되었다. 그리고 오랜만에 나를 만난 사람들은 얼굴이 좋아졌다고 한다. 아마도 얼굴에 살이 붙어 그런가 보다. 집에서는 샤워하고 나오는 나의 몸을 본 아내가 배불뚝이라고 놀린다. 저녁식사 후에 거실 소파에 앉으려 하면 나에게 자전거 운동기구에 올라가라고 재촉을 한다.

　현대인들은 하루 종일 앉아서 대부분의 업무를 수행한다. 앉아서 회의하고, 앉아서 서류작성하고, 앉아서 연락하며, 앉아서 컴퓨터 작업을 한다. 휴식시간에도 앉아서 차를 마시며, 앉아서 동료와 수다를 떤다. 그리고 이동할 때도 자동차로 앉아서 간다. 이렇게 앉아서 생활하는 것이 일상화되어 있다. 특히 도시에 사는 사람들 가운데 사무직에 종사하는 사람들은 앉아서 일하는 삶이 체질화되어 있다. 이렇게 앉아서 보내는 시간이 많을수록 건강에는 좋지 않다는 결과가 있다. 서서 움직이기보다 앉아 있으므로 적은 에너지를 소모한다. 최대 시간당 80kcal 정도의 에너지를 덜 사용하는 것으로 나타났다. 반면에 음식문화는 발달하여 먹거리의 질이 높고 양이 풍성해지면서 포만감을 느낄 때까지 충분히 먹기 때문에 필요 이상의 칼로리를 섭취한다. 그러므로 앉아 있는 시간이 늘어날수록 과체중으로 비만해질 가능성이 높다. 그리고 근육의 양은 지방의 양에 비해 상대적으로 적어지면서 대사성 질환을 앓기 쉽다. 고혈압, 고지혈증, 지방간, 당뇨, 그리고 심혈관 질환을 앓는 사람의 수가 많아진다. 캐나다 토론토 대학교의 연구팀은 오랜 시간 앉아 있는 생활습관과 각종 질환의 발생에 대한 상관관계를 조사하였다. 조사에 의하면, 앉아있는 시간이 길어질수록 사망률이 24% 증가하였다. 그리고 심혈관 질환 또는 암으로 인한 사망률도 17% 증가하였다. 또한 비만이 생겨 제2형 당뇨병과 심혈관 질환, 암 등의 유병률도 높아졌다. 그리고 운동을 하더라도 앉아 있는 시간이 길어지면 사망위험이 16% 정도 증가하였다. 이는 운동하는 시간이 앉아 있는 시간보다 턱없이 짧기 때문이라고 분석되었다. 그러므로 앉아 있는 시간과 사망률의 증가는 비례관계에 있음을 보여 준다. 미국심장협회가 50-79세 사이의 여성들을 대상으로 71,000명을 조사했는데, 하루 10시간 앉아 있는 여성은 하루 5시간 이하로 앉아 있는 사람보다 심혈관 질환 발생률이 18%나 높았다. 하지만 매주 7시간 이상 걷거나 5시간씩 조깅을 한 경우에는 질환 발생률이 현저하게 줄어들었다. 이와 아울러 노르웨이 스포츠과학대학의 연구팀이 영국, 스웨덴, 미국의 연구팀과 함께 수행한 조사에서도 앉아 지내는 생활과 사망률간의 상관관계는 다시 확인되었다. 연구팀은 육체적 활동과 사망률간의 관련성에 대한 518개의 논문들을 조사하였다. 최종적인 분석대상에 포함된 논문으로부터 추적 대상이 된 사람은 미국인과 유럽인으로서 36,383명이었고, 평균 연령은 62.6세였다. 그리고 여성이 72.8%를 차지하였다. 이들에 대한 자료를 분석했을 때, 5년 8개월간의 기간 내에 2,149명이 사망하였다. 이 기간의 첫 1/4분기의 사망자 수를 1로 했을 때, 2/4분기에는 1.28배, 3/4분기에는 1.71배, 마지막 4/4분기에는 2.63배의 사람이 사망하였다. 통계에 따르면 하루에 9시간 30분 이상 앉아서 생활하면, 조기 사망 위험이 두 배 이상으로 증가하였다. 반면에 신체활동을 하루 5시간 정도 하거나 강도가 상당한 운동을 24분 이상 하면 사망률이 떨어졌다. 따라서 만성 질환의 발병과 조기사망의 위험을 줄이기 위해서라도 직장에서 업무를 볼 때 일어서서 하는 습관이 필요하다. 요즈음은

높낮이를 조절할 수 있는 가변식 데스크가 있어서 컴퓨터 작업을 할 때 서서 할 수 있다. 그리고 앉아서 일하다가 가끔씩 스트레칭을 하거나 걸어 다니는 습관을 평소에 가지는 것이 필요하다.

앉아 있으면 죽고, 서서 다니면 산다는 것이다. 건강을 유지하기 위해서는 부지런히 움직여야 한다. 우리의 영적 건강도 말씀대로 부지런히 실행에 옮겨야 유지될 수 있다. 하나님의 말씀은 활력이 있어 역사를 변화시키고, 죽은 자를 다시 살리는 능력이 있다. "하나님의 말씀은 살았고 운동력이 있어 좌우에 날선 어떤 검보다도 예리하여 혼과 영과 및 관절과 골수를 찔러 쪼개기까지 하며 또 마음의 생각과 뜻을 감찰하나니"(히 4:12)라고 말한다. 하나님의 말씀은 살아 있어 변화를 일으키는 역동성이 있다. 히브리 민족이 430년 동안 이집트 파라오의 통치 하에 고생을 하던 때였다. 하나님께서는 아라비아 미디안 광야에서 양을 치고 있던 한 목자에게 나타나 히브리 민족을 이집트로부터 탈출시키는 임무를 맡기셨다. 광야의 양떼 속에 홀로 서 있던 이가 바로 모세였다. 모세는 태어나 나일강에 던져졌다. 갈대상자 안에 뉘여 떠 내려가던 아기는 파라오 공주의 눈에 띄어 건져졌다. 이로부터 40년간 이집트 왕궁에서 공주의 아들로 교육을 받으며 자랐다. 그러다가 동족 히브리인을 학대하는 이집트 군사를 죽이는 살인 사건으로 인해 미디안 광야로 도망갔다. 그는 광야에서 일개 초라한 목자로 40년을 살아가고 있었다. 양을 치던 중 호렙산에 오르게 되었고, 불에 타지 않는 떨기나무 불꽃 가운데 나타나신 하나님을 만나게 되었다. 하나님은 그에게 이스라엘 백성을 가나안으로 인도하는 임무를 맡겼다. 모세는 가나안 입성을 앞두기까지 40년을 광야에서 걷는 삶을 살았다. 모세는 평생을 걸어 다닌 사람이었다. 모세의 삶은 안락함과 거리가 멀었다. 그래서 그는 120세가 되어 하나님의 부르심을 받아 세상을 떠날 때까지 눈이 흐리지 않고 여전히 건장하였다. 모세의 수종을 들던 여호수아도 임종 때까지 건강을 유지하였다. 이스라엘 민족의 영도자가 된 여호수아는 일백십 세가 되기까지 가나안 정복의 사명을 완수하였다. 그는 이집트에서 노예생활을 30년 동안 했다. 라암셋 성을 짓는 일에 동원되었다. 건축 노동자로서 끝없이 일을 해야 했다. 그리고 이집트를 떠나 오면서 40년을 광야에서 보냈다. 광야생활 동안 하나님께서 불기둥과 구름기둥으로 앞장서서 움직이는 대로 따라 걸었다. 모세의 뒤를 이어 이스라엘 민족을 인도하여 요단강을 건너 가나안 땅에 들어 선 이후에도 전쟁의 연속이었다. 걷고, 달리고, 산을 오르며 치열한 전투를 벌였다. 장막에 편안히 거하며 누워있지 않았다. 그가 늙을 때까지 사명을 감당할 수 있었던 것은 건강했기 때문이다. 여호수아는 죽기 직전까지 이스라엘 백성들에게 하나님의 법도를 가르치고, 하나님의 법대로 살아갈 것을 당부하였다. 그의 몸은 건강하였고, 명료한 정신을 가졌다. 이처럼 모세와 여호수아가 오래도록 장수하면서 건강의 복을 누리게 된 것은 일생 동안 서서 걸었기 때문이다. 내가 반드시 너와 함께 하리라고 약속하신 하나님의 말씀을 신뢰하고, 끊임없이 몸을 움직였다. 가만히 앉아 있지 않았다. 환경 탓을 하며 엎드려 있지 않았고, 하나님의 약속의 말씀을 붙잡고 열심히 움직였다. 그래서 새로운 역사가 펼쳐졌다. 가나안 땅이 그들의 차지가 된 것이다. 오늘도 나에게 주신 약속의 말씀을 기억하고, 주님께서 주신 사명을 감당하며 부지런히 걸어가길 원한다. 행동으로 옮겨지는 신앙의 삶은 육신의 건강도 유지할 뿐 아니라 영적 건강도 누릴 수 있는 참된 비결이다.

# 최고의 맛을 찾아서

　프랑스 리옹에서 개최된 학술대회에 참석하면서 시내를 구경할 기회가 있었다. 최고급 식재료를 판매하는 시장을 둘러보고 나오니 맞은 편 건물에 큰 벽화가 눈에 띄었다. 건물 벽 한쪽 전체 면에 요리사 옷을 입은 인물의 초상화가 그려져 있었다. 알고 보니 이 분이 '요리의 교황'으로 일컬어지는 폴 보퀴즈였다. 그는 1926년 리옹 근교에서 태어나 2018년에 돌아가시기까지 평생을 요리사로 살았다. 그는 버터와 크림, 고기 등을 중점적으로 사용하는 방식에서 채소의 사용을 늘리고, 음식재료의 원래 맛을 살려 내는데 정성을 기울였다. 보퀴즈는 자신의 이름을 딴 레스토랑을 운영하면서 미슐랭 평가의 최고 등급인 별표 3개를 받았다. 그리고 이 평가는 1965년부터 50년이 넘는 기간 동안, 한 번도 3개의 별을 놓치지 않았다. 그래서 20세기 가장 위대한 요리사로 불렸다. 미슐랭 가이드(Michelin Guide)는 세계 곳곳의 레스토랑 요리를 평가하여 알려주는 책이다. 이 책은 프랑스의 타이어 만드는 회사인 미슐랭이 출판을 시작한 가이드북이다. 1889년 앙드레 미슐랭과 에두아르 미슐랭 형제가 타이어 회사를 세워 자동차 운전자를 위한 안내서를 발간하였는데, 1993년부터 음식이 맛있다고 소문난 곳에 표시를 하기 시작했다. 요리전문 심사자가 신분을 알리지 않고, 손님으로 식당을 방문하여 음식을 맛보고, 레스토랑의 분위기까지 파악한 후 보고서를 작성한다. 이를 근거로 심사위원들이 합의하여 평가를 내린다. 별표를 하나 받은 곳은 요리가 훌륭한 식당이고, 두 개를 받은 곳은 요리가 훌륭하여 멀리 찾아갈 만한 식당이라는 표시이다. 그리고 별표를 세 개 받은 곳은 요리가 매우 훌륭하여 맛을 보기 위해 특별한 여행을 떠날 가치가 있는 식당으로서 최상의 레스토랑이란 의미이다.

우리가 식재료를 요리하는 이유는 영양소의 파괴를 최소한으로 함과 동시에 소화가 잘 되도록 하기 위함이다. 그리고 날 것보다는 오래 보관할 수 있고, 위생적으로도 안전하기 때문이다. 뿐만 아니라 조리를 잘 하면 맛을 돋우어 식욕을 불러일으킨다. 우리가 음식을 먹을 때 느끼는 기본 맛은 5가지이다. 단맛, 쓴맛, 신맛, 짠맛, 그리고 감칠맛이 있다. 사람의 혀에는 2천-5천 개의 미뢰가 있다. 미뢰는 혀뿐만 아니라 입천장과 상부 식도, 뺨 안쪽 등의 점막세포 아래에도 존재한다. 미뢰 하나에는 50-150개의 미각세포가 존재하여 맛을 인식한다. 음식에 들어간 다양한 재료들의 성분들이 5가지 맛의 수용체를 자극한다. 그래서 음식마다 각 수용체들의 활성화 정도가 달라 다양한 조합으로 독특한 맛을 느끼게 한다. 음식물을 씹을 때 녹아 나오는 성분들이 미각세포 표면에 존재하는 수용체 단백질과 결합하여 신호를 일으키기 때문이다. 수용체의 신호는 미각신경을 통해 뇌의 미각중추로 전달되어 맛을 느낀다. 맛의 인식에는 입안에 분포하는 미뢰를 자극하는 과정이 가장 중요하다. 미각 수용체의 자극과 더불어 음식은 후각의 자극도 중요하다. 음식으로부터 구미를 당기는 냄새를 맡을 때, 식욕은 올라간다. 혀에서 살살 녹는 음식이라 하더라도 고약한 시궁창 냄새가 나면 먹기 힘들다. 그 다음으로 음식은 시각적으로도 보기가 좋아야 한다. 먹음직스럽게 차려진 밥상과 노릇노릇 구워진 생선 요리는 침이 저절로 나게 만든다. 만일 굽지 않은 간고등어가 통째로 밥상 위에 올려져 있다면, 먹고 싶은 마음이 생겨나겠는가? 보기에 좋은 음식이 시각을 자극하면서 식욕을 일으킨다. 또 다른 맛의 요소로는 음식마다 적절한 온도가 중요하다. 차갑게 식어 버린 김치찌개를 맛있다고 하는 사람은 드물 것이다. 아이스크림은 차가워야 하고, 찌개는 뜨거운 뚝배기에 담겨야 제 맛이 나는 법이다. 그리고 음식은 씹히는 감각이 좋아야 한다. 즉 촉감도 맛에 기여한다. 부드럽게 씹히는 요리와 아무리 씹어도 해체되지 않는 질긴 고기를 먹을 때, 우리의 선호도는 극명하게 나눠진다. 음식 재질의 물리적 성질과 점성 등이 조리방법에 따라 달라지며 맛 자극에 기여하는 것이다. 마지막 조건으로 음식을 먹는 사람의 몸 상태가 중요하다. 화가 나고 슬플 때는 진수성찬이 놓여 있어도 맛을 느끼지 못한다. 이럴 때는 먹고 싶은 마음이 아예 없다. 몸이 아파 누워 있을 때도 식욕은 사라진다. 밥이 목구멍으로 넘어가지 않는 것이다. 그래서 아플 때는 죽이나 미음을 쑤어 먹는다. 또한 배가 부르면 산해진미를 보더라도 먹고 싶은 마음이 없어진다. 그렇지만 배가 고플 때는 거친 음식이라도 달게만 느껴진다. 뇌의 시상하부에는 포만중추와 식욕중추 부위가 각각 존재한다. 어느 부위가 자극되는 지에 따라 식욕이 억제되기도 하고, 허겁지겁 음식을 찾게 만들기도 한다.

우리가 살아가는데 먹는 것은 너무나 중요하다. 모두들 먹고 살기 위해 일한다고 말한다. 가정의 가장들은 가족을 굶기지 않기 위해 뼈 빠지게 일한다. 먹는 것은 생존과 직결되어 있기 때문이다. 그런데 이왕에 먹는 음식이 입에 더 부드럽고, 더 맛있고, 풍미가 넘친다면 이보다 더 좋을 수는 없을 것이다. 가정이나 식당에서 가장 신경 쓰는 부분은 맛있고, 영양이 풍부한 음식을 조리하는 일이다. 신선하고 귀한 재료들을 많이 사용하여 영양만점의 음식을 만들어도 맛이 없으면 외면당할 것이다. 그리고 동일한 재료를 사용하더라도 조리방법에 따라 맛은 매우 달라진다. 그래서 손맛이 중요하다라는 말이 있는 것이다. 맛있는 먹거리를 찾아 먹을 수 있다는 것은 삶의 즐거움 중에 하나이다. 이와 함께 영혼에 필요한 양식도 충분하고도 즐겁게 섭취해야 한다. 달고 오묘한 말씀의 성찬을 즐길 수 있다면 이는 큰 복이라 할 수 있다. 오늘날 우리는 성경말씀을 해석하고 전하는 설교의 홍수 속에 살고 있다. 이 시대의 형편을 살피며, 우리가 어떤 자세와 생각을 가지고 살아가는 것이 성경적 삶인지 올바른 가르침을 받는 것이 필요하다. 예수님께서는 공생애 시절 구원의 진리를 가르치면서 맛깔스럽게 전하셨다. 천국에 대해 비유로 설명하면서 누구나 갈 수 있는 곳이 아니라고 전하셨다. 농부가 좋은 씨를 밭에 뿌렸으나 원수들이 가라지도 살짝 뿌리고 갔다. 싹이 나고 결실할 때, 곡식과 가라지는 섞여 있었다. 가짜를 분별하기 어려운 때에는 가라지를 뽑으려다 곡식까지 뽑을 수 있으니 그냥 두라고 주인은 종들에게 말하였다. 다 자랄 때까지 그냥 두었다가 나중에 가라지를 따로 모아 불사르고, 곡식은 모아 곳간에 넣으라고 하였다. 이 비유를 통해 세상에는 알곡과 가라지가 섞여 있고, 가라지는 곳간 즉 천국에 들여보내지 않음을 가르치셨다. 그리고 천국은 밭에 감추인 보화 같으므로 자기의 소유를 팔아 그 밭을 사는 것과 같다고 가르치셨다. 또한 좋은 진주를 발견하면 자신의 소유를 팔아 그 진주를 사는 것과 같다고도 하셨다. 이는 어떤 대가를 치르고라도 반드시 우리가 소유해야 할 소중한 것이 천국이라는 것을 알려주신 것이다. 주님은 또 다른 재미난 비유로 천국에 대해 말씀하셨다. 어부가 그물을 들어 올릴 때는 잡힌 물고기를 선별한다. 크고 좋은 물고기는 그릇에 담고, 작고 쓸모 없는 것은 내어 버린다. 마찬가지로 세상 끝에도 천사들이 와서 의인과 악인을 구별할 것이다. 악인들은 풀무불에 던져지고, 영원히 울며 후회하는 삶을 살게 될 것이라 말씀하셨다. 이 땅에서 잠시 동안 떵떵거리며 살아도 영원한 시간 동안 지옥에서 괴로운 삶을 산다면, 이보다 더 비참한 인생은 없을 것이다. 예수님은 이런 어리석은 삶을 살지 말라고 하셨다. 천국백성으로서 영원에 잇대어 살아가는 자가 복 있는 사람임을 귀에 쏙쏙 들어오게끔 맛깔스럽게 그리고 재미나게 가르치셨다. 우리가 사는 동안 최고의 맛집을 찾아 먹는 것도 즐거운 일이지만 성경의 가르침을 통해 최고의 영적 양식을 즐기는 것도 참으로 행복한 일이다.

# 위장에도 커피 수용체가 있다

도시 중심에 빌딩들이 밀집된 곳을 지나다 보면, 직장인들이 점심 시간에 삼삼오오 몰려 나가 식사를 하고선 손에 커피잔을 들고, 다시 일터로 향하는 모습을 쉽게 볼 수 있다. 식후에 커피 한잔을 마시는 분들이 참으로 많다. 점심 식사에 지출하는 돈보다 식후의 커피값으로 더 많은 돈을 지불하는 경우도 있다. 이제 커피는 우리 생활과 밀접하게 연결되어 있는 듯하다. 직장에서 회의를 하거나 친구를 만나 대화할 때도 빠지지 않는 것이 커피다. 내 주위에도 커피를 좋아하는 분들이 많다. 내가 친하게 지내는 분 중의 한 분은 바리스타 교육을 시킬 뿐만 아니라 커피 원두를 태국으로부터 수입하여 적절히 가공한 다음, 이를 카페에 보급하는 일을 한다. 그래서 하루에 수십 잔의 커피를 마시며 향과 맛을 테스트하고 있다.

커피나무는 주로 라틴 아메리카, 동남아시아, 그리고 아프리카 등 70여 개 나라에서 재배되는데, 원산지는 에디오피아라고 한다. 세계에서 가장 많이 교역되는 농산물 중의 하나가 커피 원두이고, 물 다음으로 많이 마시는 음료로서 커피가 자리매김하였다. 커피열매는 체리 정도의 크기로 붉게 익는다. 열매의 과육을 벗기고 씨를 꺼내 말린 것이 원두로서 마르게 되면 노릇한 색을 띤다. 커피 씨를 얻는 방법으로는 열매를 말린 다음 과육을 벗기는 건식 가공이 있고, 물에 담가 불린 다음 씨를 분리하는 수세식 가공법이 있다. 물을 이용하여 씨를 얻으면 수용성인 카페인이 일부 빠져 나가 카페인 함량이 약간 낮아진다. 그리고 커피 원두는 볶은 다음 물로 우려내어 음료로 만드는데, 볶는 시간과 온도에 따라 커피의 맛과 향이 달라진다. 볶는 시간에 따라 신맛, 단맛, 쓴맛이 나타난다. 볶는 시간이 짧으면 신맛이 나고, 길어지면 쓴맛이 우세해진다. 그래서 각자의 취향에 따라 원두를 직접 볶아서 커피를 우려내기도 한다. 커피 원두를 볶으면 산소와 접촉하여 지방성분이 쉽게 산화하므로 향이 손실된다. 따라서 볶은 후에는 오래 보관하는 것이 바람직하지 않다. 볶은 지 2-3일 지나면 나쁜 향은 날라가고, 최적의 풍미를 느낄 수 있다. 커피에는 약 300여 가지의 향이 있어 원두의 종류와 볶는 정도 및 숙성 기간 등에 따라 달라진다. 우리나라에는 커피가 생산되지 않지만, 유난히 커피를 좋아하는 사람이 많은 것 같다. 하루에 3-4잔 마시는 사람이 흔하다. 우리나라 1인당 연간 커피 소비량은 2014년에 341잔, 2015년에는 349잔, 2016년에는 428잔으로 증가하고 있다. 국내 커피 판매 시장 규모를 보면, 2014년에 4조 9,022억 원이었는데, 2016년엔 6조 4,041억 원으로 무려 30%이상 커졌다. 커피의 수입량도 엄청나다. 2015년 한 해 동안 14,295톤이나 수입했다.

오늘날 커피가 이처럼 대중화되었지만 나는 커피를 즐겨 마시지 않는다. 이유는 커피를 마시고 나면 속이 더부룩해지기 때문이다. 그리고 저녁에 마신 경우엔 밤잠이 잘 오지 않는데, 이는 커피에 들어 있는 카페인으로 인한 것이다. 카페인이 위산분비를 촉진하여 속쓰림이나 역류성 식도염까지 유발할 수 있다. 특별한 이유가 있기 때문이다. 카페인이 결합하여 작용하는 쓴맛 수용체 단백질이 위에도 발현되어 있다. 우리가 맛을 느끼는 기본 맛 가운데 쓴맛은 혀에 있는 미각 수용기 세포에 의해 감지된다. 혀에는 단맛, 신맛, 짠맛, 쓴맛, 감칠맛 즉 글루탐산이 작용하는 수용체들이 존재한다. 쓴맛은 서른 가지가 넘는 서로 다른 T2R 수용체에 의해 인지된다. 쓴맛 수용체는 주로 독성물질을 탐지하는 역할을 하는데, 이는 독이 들어 있는 물질들이 대부분 쓴맛을 가지고 있기 때문이다. 많은 종류의 쓴맛 수용체가 존재하는 이유는 쓴맛을 유발하는 화학물질을 예민하게 감지하여 독성물질이 들어 있는 음식을 구별하여 피하라는 것이다. 미각 수용기 세포로부터 쓴맛에 대한 신호가 오면, 뇌는 나쁜 음식으로 인식하고, 이를 회피하게끔 한다. 맛을 느끼게 하는 신호는 주로 혀에서 발생한다. 그런데 쓴맛을 느끼게 하는 동일한 종류의 수용체 단백질이 위벽 세포에도 존재함이 밝혀졌다. 위에 존재하는 쓴맛 수용체는 맛을 느끼게 하는 기능과는 관계가 없다. 우리가 약을 가루로 먹을 때, 입에서 쓴맛을 느껴 인상을 쓴다. 하지만 약가루를 캡슐에 담아 꿀꺽 삼켰을 때는 쓴 맛을 느끼지 않는다. 이는 혀에 존재하는 수용체를 자극하지 않고, 바로 위로 이동하였기 때문이다. 위에서 캡슐이 녹아 약이 흘러 나오더라도 쓴맛을 느끼지 않는 것이다. 위벽 세포에 발현되는 쓴맛 수용체 유전자를 조사해 보니, 22가지가 발현되고 있음을 알았다. 이 가운데 카페인 분자와 결합하여 반응할 수 있는 수용체는 5가지(TAS2R 7, 10, 14, 43, 46)이다. 오스트리아 비엔나 대학과 독일의 연구소가 함께 한 공동 연구팀이 발견하여 2017년 7월 미국립과학원회보에 논문을 발표하였다. 이들은 카페인이 위산분비에 미치는 영향을 세가지 경우로 구별하여 실험하였다. 카페인 용액을 입에 머금었다가 뱉음으로 혀에 있는 쓴맛 수용체만 활성화시켜 위산분비를 측정하였는데, 위산분비가 일어나지 않았다. 그리고 캡슐에 카페인을 넣어

복용함으로써 혀 감각을 우회하여 위에서 바로 자극하도록 하면 위산 분비가 촉진되었다. 다음은 카페인 용액을 입으로 마셔 혀와 위장에 있는 수용체를 모두 활성화 시켰을 때는 위만 자극했을 때보다 약간 느리게 위산이 분비되었다. 이 사실은 우리가 커피를 마실 때, 혀의 미각 수용기 세포로부터 쓴맛을 느끼면, 감각 신경회로를 거쳐 위에서 위산분비를 억제할 수 있음을 보여 주었다. 반면에 위에 도달한 커피는 위벽세포에 존재하는 쓴맛 수용체를 활성화시켜 맛감각과는 무관하게 위산분비를 촉진한다는 것이다. 이렇게 혀와 위벽 세포에 쓴맛 수용체가 존재하고, 이들의 기능이 위산분비에 있어서 서로 다르게 작용하는 이유가 무엇일까? 이는 독성물질이 들어 있는 음식을 입에서 감지하면 바로 뱉어 버리게 하고, 만일 삼키더라도 위에서 위산분비를 유도하여 독성물질을 해독시키기 위한 반응이라고 여겨진다. 이와 같이 동일한 수용체 단백질이라도 발현되는 위치에 따라 그 기능의 차이가 있음을 보여 준다. 이는 수용체 단백질이 활성화 될 때, 발생하는 세포신호의 경로에 차이가 있고, 연결된 감각신경의 작용이 다르기 때문에 생성되는 것으로 보여진다.

성경에도 하나님의 말씀을 먹을 때와 실천할 때의 맛이 다르다고 표현하고 있다. "내가 천사의 손에서 작은 두루마리를 갖다 먹어 버리니 내 입에는 꿀같이 다나 먹은 후에 내 배에서는 쓰게 되더라"(계 10:10)는 말씀이 있다. 사도 요한이 환상을 보았다. 하나님의 말씀이 기록된 두루마리를 먹을 때, 입에서는 꿀처럼 달지만 배에서는 쓰다고 하였다. 이는 말씀에 대한 갈증이 있어 사모하는 사람에게는 말씀을 깊이 묵상하고 깨달아 알아가는 시간이 너무나 달고 즐겁다는 것이다. 즉 뜯어 먹은 풀을 소가 다시 되새기듯이 읽고 공부한 하나님의 말씀을 다시 기억하며 묵상하는 시간이 참으로 재미있고 기쁜 일이라는 말이다. 그런데 먹은 후 배에서 쓰게 느껴지는 이유는 깨달은 말씀을 삶의 현장에 적용할 때, 많은 아픔과 어려움이 따를 수 있음을 말해 주고 있다. 그리스도인으로서 이 땅을 살아가면서 삶의 기준이 되는 하나님의 말씀에 대한 욕구가 없다면, 이는 올바른 태도가 아니다. 그리고 새롭게 알게 된 말씀의 원리에 비추어 내가 가진 생각이나 삶의 방식을 지속적으로 점검하며 수정해 나감이 바람직하다. 이러한 과정 속에서 손해를 감수할 때도 있고, 앞뒤가 꽉 막혔다는 욕을 먹기도 할 것이다. 세상에서는 용납되는 관행이지만 그리스도인으로서는 아니라고 거부해야 할 때도 있다. 세상의 가치관을 그냥 수용할 것이 아니라 하나님의 말씀으로 따져보는 습관이 필요하다. 이런 태도를 주님께서는 우리에게 요구하고 계신다. 비록 자주 마시는 커피는 아니지만 묽게 탄 커피의 향과 쓴맛을 음미하면서, 오늘 읽은 성경말씀을 깊이 묵상해 보고 싶다. 그리고 이를 어떻게 삶에서 실천할 것인가 고민하는 시간을 갖기 원한다.

# 추울 때 임신하면 날씬한 자녀 낳나?

    나에게는 형제자매가 많은 편이다. 6남매 중에 나는 막내로 태어났다. 그래서 누님 한 분과 형님들로부터 많은 사랑을 받으며 자랐다. 누님과 형님들은 대부분 키가 큰 편에 속한다. 어릴 적 많이 아파 제대로 먹지 못했던 바로 위 형님을 제외하고는 모두 키가 크다. 비교적 키가 크신 부모님의 형질을 물려받아 큰 키에 호리호리한 체형을 가지고 있다. 그런데 예외적으로 둘째 형님은 상당히 뚱뚱한 몸매를 지니고 있다. 비만해지는 것은 에너지 섭취에 비해 소비가 적을 때 발생한다. 그래서 형수님의 음식솜씨가 너무 좋다 보니 과식을 하게 되고, 비만하여진 것이 아닌가라고 형제들이 말하기도 하였다. 이와 아울러 둘째 형님이 나이가 들면서 활동량이 현저히 줄어듦으로써 에너지 소비가 감소하여 체중이 증가한 것으로 이해하였다. 그런데 나를 포함한 다섯 명의 형제자매들에 비해 둘째 형님만 유독 비만한 이유가 있을까? 기름진 음식 섭취와 감소된 개인의 활동량 외에 다른 이유가 있지는 않을까? 같은 부모님 하에 자라난 형제들이 서로 다른 체형을 보이는 것은 우리 집만의 일이 아니다. 형제자매들 간에 키와 체중의 차이가 나는 경우를 흔하게 볼 수 있다. 비만이 에너지 불균형으로 발생할 수 있지만, 이와 아울러 어떤 계절에 출생하느냐에 따라 뚱뚱해질 가능성을 가지고 태어날 수 있다는 연구결과가 발표되어 흥미를 끌고 있다. 스위스 취리히의 식품, 영양 및 건강 연구소의 크리스티안 볼프룸(Christian Wolfrum) 박사 연구팀은 임신한 계절에 따라 자녀들의 비만도가 달라지는 것을 조사하였고, 이를 2018년 네이처 메디신(Nature Medicine) 잡지에 논문을 발표하였다.

　오늘날 우리 사회에서는 저체중보다는 과체중이 더 심각한 문제를 야기하고 있다. 비만으로 인해 고혈압, 고지혈증, 제2형 당뇨병과 같은 성인병들이 나타나기 때문이다. 비만의 측도를 보여줄 때, 체질량 지수(Body Mass Index; BMI)를 말한다. 이는 체중을 키의 제곱으로 나눈 값이다. 체질량 지수가 25이상이면 과체중이고, 30이상이 되면 임상적으로 비만이라고 진단한다. 즉 신장과 체중을 이용하여 지방의 양을 추정하는 공식으로서 체지방과 상호 관련성이 깊다. 지방조직은 다양한 대사조절 호르몬을 분비하는 내분비 기관으로서 비만 관련 만성 질환을 야기하는데 중요한 역할을 담당한다. 지방조직은 백색지방과 갈색지방으로 나누는데, 현미경으로 보면 흰색과 약간 갈색빛을 띠는 것으로 구별한다. 우리가 음식을 섭취하면 혈당으로 바뀌어 각 조직에 에너지원으로 공급하는데, 사용하고 남은 것을 저장하는 곳이 백색지방이다. 반면에 갈색지방은 지방으로 축적된 에너지를 사용하여 몸의 열을 발생하여 체온을 유지하도록 만들어 준다. 즉 에너지를 저장하는 곳이 백색지방이고, 에너지를 소비하는 곳이 갈색지방이다. 이는 갈색지방의 미토콘드리아 내막에 UCP-1이라는 단백질이 존재하기 때문이다. UCP-1은 미토콘드리아에서 대사작용이 일어날 때, 화학에너지인 ATP의 생산을 낮추고, 대신에 열을 발생하도록 만든다. 따라서 갈색지방이 많으면 몸의 칼로리 소비량이 높아지고, 혈당조절에 도움이 된다. 그래서 비만해지는 것을 막을 수 있다.

또한 인슐린의 효율성을 높여 주어서 적은 양의 인슐린이 분비되어도 혈당조절이 잘 되게끔 한다. 그러므로 비만과 당뇨의 위험을 줄여주는 역할을 한다. 연구팀은 생쥐의 수컷을 23℃와 8℃로 각각 노출시킨 뒤, 암컷으로 하여금 임신하게끔 하였다. 그런 다음 태어난 새끼들을 대상으로 지방을 많이 함유한 사료를 먹여 체중의 변화를 측정하였다. 그랬더니 추위에 노출된 후 출생한 새끼들은 23℃에서 임신되어 출생한 생쥐보다 체중의 증가가 훨씬 둔하였다. 태어난 새끼들의 크기나 어미의 돌봄 정도에는 차이가 없었다. 다만 체중에 의미 있는 변화를 보인 것이다. 연구팀은 이들 생쥐에서 UCP-1의 발현 정도를 측정하여 비교해 보았는데, 역시 추울 때, 임신된 후 출생한 생쥐에게서 그 발현이 높았다. 이와 아울러 이들 생쥐의 몸에 있는 갈

색지방 조직의 양과 활성도 두드러지게 높았다. 또한 온도를 낮추었을 때, 열 발생을 위한 산소 소모량도 증가하였다. 이는 체온을 유지하기 위해 열발생이 필요한데, 대사에 필요한 산소의 요구량이 늘어난 것을 보여 주는 것이다. 그리고 비만이 억제될 뿐만 아니라 인슐린 저항성에 대한 개선효과도 비교그룹에 비해 뚜렷하게 좋았다. 임신하기 전 온도에 따라 어떻게 이런 효과가 나타날까? 연구팀들이 조사한 결과에 의하면, 추위에 노출된 경우 수컷의 정자 DNA의 메틸화 정도에 차이를 보였고, 이에 따라 갈색지방 조직의 분화에 필요한 유전자 발현에 차이가 나타났다. 이는 추위에 노출시킬 때, 후성유전학적 변화가 DNA에 일어났고, 이로 인해 수정된 후 발생하면서 갈색지방 조직의 분화에 영향을 미쳤기 때문이라고 볼 수 있다. 생쥐뿐만 아니라 사람의 경우에서도 임신한 계절에 따른 체중의 상관관계를 발견할 수 있었다. 취리히 대학 병원에서 양전자방출단층촬영 결과를 통해 조사한 결과, 평균 기온이 2℃ 정도로 추운 계절 즉 10월에서 2월 사이에 임신되어 태어난 사람에게서 갈색지방 조직의 활성이 3.2% 더 증가한 것을 확인하였다. 이는 추위 속에서 생명이 시작될 때, 갈색지방의 분화가 많이 일어나 체온유지가 잘 되도록 한다는 것을 알 수 있다. 그래서 생명의 발생과 발달이 손상 받지 않도록 미리 준비시키는 작업으로 볼 수 있다.

신앙의 삶에서도 겨울을 준비하는 자세가 필요하다. 사도 바울은 인생의 마지막 즈음, 겨울을 대비하여 믿음의 아들 디모데에게 편지를 썼다. 자신에게 속히 와 달라고 말이다. 그리고 겉옷과 성경을 함께 가져 오라고 부탁하였다. "네가 올 때에 내가 드로아 가보의 집에 둔 겉옷을 가지고 오고 또 책은 특별히 가죽 종이에 쓴 것을 가져오라…. 너는 겨울 전에 어서 오라 으불로와 부데와 리노와 글라우디아와 모든 형제가 다 네게 문안하느니라"(딤후 4:13, 21). 이 편지를 쓸 당시에 사도 바울은 스스로 하나님 앞에 서야 할 날이 멀지 않았음을 직감하고 있었다. 전제와 같이 부어지고 떠날 시간이 가까웠다고 편지의 초입부에 적고 있다. 순교의 시간이 다가옴을 느꼈을 때, 그가 가장 하고 싶어 했던 일은 디모데를 만나는 것이었다. 겨울이 오기 전에 어서 오라고 채근하는 모습을 볼 수 있다. 사랑을 아낌없이 주며, 믿음으로 양육했던 디모데를 보고 싶어 했다. 그리고 추워지기 전에 찬바람을 막아 줄 외투와 가죽 종이에 쓴 것, 즉 성경을 부탁한 것이다. 우리의 삶에도 겨울은 오게 되어 있다. 이때 우리에게 필요한 것은 주님의 사랑을 나누며 서로 격려하고, 힘을 북돋울 수 있는 믿음의 동지가 필요하다. 나의 주위에 하나님께서 붙여 주신 형제자매들을 귀하게 여기고, 그들과 더불어 진실한 삶을 나누는 것이 필요하다. 또한 우리의 몸을 따뜻하게 보온해 줄 두툼한 겉옷이 필요할 뿐만 아니라 영혼을 따뜻하게 해 줄 하나님의 말씀도 필요함을 알 수 있다. 세상의 여러 시련 앞에 으스스 추워 떠는 영혼에게 필요한 것은 하나님의 말씀을 통한 새로운 용기와 힘이다. 주님께서 오라고 하는 그 날까지 우리는 그분의 사랑을 지속적으로 확인함이 필요하다. 그러기 위해서는 성경에 기록된 하나님의 사랑의 메시지를 읽고 묵상해야 한다. 이와 아울러 우리를 위해 영원한 처소를 예비하신 아버지 하나님을 기억해야 한다. 그래야 인생의 추운 겨울이 깊어질 때, 죽음 앞에서도 담대해질 수 있다.

# 운동기능 유전자가 있나?

올해도 방학기간을 이용해 정기 건강검진을 받았다. 검진 후에는 의사 선생님으로부터 검사결과를 토대로 상담을 받으며, 문제는 없는지 설명을 듣는다. 상담 과정에서 내가 주로 야단 맞는 부분은 운동부족에 관한 것이다. 체중은 작년과 비슷하지만 몸을 구성하는 근육의 양이 줄었고, 대신에 지방의 양은 늘었다고 한다. 상체와 허벅지의 근육은 감소한 반면 아랫배는 더 나온 것이다. 정기검진 이후에 앞으로는 열심히 운동을 해야겠다고 다짐을 하지만, 바쁜 일과에 지치다 보면 땀 흘려 운동하는 것이 늘 부족한 편이다.

스포츠 경기를 보다 보면 재미있는 사실을 볼 수 있다. 예를 들어 단거리 육상경기에서는 우사인 볼트와 함께 자메이카 선수들이 탁월한 능력을 보인다. 반면에 마라톤 경기에서는 케냐 선수들이 발군의 실력을 보여 주고 있다. 각 나라의 스포츠 환경이 다르겠지만 나라와 인종에 따라 특출하게 잘하는 스포츠가 있음을 시사해 주고 있다. 그렇다면 운동 능력을 주관하는 유전자가 있는가? 운동 유전자가 있다면 그 발현은 인종에 따라 다른가? 이 질문에 대해 요즘 주목 받고 있는 유전자가 있다. 바로 알파 악티닌(α-actinin) 단백질의 유전자인 ACTN3이다. 이 유전자에는 변이가 있고, 종족 간에 차이가 있음을 안 것이다. 영국의 글래스고 대학의 연구팀은 자메이카와 케냐의 육상선수들을 대상으로 1,000여 명 분석해 본 결과, 근육 조직의 구성성분인 알파 악티닌 유전자에 특별함이 있음을 확인하였다. 알파 악티닌이란 단백질은 근육 세포에서 골격근의 악틴(actin) 섬유, 즉 미세섬유를 Z선이라 불리는 원반에 붙이는 역할을 한다. 한쪽 Z선에 부착된 미세섬유는 다른 쪽 Z선에 부착된 미세섬유와 마주보고 있지만 서로 부딪히거나 접촉하지 않는다. 다시 말해서 평행으로 배열되어 있다. 이렇게 배열된 미세섬유 사이에는 미오신(myosin)으로 이루어진 굵은 섬유가 존재한다. 근육의 수축은 가는 미세섬유들과 굵은 섬유 간의 일시적 결합으로 이루어진다. 즉 미세섬유가 굵은 섬유와 결합하면서 이동하여 양쪽의 Z선이 서로 가까워지는 현상이다. 두 개의 Z선 사이의 분절 단위를 근원섬유마디(sarcomere)라 부르는데, 이 근원섬유마디가 짧아지는 것이 근수축이다. 알파 악티닌은 이러한 근섬유의 구조를 유지시키고, 안정화시키는 중요한 역할을 한다. 이러한 알파 악티닌 유전자의 염기서열에 변이가 발견되었다. 즉 시토신(cytosine)이 티미딘(thymidine)으로 바뀌었다. 그러면 그 위치의 아미노산 서열이 알기닌(R)에서 번역중단(X) 암호로 변하므로 알파 악티닌 단백질 합성이 일어나지 않게 된다. 우리 몸의 각 세포에는 23개 염색체가 각각 두 개씩 상동염색체로 존재한다. 그러므로 ACTN3 유전자도 두 개 존재한다. 두 개 유전자 모두가 변이된 경우를 XX형이라 하고, 하나만 변한 것을 RX형, 변이가 없는 경우를 RR형이라 표시한다. RR형의 형질을 가진 사람에게서 알파 악티닌의 발현은 XX형에 비해 훨씬 많다. ACTN3 유전자의 변이를 3,000명의 노인들을 대상으로 5년에 걸쳐 조사를 했다. 남성의 경우, 400m를 걷는 실험에서 XX형을 가진 사람은 다른 형질의 사람보다 더 오랜 시간을 필요로 했다. 이는 RR 유전형을 가진 사람이 근육의 기능을 오래 보존한다는 의미다. 노인이 되면 점차 근육의 기능을 잃게 되는 것이 일반적이다. 근육소실이 서서히 일어나는데, 25세 때부터 시작되어 40세 때 10%, 70세때에는 40%의 근육이 감소한다고 보고하고 있다. 그러므로 RR형의 근육소실이 XX형보다 천천히 일어남을 알 수 있다. 누워서 역기를 드는 운동에서도 RR 형의 능력이 훨씬 좋았다. 폐경기 여성의 경우에서도 골밀도가 XX형보다 RR형이 더 좋은 결과를 보여 주었다. 이와 아울러 인슐린 저항성이 생겨 제2형 당뇨병이 발생할 수 있는 위험도 RR형이 XX형보다 낮았다. 이러한 결과로 미루어 볼 때, RR형의 ACTN3 유전자를 가지고 있으면, 근육의 형성이 더 원활하게 이루어지고, 노화에 따른 근육소실의 속도도 감소되어 근기능이 오랫동안 유지되는 것으로 보인다. 물론 ACTN3 유전자 하나의 변이가 이런 모든 현상을 조절하리라고 보지는 않지만 상당한 상관관계를 보여 주고 있다.

　이렇게 근육 형성에 중요한 유전자들이 밝혀지고, 그 기능에 대한 이해가 깊어지고 있다. 하지만 유전자만 믿고 가만히 누워 있으면 근육이 저절로 생기는 것은 아니다. 근육형성에 유전적 영향을 받더라도 결국은 운동을 통해서 발달하고 강화되는 것이다. 신앙의 삶에서도 근육이 필요하다. 신앙의 삶은 하루 이틀 살다가 그만 두는 것이 아니다. 그러기에 꾸준함이 필요하다. 지속적이며 활기 있는 신앙의 삶이 이루어지기 위해서는 영적 근육이 필요하다. 믿음의 깊이와 넓이가 확대되지 않는 이유는 영적 근육에 힘이 없기 때문이다. 자주 넘어지고 신앙의 좌절을 경험하는 것은 영적 근육량이 부족하기 때문이다. 신앙의 근육을 키우기 위해서는 먼저 하나님의 말씀의 원리를 깨닫는 것이 선행되어야 하고, 이어서 깨달은 삶의 원리대로 실천함이 따라야 한다. 말씀이 가르치는 바대로 순종하는 것은 쉬운 일이 아니다. 우리가 살고 있는 환경은 주님이 지시하는 바대로 살기에 쉬운 여건을 제공하지 않는다. 왜냐하면 세속적 가치와 영적 가치가 서로 충돌하는 곳이 우리가 몸담은 세상이기 때문이다. 따라서 지속적인 순종의 노력이 있을 때, 영적 근육은 성장한다. 야고보 사도는 우리에게 깨달은 대로 행하라고 강조하고 있다. "내 형제들아 만일 사람이 믿음이 있노라 하고 행함이 없으면 무슨 이익이 있으리요 그 믿음이 능히 자기를 구원하겠느냐 만일 형제나 자매가 헐벗고 일용할 양식이 없는데 너희 중에 누구든지 그에게 이르되 평안히 가라, 더웁게 하라, 배부르게 하라 하며 그 몸에 쓸 것을 주지 아니하면 무슨 이익이 있으리요 이와 같이 행함이 없는 믿음은 그 자체가 죽은 것이라"(약 2:14-17). 가난한 형제와 자매가 양식이 없어 굶주릴 때, 평안하길 바라고 몸을 덥게 하며 배부르게 하라고 말만 하는 것이 무슨 소용이 있겠느냐는 것이다. 배고픈 자에게 말보다는 양식을 주는 것이 주님의 가르침을 실천하는 신앙의 모습이다. 입으로만 형제를 위하는 외식은 죽은 믿음이라고 신랄하게 비판하고 있다. 이런 형식적 믿음으로는 영적 근육이 자라지 않는 것이다. 일제시대 신사참배를 거부하다가 해방이 될 때까지 감옥에 갇혔던 손양원 목사님은 1948년에 발생한 여순반란 사건으로 두 아들 동인과 동신을 반란군의 손에 의해 잃게 되는 아픔을 겪었다. 그럼에도 불구하고 두 아들을 죽인 안재신씨를 용서하고 양자로 삼아 가족으로 받아들였다. 그는 '나 외에 다른 신들을 네게 두지 말라'는 십계명을 지키기 위해 신사참배를 거부했다. '네 원수를 사랑하라'는 주님의 명령을 실천하기 위해 안씨를 양자로 삼았다. 비록 목사님의 육신은 연약하였지만 영적으로는 태산 같은 분이셨다. 이는 일상의 삶에서 늘 주님의 말씀을 묵상하며 깨닫기 위해 애를 썼기 때문이다. 깨달은 대로 성도들에게 가르치고 설교하였으며, 말씀의 원리대로 실천하는 삶이 이루어졌기에 가능했던 일이다. 목사님의 영적 근육은 참으로 강건하였다. 그러기에 일사각오의 결기를 우리에게 보여 주셨다. 훌륭한 믿음의 선조들을 본받아 담대하게 신앙의 지조를 지키며 걸어가길 소원해 본다. 그러기 위해 먼저 신앙의 근육을 꾸준히 키워가는 삶이 이루어지길 기도한다.

# 역사적 무대에서 승리하려면

　올림픽 경기를 치를 때면 선수들의 모습 속에서 큰 감동을 느끼는 경우가 많다. 2018년 2월 평창에서 열린 동계 올림픽에서 아슬아슬한 장면을 연출하며, 0.01초 차이로 메달의 색깔이 달라지는 모습을 보았다. 4년을 치열하게 준비했다가 한 순간에 혼신의 힘을 쏟아 붓는 모습에서 간절함과 절실함을 느끼게 한다. 그리고 경기에 임하는 선수들의 모습을 통해 최선을 다하는 자세가 얼마나 중요한 지 깨닫게 된다. 경기가 끝나는 순간까지 포기하지 않고 불굴의 정신으로 기어코 해 내고야 마는 선수들의 모습은 감동을 준다. 2016년 브라질 리우데자네이루에서 열린 하계 올림픽 대회에서도 강렬한 인상을 심어준 대한민국의 선수가 있었다. 펜싱 경기에 출전한 박상영 선수인데, 마지막 순간까지 투혼을 발휘하여 감동적인 모습을 보여 주었다. 그는 결승경기까지 진출하여 금메달을 놓고 마지막 경기를 벌였다. 그는 이 시합에서 상대방에게 점수를 지속적으로 먼저 내어주면서 끌려다녔다. 결승까지 파죽지세로 올라갔지만 박상영 선수는 헝가리의 노련한 베테랑 선수 임레 게자와 맞붙어 패색이 짙었다. 하지만 마지막 라운드에서 극적으로 반전의 기적을 이루었다. 임레 게자는 42살로 나이가 많았지만 최고의 기량과 풍부한 경험을 바탕으로 뛰어난 수

읽기를 보여 주었다. 경기 내내 임레 게자는 박상영을 앞서 나갔고, 2라운드가 끝날 때의 점수는 13:9로 4점을 리드하였다. 다음 라운드에서 2점만 선취하면 금메달을 확정하는 순간이었다. 펜싱경기에서는 공격하다 보면 동시에 상대를 찔러 함께 점수가 올라가는 경우가 허다하기 때문에 4점이나 뒤쳐진 상황에서 뒤집기란 거의 불가능하였다. 3라운드를 앞두고 잠시 쉬는 동안, 의자에 앉은 박상영 선수는 "할 수 있다"라고 몇 번씩 되뇌었고, 이 모습이 카메라에 잡혔다. 이윽고 3라운드가 시작되면서 박상영 선수는 한 점을 쫓아갔지만 임레 게자의 절묘한 공격으로 14:10으로 점수가 몰렸다. 이제 임레 게자가 한 점만 따면 경기가 끝나는 상황이었다. 그런데 믿기 힘든 장면이 연출되었다. 박상영 선수는 임레 게자 선수에게 마지막 한 점을 내어주지 않고, 내리 4점을 따내 14:14 동점까지 따라간 것이다. 그리고는 당황하고 있는 상대 선수를 밀어붙여 또 한번의 공격을 성공시킴으로써 거짓말처럼 대역전의 기적을 만들었다. 14:10에서 14:15로 역전시켜 금메달을 따리라고는 아무도 상상하지 못했다.

이렇게 세계무대에서 내로라하는 최고의 선수들을 상대로 자신의 기량을 마음껏 펼치는 것은 결코 쉬운 일이 아니다. 우열을 가리기 힘든 막상막하의 상대를 대상으로 담대하게 맞설 수 있는 것은 평소에 이미지 훈련이 있어야 가능하다. 이미지 훈련이란 머릿속에서 이미지를 그려 가면서 연습하는 것인데, 실제 연습과 병행할 때 그 효과를 극대화할 수 있다. 이미지 훈련은 일종의 자기 암시훈련이다. 마음과 몸을 스스로 통제할 수 있도록 하여 긴장된 상황에서 불안감정을 최소화시켜 자신 있게 시합에 임하게 하는 것이다. 즉 불안한 감정을 조절해서 자기 생각과 몸을 의지대로 기능하게끔 하는 것이다. 이러한 심리기법은 일종의 신경안정제 역할을 한다. 그래서 평소에 훈련하던 대로 최대의 기량을 낼 수 있도록 한다. 평소 집중력이 부족하거나 우울증으로 의욕이 부족한 사람에게도 도움이 되는 훈련이다. 머리로 생각할 때, 성공하는 이미지를 뚜렷이 그리며 이를 반복하는 것이다. 그러면 긍정적인 생각으로 익숙해지고 자연스러워진다. 일반적으로 중요한 시합에 임하는 선수들은 혼잣말을 중얼거리면서 스스로 시합에 집중하도록 노력한다. 또는 자신이 설정한 목표를 반복하여 생각함으로 그 목표를 향해 움직이도록 한다. 그리고 지금까지 땀 흘리며 훈련한 것에 대해 신뢰를 갖게 한다. 이 정도면 어느 누구와도 겨룰 수 있는 준비가 되었다라고 자신감을 북돋우는 것이다. 경기 중 불리한 상황이 전개되더라도 아직 기회는 남아 있고, 최선을 다하면 뒤집을 수 있다는 생각으로 투지를 불태우기도 한다. 이런 심리기술들은 두렵고 떨리는 큰 무대에서 불안감을 최소화시킨다. 그리고 심리상태

를 최대한 안정되도록 한다. 그러므로 꾸준한 이미지 훈련을 통해 뇌가 기억하는 것이 습관화되어 몸이 상상하는 대로 따라 가도록 만드는 것이다. 따라서 무작정 땀만 흘리며 훈련할 것이 아니라 마음 속으로 다양한 경우의 수를 생각하며 훈련하는 것이 좋다. 그러면 시합 중에 발생할 수 있는 여러 상황에 당황하지 않고 대처할 수 있게 한다. 훈련의 기간 동안 상상을 통해 이미지를 그려 가며 연습하면, 긴장할 수 밖에 없는 무대에서 의도한 대로 몸이 실행하게 된다.

신앙의 삶에서도 평소에 어떤 영적 훈련을 하며 살았는지에 따라 위기상황에 대처하는 태도가 달라진다. 성경에는 위기의 순간에도 담대한 믿음의 모습을 보여 준 기록들이 있다. 이러한 성경의 기록들 가운데 손에 땀을 쥐게 하는 짜릿한 장면이 있다. 즉 어린 소년에 불과했지만 전쟁이라는 큰 무대에서 승리함으로써 혜성같이 역사의 전면에 등장한 경우가 있었다. 블레셋 군대 앞에서 호령하고 있던 거대한 골리앗 장수와 마주 선 소년 다윗의 모습이다. 이스라엘의 초대왕 사울 시대에 블레셋 군대가 쳐들어 왔다. 그들은 베들레헴 서쪽 24km 지점까지 들어왔다. 이에 사울왕은 군대를 이끌고 맞섰지만 큰 난관에 부딪혔다. 블레셋 군대의 적장 골리앗 때문이었다. 골리앗은 2m 90cm가 넘는 큰 키에 우람한 몸과 강력한 힘을 가지고 있어 이스라엘 군대는 그의 앞에서 오금을 펴지 못했다. 아무도 나서서 그와 싸울 엄두를 내지 못했다. 이때 아버지의 명으로 전장에 나가 있던 형들의 형편을 살펴보기 위해 왔던 소년 다윗이 이스라엘 군대를 향해 도발하는 골리앗의 실체를 보게 되었다. 이에 분기탱천한 다윗이 이스라엘 군대를 대표하여 싸우고자 자원하였다. 사울왕은 자기의 군복과 놋투구, 그리고 갑옷을 입히고 칼을 채웠으나, 다윗은 이를 사양하였다. 대신에 매끄러운 돌 다섯 개와 물매만을 가지고 골리앗을 대적하러 나갔다. 이런 살벌한 상황에서 무엇이 다윗으로 하여금 이처럼 담대하게 했을까? 한낱 양치기 소년에 불과했던 그가 산더미처럼 거대한 골리앗을 상대로 싸우겠다고 나설 수 있었던 이유는 무엇일까? 골리앗은 막대기와 돌멩이를 들고 나온 다윗에게 자신을 개 취급하느냐고 저주하였다. 오늘 내가 너를 들짐승의 밥으로 만들어 주겠다고 골리앗은 호통쳤다. 이때 다윗은 당당히 외쳤다. "너는 칼과 단창으로 내게 오거니와 나는 만군의 여호와의 이름, 곧 네가 모욕하는 이스라엘 군대의 하나님의 이름으로 네게 가노라… 여호와의 구원하심이 칼과 창에 있지 아니함을 이 무리로 알게 하리라 전쟁은 여호와께 속한 것인즉 그가 너희를 우리 손에 붙이시리라"(삼상 17:45-47). 다윗은 하나님을 향해 뜨거운 심장을 가졌다. 그는 하나님에 대한 굳건한 믿음과 아울러 이스라엘 군대를 하나님께서 지켜주시리라는 강한 믿음을 가지고 있었다. 전쟁의 승패는 무기의 강력함도 아니고, 군사의 많고 적음에도 있지 않으며, 오직 하나님께 속한 것임을 확신하였다. 그는 평소에도 모든 것을 주관하시는 하나님의 전능하심에 대해 머리 속에 그리며 묵상하는 자였다. 양을 치는 동안에도 하나님을 의지했고, 눈앞에 펼쳐지는 자연을 바라보며 하나님의 위대하심을 찬양하였다. 양떼를 먹일 푸른 풀밭과 맑은 시냇물을 허락하신 하나님의 은혜를 깊이 생각하였다. 그래서 그는 성경의 시편에 기록된 150편 가운데 절반이나 되는 73편의 시를 지어 하나님을 노래하였다. 다윗은 맑은 영혼으로 하나님이 어떤 분이신지 바라보며 믿음을 키운 것이다. 그리고 양떼를 치는 가운데 물매돌 던지는 연습을 부지런히 하였다. 양치기는 양떼를 돌보며 인도할 때, 가축을 위협하는 들개, 늑대 등을 안전한 거리에서 쫓아내어야만 한다. 이때 요긴하게 사용하던 무기가 물매였다. 늑대를 쫓을 때도 자신을 지켜주신 하나님을 생각하며 믿고 물매돌을 던졌을 것이다. 그는 평소에 자신과 양을 보호하시는 하나님에 대한 이미지 트레이닝을 하였고, 이를 바탕으로 돌팔매를 하였다. 골리앗 앞에서도 떨지 않고 양떼를 헤치려는 늑대 정도로 여길 수 있었다. 우람한 골리앗을 바라보면 무섭기도 하고 긴장된 싸움판이었다. 하지만 평소 연습하던 대로 늑대가 앞에 서 있는 것으로 여기고 나간 것이다. 하나님에 대한 묵상으로 단련된 다윗은 안정된 돌팔매를 구사할 수 있었다. 정확하게 골리앗이 쓰고 있던 투구의 미간 사이 빈틈을 맞추었다. 단 한발로 실수 없이 골리앗의 두개골을 깨트려 버린 것이다. 이는 하나님에 대한 끊임없는 이미지 훈련을 하였기에 가능한 일이었다. 전쟁터에서도 위대한 하나님께서 자신과 함께 하실 것을 철저히 믿었기 때문이다.

우리도 늘 하나님의 위대하심을 묵상할 필요가 있다. 우리 삶의 현장에는 어려움이 시도 때도 없이 다가온다. 우리 앞을 가로막는 난관과 시련을 깨트리기 위해서 평소에 하나님에 대한 묵상으로 이미지 트레이닝을 할 필요가 있다. 하나님을 철저히 신뢰하는 자는 자신의 믿음대로 생각과 행동이 따라가게 된다. 환난 가운데 담대할 수 있는 힘은 평소에 말씀을 듣고 읽고 묵상할 때 나온다. 그럴 때 우리는 하나님으로 인하여 세상을 이기었노라고 선언할 수 있는 것이다.

# 업무능력 향상에는 격려가 최고

나는 학교에서 생활하다 보니 많은 학생들을 만난다. 나이 어린 학생들을 상대하므로 항상 가르치는 입장에 서게 된다. 강의실에서는 전공과목을 가르치고, 연구실에서는 실험에 대해 주로 의논하고 지시하는 편이다. 특히 연구실에서는 대학원생들과 오랜 시간을 함께 지낸다. 연구주제를 정하고, 적절한 연구방법을 설정하여 실험하도록 지도한다. 그리고 얻어진 결과에 대해서 함께 그 의미를 분석한다. 학생들이 연구하는 과정 가운데 내가 원하는 방향으로 실험을 잘 수행하면 이를 당연하게 여긴다. 하지만 실수를 하거나 바람직스럽지 못한 연구태도를 보면, 그냥 넘어가지 않고 훈계를 한다. '왜 이렇게밖에 못했나? 조금 더 열심히 할 수 없겠니? 그렇게 해서 논문은 제대로 쓸 수 있겠니?' 등등 잔소리가 심하다. 선생의 입장에서 내 눈에는 학생들의 잘 하는 모습보다 부족한 것이 더 잘 보인다. 그래서 대학원생들에 대해서 이런저런 잔소리가 많다. 그런데 몇 년 전에 연구실 학생이 "칭찬은 고래도 춤추게 한다"라는 책을 내게 생일선물로 주었다. 이 책을 읽은 이후 깨달은 바가 많아 요즈음은 학생들에게 격려와 칭찬으로 다가가려고 애를 쓰는 편이다.

이 책의 내용은 거대한 몸집을 자랑하는 범고래가 수족관 물 위로 점프하는 묘기를 부리는데, 칭찬이 큰 역할을 했다는 것이다. 플로리다 올랜도로 출장을 온 회사의 중역이 잠시 짬을 내어 씨월드(Sea World)를 찾아 구경하였다. 다양한 해상 동물의 쇼가 펼쳐지는 중에 압권은 5,000파운드가 넘는 범고래가 3미터가 넘는 공중으로 뛰어 오르는 것이었다. 육중한 범고래의 점프실력에 사람들은 탄성을 지르고 박수를 보냈다. 쇼가 끝난 후 스타디움이 조용해지자 조련사는 범고래에게 다가가 머리를 쓰다듬어 주고 칭찬을 아끼지 않았다. 바다의 포식자 범고래가 어떻게 조련사의 말을 그렇게 고분고분 들으며 묘기를 부릴 수 있는지 궁금하여 물었다. 그러자 조련사는 고래가 잘 했을 때, 과도하게 칭찬을 해 줌으로써 칭찬받을 일을 반복하게끔 한다는 것이다. 그리고 지시대로 따르지 않을 때는 화를 내고 야단치기보다는 모른 척 무시해버린다고 한다. 못 하거나 지시에 따르지 않을 때는 이를 주목하지 않고, 다른 행동으로 전환할 수 있도록 유도한다는 것이다. 조련사를 통해 새롭게 깨달은 중역은 칭찬과 격려의 원리를 가정과 회사에 적용함으로써 긍정적이고 생산적인 모습으로 바꿀 수 있었다는 내용이다. 범고래가 묘기를 부리게 된 이면에는 먼저 조련사와의 친밀한 교감과 아울러 깊은 신뢰관계가 형성되어 있었다. 그런 다음 기술을 가르치면서 범고래가 목적하는 방향으로 움직일 때, 끊임없는 칭찬과 먹이를 주며 보상을 하였다. 고래가 지시를 잘 따르지 않는 날에는 훈련을 멈추고, 휴식을 주며 기다렸다. 호통치고 화를 내는 것보다 인내한 것이다. 인간관계에서도 실수보다는 잘 한 일을 찾아 칭찬하고 격려하는 것이 필요하다. 실수에 대해 지적하고 수정하도록 다그쳐 실수의 횟수를 줄이게 하는 것보다 잘 했을 때, 칭찬하는 것이 더 효율적이라는 말이다. 칭찬함으로써 다음에 더 잘하려는 동기를 부여하게 된다. 그래서 더욱 신바람 나게 일을 할 수 있는 것이다.

칭찬의 효과에 대해서 실제적인 연구결과들이 있다. 성인 48명을 대상으로 키보드 연습을 시키고, 실행 정도를 측정하는 실험이었다. 특정한 순서를 따라 키보드를 최대한 빨리 누르게 하였다. 그래서 요령을 배운 참가자들이 30초간 실시한 결과에 대해 평가자는 칭찬을 해 주었다. 그러자 칭찬을 받은 그룹이 그렇지 않은 그룹에 비해 더 우수한 성적을 보였다. 이는 칭찬을 통해 사회적 보상을 받으면 실행 능력이 더 증가한다는 사실을 입증하는 것이다. 이처럼 우리가 다른 사람으로부터 잘했다고 칭찬받으면, 뇌의 선조체가 활성화 된다. 선조체는 기저핵으로 불리기도 하는데, 대뇌 앞쪽의 깊숙한 부위에 위치하고 있다. 그래서 대뇌피질, 시상, 뇌간 등 여러 부위와 강하게 연결되어 있다. 선조체는 운동기능과 밀접한 관련이 있어 도파민 신호를 제대로 받지 못하면 파킨슨씨병이 발생한다. 반면에 선조체 내의

신경세포가 손실되면, 헌팅톤씨병과 같은 운동장애 증상을 보인다. 그리고 선조체는 절차에 따른 학습을 하는데 필수적인 뇌 부위이기도 하다. 다시 말해서 정해진 행동학적 패턴을 학습하고 이를 실행하는데, 적절한 시간에 시작하고 중지하도록 한다. 따라서 칭찬으로 선조체가 활성화되어 기능이 향상되면, 학습한 작업을 수행하는데 효율적이 되도록 조절하는 것이다. 이와 아울러 칭찬은 개인에 따라 적절히 구사되어야 한다는 연구결과가 있다. 자존감이 높은 아이들에게 수학 문제를 풀게 하고 칭찬을 하면, 더욱 향상된 결과를 얻었다. 하지만 자존감이 낮은 학생들에게 과도한 칭찬이 주어질 때, 이에 대해 오히려 거북하게 여겼다. 그래서 학습능력을 떨어뜨릴 뿐만 아니라 과제에 대한 흥미도 잃게 만들었다. 평소에 부모나 어른들로부터 사랑과 관심을 많이 받고 자란 아이는 자존감이 높다. 자신이 존중 받으므로 타인도 존중 받는 것을 당연하게 여긴다. 그래서 칭찬과 격려가 주어질 때, 더욱 신이 나서 어려운 문제라도 해결하고자 하는 강한 의욕을 가진다. 하지만 자라날 때, 칭찬과 격려가 부족한 경우 자존감이 낮아지고, 관심과 칭찬이 주어질 때 이를 오히려 부자연스럽게 여기는 것이다. 그래서 사랑과 격려는 어릴 때부터 풍성하게 주어지는 것이 필요하다.

예수님께서 공적으로 활동하던 시대에 비록 이방인이지만 주님으로부터 크게 칭찬받은 분이 있다. 예수님께서 갈릴리 지방 서북쪽의 가버나움이라는 마을에 들렀을 때, 로마 군인 백부장을 만났다. 백부장은 자신의 하인이 중풍으로 괴로워하는 것을 안타깝게 여겨 치료해 주실 것을 주님께 부탁하였다. 그러자 예수님은 "내가 가서 고쳐 주리라"고 승낙하셨다. 그러자 백부장은 감히 주님을 자신의 집으로 오시게 하는 수고를 감당할 수 없다고 하면서, 말씀으로 나으라고만 해도 집의 하인이 나을 것이라고 조심스럽게 말하였다. 자신도 군인으로서 상관의 수하에 있고, 자기 아래에도 군사들이 있는데, 가라 하면 가고 오라 하면 오듯이 주님께서 말씀만 하시면 하인의 병이 떠날 것이라고 말하였다. 이 말을 들은 주님은 백부장에 대해 크게 칭찬하셨다. 주님을 좇는 무리들에게 이스라엘 중 아무에게서도 이만한 믿음을 만나보지 못했다고 말씀하신 것이다. 예수님은 백부장에게 말하시기를 "가라 네 믿은 대로 될지어다"라고 하셨다. 예수님께서 말씀하시는 그 순간 백부장의 하인은 나음을 입었다. 우리가 신앙생활 하면서 바라는 궁극적인 목표는 주님 앞에 설 때 칭찬받는 것이다. "너희 믿음의 시련이 불로 연단하여도 없어질 금보다 더 귀하여 예수 그리스도의 나타나실 때에 칭찬과 영광과 존귀를 얻게 하려 함이라"(벧전 1:7). 우리의 믿음에는 시련이 따른다. 하지만 어려운 때일수록 더욱 단련하여 금보다 더 귀한 믿음의 사람이 되어야 함을 가르친다. 그래야만 주님께서 다시 이 땅에 재림하실 때, 우리는 칭찬과 영광과 존귀함을 받을 수 있다. 예수님의 칭찬을 받은 백부장은 아마도 일생 동안 주님을 더욱 존경하고, 주님의 말씀대로 순종하며 살았을 것이다. 칭찬과 격려는 누구나 할 수 있다. 돈이 드는 일도 아니다. 권세나 특별한 재능이 있어야만 할 수 있는 일도 아니다. 칭찬은 사람의 영혼을 빛나게 한다. 영혼을 살리는 거룩한 일이다. 우리로 하여금 고난을 이겨내게 하는 동력이 된다. 서로 칭찬하고 격려하는 가운데 우리의 공동체는 끈끈한 결속력을 자랑하게 된다. 이제 나도 연구실의 학생들과 가정의 가족들과 교회의 교우들을 향해 강점을 찾고, 이들을 세워주며 칭찬하고 격려하는 자가 되길 소원한다.

# 음악이 감동을 주는 이유

내가 대학 다니던 시절이었다. 미국에 계시는 이모님께서 큰 언니 되는 나의 어머님을 초청하셔서 어머님은 약 3달 정도 LA에 머무시다가 오신 일이 있다. 어머님은 귀국하면서 막내 아들인 나에게 선물로 주시기 위해 당시 한창 유행하던 워크맨을 사오셨다. 그래서 나는 그 워크맨을 애지중지하며 영어 공부에 활용하기도 하고, 혼자서 걷거나 버스를 타고 갈 때면 이어폰을 끼고 음악을 감상하기도 했다. 내가 가장 먼저 산 음악 테이프는 카를 뵘이 지휘한 비엔나 필하모니 오케스트라의 연주로 녹음된 베토벤 작곡의 6번 전원 교향곡이었다. 전원에서 들려오는 새소리, 시냇물 소리, 천둥 소리, 농부들의 유쾌한 소리, 감사와 기쁨의 표현 등이 감동으로 다가왔다. 섬세하고 아름다운 선율은 나로 하여금 목가적인 풍경 속에 거니는 상상을 하게 만들었다. 틈만 나면 워크맨을 꺼내 반복해서 듣다 보니, 나중에는 테이프가 늘어나 소리가 이상해지기까지 하였다. 우리는 음악을 들을 때, 작곡가가 표현하고 싶은 모습이나 형상, 사건 등을 상상하고, 여러 감정의 변화를 경험한다.

그러면 우리의 감정 반응이 음악에 의해 어떻게 일어나며 변할 수 있을까? 빠르게 진행되는 연주를 들으면 우리는 쉽게 흥분하게 되고,

느리게 단조로 연주되는 음악을 들으면 왠지 슬퍼진다. 오케스트라에서 연주하는 악기들은 저마다 독특한 색깔의 소리를 낸다. 악기들의 연주를 통해 박자와 소리의 크기, 음의 높낮이 등이 변하면서 하나의 음악이 진행된다. 악기들은 자기만의 특이한 음색을 가지는데, 이는 각각 독특한 파동을 발생시키기 때문이다. 바이올린, 비올라, 첼로 같은 현악기의 소리가 다양하게 나는 것도 현의 진동이 달라지기 때문이다. 팽팽하면 빠른 진동이 발생하고, 느슨하면 느리게 줄이 진동하면서 각기 다른 소리를 낸다. 금속으로 된 줄은 나일론 줄보다 밀도가 높으므로 천천히 진동하여 낮은 소리를 낸다. 그리고 현의 길이가 길수록 진동하는 시간이 더 걸리기 때문에 낮은 음을 내게 된다. 그래서 첼로가 바이올린보다 낮은 소리를 내는 것이다. 바람을 불어 넣어 소리를 만드는 관악기의 경우는 튜브 내의 공기가 진동함으로 각각 개성 있는 소리를 발생시킨다. 입술의 힘을 빼고 공기를 불어 넣을 때, 위 아래 입술이 진동하면서 공기의 파동이 발생하고, 이것이 관 속으로 흘러가면서 공기를 진동시킨다. 입술로 마우스피스에 대고 바람을 불어 넣으므로 한쪽은 막히고 반대쪽은 열려 있다. 이때 튜브 안에서 진동이 일어나면서 기본 주파수는 관의 길이에 반비례한다. 관의 길이가 길면 저음이 나고, 관의 길이가 짧으면 고음이 발생한다. 트럼펫, 호른, 유포니움, 튜바 등은 밸브를 열고 닫으면서 관의 길이를 조정한다. 반면에 트롬본은 튜닝 슬라이드를 밀고 당김으로써 관의 길에 변화를 준다. 그리고 악기에 따라 관의 직경에 차이를 주어 소리의 변화를 만들어 낸다. 관이 굵으면 묵직한 소리가 나고, 가늘면 높고 경쾌한 소리가 난다. 그래서 트럼펫과 튜바의 소리는 확연하게 다르다. 관악기들은 관이 휘어져 있는 경우가 많은데, 이는 음정을 맞추기 위해 관의 길이를 조정함과 동시에 악기를 다루기 쉽도록 하기 위해서 디자인되었기 때문이다. 오케스트라에는 현악, 관악, 타악 등 모든 악기군을 포함하여 대개는 70-80명, 많게는 100여 명이 연주를 한다. 서로 다른 음색과 진동 패턴을 가진 악기들이 조화를 이루어 아름다운 선율을 만들어 내는 것이다. 그런데 단원들이 악보에 그려진 대로 자신이 맡은 부분만 악기로 소리를 내면 교향곡이 완성되는 것으로 생각하지만 그렇지 않다. 다양한 악기들의 소리를 하나로 어우러지게 만들어 조화를 이루어 내는 것은 쉬운 일이 아니다. 아름답고 멋진 음악으로 표현하는 작업은 지휘자의 능력에 달려 있다. 우선 오케스트라 단원들은 각자가 연주해야 할 부분을 치열하게 연습하여 숙달해야 한다. 그 다음에 지휘자가 곡의 연주속도를 정하고, 각 악기들의 소리를 감안해서 균형 있는 소리가 나도록 조정하는 것이다. 각 악기들이 내는 소리의 색깔과 크기에 대해 작곡자들이 미리 정해 놓은 경우가 많지 않다. 따라서 지휘자가 곡을 해석하여 이를 조정함으로써 전체 소리가 하모니를 이루도록 한다. 따라서 연주가 진행되면서 고음과 저음을 내는 악기들의 음량과 연주속도를 조절함으로써 서로의 소리가 섞여 최상의 선율을 만드는 책임이 지휘자에게 있는 것이다.

그래서 지휘자의 역량에 따라 음악의 흐름이 달라진다. 천둥소리와 대포소리에 비해 시냇물 흐르는 소리나 지저귀는 새소리는 다르게 표현되어야 한다. 때로는 격정적이다가 때로는 부드럽고 은은하게 연주를 진행함으로써 청중들에게 감동을 줄 수 있는 여부도 지휘자에게 달려있다. 물론 연주자들은 곡의 진행에 맞춰 악기의 소리가 그 상황에 꼭 맞는 적합한 소리를 내도록 최선을 다해야 한다. 그리고 지휘자는 다양한 소리를 하나로 묶어 조화를 이루도록 조절해야 한다. 소리의 색깔과 특색이 각기 다른 악기들이 모여 절묘한 균형을 이루어 새로운 조합의 소리를 만들 때, 우리는 감동하게 된다.

　교회도 같은 뜻을 가지고 동일한 목표를 향해 조화롭게 움직이는 것이 중요하다. 하나님의 자녀된 우리는 교회를 이루어 이 땅에서 영적 전쟁을 수행하며, 하나님의 나라를 확장하는 것을 목표로 살아간다. 따라서 우리는 서로 협력하고 연대해야 한다. 독불장군식 신앙생활은 패배하기 쉽다. 그러므로 우리는 먼저 한 형제요 자매된 것을 인식해야 한다. 서로 같은 마음으로 팀워크를 이루어야 한다. 사도 바울은 교회가 그리스도의 몸이고, 우리는 그 몸의 지체라고 표현했다. "우리가 한 몸에 많은 지체를 가졌으나 모든 지체가 같은 직분을 가진 것이 아니니 이와 같이 우리 많은 사람이 그리스도 안에서 한 몸이 되어 서로 지체가 되었느니라"(롬 12:4,5). 우리의 몸을 살펴보면, 각 장기마다 고유한 기능을 하면서 서로 균형을 이루어 몸 전체의 건강을 유지한다. 따라서 다양한 기능의 지체들이 있어야만 한다. 교회의 구성원들도 각기 다른 재능을 가지고 있다. 서로 다른 듯 보이지만 우리 모두가 모여 주님의 몸을 이룬다. 지체들은 서로 다르고 다양하다. 개성이 있다. 그렇지만 지체들끼리 조화를 이루며, 같은 사명과 목표를 공유해야 한다. "교회는 그의 몸이니 만물 안에서 만물을 충만케 하시는 자의 충만이니라"(엡 1:23). 교회는 주님의 몸으로서 충만함이 있어야 한다. 그런데 그 충만은 충만케 하시는 자, 즉 주님으로 인해 가능하다. 교회 안에는 생명이 있고, 사랑이 있으며 진리의 역동성으로 충만해야 한다. 그러기 위해서는 교회의 머리 되시고, 우리 지체들을 하나로 묶어 조화롭게 하시는 주님의 뜻을 따라야 한다. 주님께서 지휘하시는 대로 순종해야 한다. 그래야만 영적 전쟁에서 승리할 수 있다. 지체들은 각기 자신의 역할이 있고, 그 일에 충실해야 한다. 자기와 다르다고 해서 비난하고 협조하지 않으면 결국 스스로 몸 전체를 망가뜨리게 된다. 지체들끼리 서로 격려하고 용납하며, 서로 보완해 나가는 존재로 인식해야 한다. 그리고 무엇보다도 주님께서 지시하시는 것을 내 의지로 변개하면 안된다. 나 스스로 판단하여 더하거나 빼지 말아야 한다. 주님께서 말씀하신 그대로 수용하고 실천해야 한다. 건강한 교회를 이루기 위해서는 지휘자 되신 주님의 지시가 가감 없이 각자에게 적용되어야 한다. 성부와 성자와 성령이 하나이듯이 교회도 지체들이 하나되어 하모니를 이루어야 한다. 교회에서 주님께서 주인 되시고, 나는 교회의 구성원이 된 것을 감사한다. 이제 내가 해야 할 일은 지휘자 되시는 예수님을 바라보며, 그의 지시하심에 순종하겠다는 결단을 하는 것이다.

# 우한 폐렴의 습격

2020년 새해가 시작되면서 중국의 후베이성 우한시에서 발생한 폐렴 바이러스가 우리나라를 비롯하여 전 세계적으로 확산되고 있다. 최초의 감염증상을 보고한 것이 2019년 12월 1일이었다. 불과 몇 달 만에 중국은 말할 것도 없고, 우리나라와 일본, 유럽의 이탈리아를 중심으로 환자들이 폭증하였다. 감염자가 늘어남과 동시에 사망자도 빠르게 발생하고 있다. 이처럼 급속도로 퍼지고 있는 우한 폐렴에 대해 세계보건기구는 '국제적 공중보건 비상사태'를 선포했다. 세계를 긴장하게 만든 심각한 전염병의 원인은 신종 코로나 바이러스(coronavirus)이다. 각 나라는 새롭게 출현한 코로나 바이러스의 국제적인 감염 확산을 차단하기 위해 다양한 조치들을 취했다. 외출을 자제시키고, 확진자들과 동선이 겹친 자들은 2주간 자가격리시켰다. 그리고 손 씻기와 마스크 착용을 널리 홍보하였다.

코로나 바이러스는 현미경으로 관찰했을 때, 왕관 모양의 돌기들을 가지고 있어서 이렇게 이름을 붙였다. 코로나 바이러스는 라이노 바이러스(Rhinovirus)와 함께 일반적인 감기를 유발하는 병원체이다. 감기를 유발하며 기도에 감염을 일으킬 때, 30-80%의 경우 라이노 바이러스에 의해 발병한다. 나머지 15% 정도가 코로나 바이러스에 의해 생긴다. 코로나 바이러스에 의한 감염은 가벼운 기침이 있고, 열은 나지 않아 그냥 넘어 가는 경우가 많다. 감기 기운이 있으며, 몸이 피곤하고, 위장의 상태가 좋지 않은 경우가 대부분이다. 하지만 돌연변이가 빠르게 일어나고, 다른 동물로부터 옮겨 오면서 변종이 생겨나면 급격히 유행할 수 있다. 우리 몸의 면역체계가 변종 바이러스에 대해 제대로 대처를 못하는 동안, 심각한 폐렴 증세를 유발할 수 있다. 2003년에 크게 유행한 사스(SARS)도 중증급성호흡기 증후군으로서 코로나 바이러스의 변종에 의해 발생했다. 이때 전 세계 37개국에서 8천여 환자가 생겼었다. 그리고 2015년에 발생한 메르스(MERS)도 중동호흡기 증후군으로서 사스와 마찬가지로 코로나 바이러스에 의해 퍼졌고, 세계적으로 2,500여 명의 환자를 발생시켰다. 코로나 바이러스는 RNA 바이러스인데, 복제되는 과정에서 RNA 의존 RNA 중합 효소의 작용으로 많은 바이러스 RNA를 만들어 낸다. 이때 변이가 쉽게 발생하므로 변종이 만들어질 수 있다. 이번에 우한시에서 발생한 코로나 바이러스 변종은 시장에서 팔리는 박쥐로부터 옮겨졌다고 중국 질병관리본부는 밝혔다. 중국 과학원 산하 우한 바이러스 연구소의 연구팀이 신종 코로나 바이러스의 유전자 서열을 분석한 결과, 박쥐의 코로나 바이러스와 매우 유사하다고 발표한 것이다. 박쥐는 적당한 면역력을 가지고 있어 바이러스에 의한 심각한 증상을 나타내지 않으면서 공존한다. 그리고 다른 포유류에 비해 체온이 2−3도 높아 병의 진행을 단축시킬 수 있다. 이와 함께 박쥐는 무리를 지어 서식하므로 개체간 바이러스의 감염이 쉽게 일어나 거대한 보균집단을 형성한다. 중국인들은 박쥐를 비롯한 다양한 야생동물을 식용으로 먹는다고 한다. 중국의 시장에서는 오소리, 사향고양이, 대나무쥐, 기러기, 공작, 야생닭, 여우, 악어, 사슴, 거북, 산양, 낙타, 코알라,

고슴도치 등 야생동물들을 산 채로 매매하고, 도축하여 고기로도 팔고 있다. 이들 동물에게 전염되는 바이러스는 야생에서는 큰 문제를 일으키지 않는다. 왜냐하면 서식지나 종이 달라서 종간 전염이 일어나기 힘들기 때문이다. 그런데 시장에서는 각종 야생동물을 우리에 가두어 키우고 도축하므로 야생동물들이 밀집되어 있다. 따라서 각 동물로부터 유래되는 바이러스가 서로 간에 감염시킬 수 있는 확률이 매우 높아진다. 그렇게 동물 사이에 옮겨 다니는 과정에서 돌연변이가 일어나 사람에게도 침투하여 증식할 수 있게 되면, 전염병으로 크게 유행하는 것이다. 사스도 박쥐와 사향 고양이를 거쳐 사람에게 감염되었고, 메르스는 낙타로부터 변종이 발생하여 사람에게 감염되었다. 중국 연구팀은 환자 41명으로부터 시료를 채취하여 역전사중합효소 연쇄반응(reverse transcriptase polymerase chain reaction)을 통해 바이러스 유전자의 염기서열을 해독하였다. 그리고 환자들의 행적과 병력 등 역학조사를 벌여 의학학술지 랜싯(Lancet)에 보고하였다. 이 논문에 근거하여 미국 조지타운대 다니엘 루시(Daniel Lucey) 교수는 2019년 11월 다른 곳으로부터 바이러스가 우한의 화난시장으로 먼저 유입되었을 가능성이 있다고 한다. 이후에 이 시장을 통해 집중적으로 환자가 발생하였고, 퍼져나갔을 것이라고 주장하였다.

그러면 어떻게 박쥐에 있던 바이러스가 사람을 감염시킬 수 있을까? 코로나 바이러스의 껍질에는 왕관 모양으로 튀어나와 있는 돌기, 즉 스파이크 단백질이 있다. 이 단백질의 일부 구조가 돌연변이를 일으켜 인간세포로 침투할 수 있게 된 것이다. 즉 변이된 스파이크 단백질의 S1 부위가 인간세포의 수용체 단백질인 ACE2에 결합할 수 있을 때, 감염이 발생하는 것이다. 열쇠와 자물쇠처럼 서로 결합하게 되면, 단백질 분해효소가 활성화되어 S1 부위를 자른다. 그러면 S2 부위에 감춰져 있던 소수성 부위가 노출된다. 소수성은 물보다 기름과 더 친하다. 그래서 세포막의 지질 성분과 쉽게 결합할 수 있다. 그러므로 S2 부위는 사람세포의 인지질막에 단단히 박히고, 이어서 구조 변형을 일으켜 바이러스를 싸고 있던 지질막과 사람세포의 지질막 간에 융합이 일어나게 한다. 그러면 바이러스의 유전물질은 세포 안으로 들어 가게 되고, 세포가 가진 유전자 발현 시스템을 이용하여 증식을 한다. 침투한 세포에서 새롭게 만들어진 바이러스는 이웃세포로 계속 침투하여 감염을 확산시키는 것이다.

하나님께서는 이스라엘 백성들에게 율법을 주시며 전염병과 건강을 고려하여 먹을 것과 먹지 말아야 할 것들을 구별하셨다. "너희가 가증히 여길 것은 이것이라 이것들이 가증한즉 먹지 말지니…. 황새와 백로 종류와 오디새와 박쥐니라"(레 11:13, 19). 성경은 박쥐도 하늘을 나는 생물들에 포함시키고, 여러 종류의 새들과 함께 식용으로 취하지 말 것으로 기록하고 있다. 모세의 영도 하에 이집트를 떠나 가나안 땅으로 향하던 이스라엘 백성은 남자 장정만 60만 명이므로 전체 인구는 200만 명이 넘는 큰 무리였다. 이들은 광야에서 텐트를 치며 지냈고, 한 지역에 밀집하여 거주하였다. 그래서 무리 가운데 전염병이 발생하면 삽시간에 공동체 전체로 퍼질 수 있었다. 하나님께서 여러 생물들과 함께 박쥐도 부정한 생물로 구별하신 것은 전염병의 가능성을 염두에 두었으리라 짐작된다. 하나님께서는 전염병에 대해 철저하셨다. 전염병에 걸린 자들을 공동체로부터 격리시키도록 명하셨다. 한센병이나 악성 피부병에 걸린 사람들을 철저히 격리시켜 다른 사람과의 접촉이 일어나지 않게 하신 것이다. 하나님께서는 공동체의 보건을 위해 병의 유행이 일어나지 않도록 주의를 기울이게 하신 것이다. 이를 볼 때, 하나님의 세심한 배려와 사랑을 확인할 수 있다. 우리는 전염병의 확산을 경계해야 한다. 이와 아울러 교회나 가정 공동체에서 발생할 수 있는 원망과 불평도 조심해야 한다. 왜냐하면 한 사람에게서 시작된 원망이나 불평이 전체 공동체로 쉽게 전염되기 때문이다. 우리는 혼자 사는 것이 아니다. 많은 사람들과 네트워크를 이루며 살아가고 있다. 그러므로 타인에게 피해를 주지 않아야 한다. 공공위생에 신경 쓸 뿐만 아니라, 영적 건강을 위해서도 불평, 불만보다는 감사와 칭찬, 긍정이 전염되도록 해야 한다. 오늘도 손을 깨끗이 씻고, 마음에는 감사의 조건들을 생각하며, 이웃에게 행복 바이러스가 전파되길 기대해 본다.

코로나바이러스

# 자연세계의 비밀

# 눈으로 볼 수 있는 한계

　세포 내에는 매우 다양한 생체분자들이 각자의 기능을 가지고 작용한다. 그래서 생명현상을 나타내고 있다. 우리들은 세포 내 분자들이 어떻게 생겼고, 어떤 방식으로 기능하는지 눈으로 보고 싶어한다. 그래서 발명한 장비가 현미경이다. 17세기 중반 로버트 훅(Robert Hooke)은 광학현미경을 처음으로 개발하였다. 접안렌즈와 대물렌즈를 사용하여 관찰대상을 200배로 확대하여 볼 수 있었다. 그는 코르크 조직에서 처음으로 세포를 관찰하였고, 세포들이 작은 방처럼 모여 있는 것을 보고, 셀(cell)이라 불렀다. 광학현미경은 가시광선을 이용하여 사물을 관찰하므로 그 한계가 200nm 정도이다. 1nm는 10억분의 1미터로 아주 세밀한 단위인데, 머리카락 두께의 1만분의 1 정도 된다. 광학현미경이 개발되기 전에는 음식을 상하게 하거나 우리 몸에 병을 일으키는 세균의 존재에 대해 알지 못하였다. 하지만 현미경을 통해 박테리아의 존재를 확인함으로써 육안으로 보이지 않는 미생물의 존재를 깨닫게 되었다. 이에 더 나아가 세포나 세균보다 더 작은 물체를 관찰하길 원했는데, 이를 위해서는 해상도가 더 좋은 새로운 장비가 필요했다. 그래서 개발된 것이 가시광선 대신에 전자빔을 사용하는 전자현미경이다. 전자빔은 가시광선보다 훨씬 짧은 파장을 갖기 때문에 더 정밀하고 세밀한 모습을 볼 수 있다. 이 원리를 이용하여 전자현미경을 개발한 과학자는 독일의 에른스트 루스카(Ernst Ruska)였다. 집속렌즈와 대물렌즈를 통과한 전자빔을 시료 표면에 쏘아 발생한 신호를 검출기에서 검출하고, 증폭하여 영상을 만든다. 전자현미경의 해상능력은 0.2nm 정도이며, 세포 내 소기관들의 모습까지 볼 수 있는 획기적인 장치이다. 그런데 세포 안에 존재하는 단백질과 같은 생체물질의 구조를 전자현미경으로 살펴보기에는 적합하지 않다. 왜냐하면 시료를 건조시켜 진공상태에서 관찰해야 하므로 어려움이 있고, 세포막이 가로막고 있을 뿐 아니라 강한 에너지를 가진 전자빔을 물체에 조사할 때, 파괴될 수 있기 때문이다.

이러한 한계를 극복하기 위해 개발된 장비가 극저온 전자현미경이다. 스위스 로잔 공대의 자크 뒤보세(Jacques Dubochet)는 액체질소를 이용하여 생체물질을 영하 200도에서 아주 빠르게 얼리는 방법을 개발하였다. 이렇게 낮은 온도에서 급속히 얼리면 물 분자가 일정하게 배열되어 결정이 되는 것을 막을 수 있으므로 전자빔의 교란 현상을 방지할 수 있다. 즉 물 분자의 배열이 무작위로 일어나 개별효과들이 서로 상쇄되므로 영향을 주지 않게 되는 것이다. 그래서 수용액 속의 단백질 구조를 해석하는 데, 얼음 결정으로 인한 간섭을 피할 수 있다. 이와 아울러 단백질 같은 생체물질을 꽁꽁 얼리면, 구조적으로 아주 단단해지기 때문에 강한 전자빔을 쏘아도 손상되지 않는다. 그래서 생체 고분자를 수용액에 존재하는 상태로 얼려 고정한 다음, 자연적인 상태에서 관찰할 수 있게 되었다. 이와 아울러 또 해결해야 할 문제는 전자빔에 의해 얻어진 수많은 영상들을 처리하여 우리 눈으로 볼 수 있는 이미지로 바꿔줄 수 있는 방법을 개발하는 것이다. 미국 컬럼비아 대학교의 요아힘 프랑크(Joachim Frank) 교수는 다양한 각도로 찍힌 수천 개의 2차원 평면 이미지 데이터를 수집한 다음, 이를 처리하여 고해상도 2차원 이미지를 얻었다. 그리고 얻어진 2차원 이미지들을 종합하여 3차원 입체 이미지로 만드는 프로그램을 완성하였다. 이렇게 개발된 기술들을 활용하여 선명한 단백질 구조를 처음으로 밝힌 과학자가 영국 케임브리지 대학의 리차드 핸더슨(Richard Henderson) 교수였다. 핸더슨 교수는 막단백질의 구조를 보기 위해 일찍부터 전자현미경 기법을 활용하였다. 그래서 1975년에 광합성을 하는 박테리아의 세포막에 존재하는 박테리오로돕신(bacteriorhodopsin)이라는 단백질의 구조를 관찰하였다. 그는 이 단백질이 세포막을 7번 가로지르는 구조를 지니고 있음을 보여 주었지만, 해상도가 너무 낮아 이미지가 몹시 조악하였다. 이후 지속적으로 성능을 개량하여 1990년에는 동일한 단백질의 구조를 밝히면서 대단히 세밀하고 선명한 이미지를 보여 주었다. 이러한 공로로 세 사람은 2017년 노벨 화학상을 수상하였다. 지금은 많은 과학자들이 극저온 전자현미경을 사용하여 다양한 단백질의 구조를 밝히고 있다. 이 기술을 이용하면 약물과 단백질의 결합 부위를 확인하고 더 좋은 약물을 디자인할 수 있으므로 신약개발에 많이 활용될 전망이다. 이 방법과 아울러 단백질등 생체 고분자의 구조를 풀기 위해 오늘날 보편적으로 사용되고 있는 방법이 X선 결정학이다. 단백질을 순수 분리한 다음, 결정(crystal)이 형성되도록 하고, 단백질 결정체에 X선을 쪼이면 빛이 산란하게된다. 이렇게 얻어진 X선 산란 패턴을 분석하여 개별 원자의 위치를 파악함으로써 미세구조를 밝히는 기술이다. 그러므로 이 방법을 활용하기 위해서는 단백질 같은 생체 고분자들이 일정하게 배열되어 있는 양질의 결정을 먼저 만들어야 한다. 그런데 세포막에 존재하는 막단백질의 구조를 밝히는 데는 어려움이 있다. 왜냐하면 막단백질의 결정을 만들기가 쉽지 않기 때문이다. 두 개의 층으로 이루어진 지질막에 박혀 있는 단백질은 지질막이 존재하는 상태에서 3차원 구조를 이룬다. 그런데 결정을 만들기 위해 지질막을 걷어내면 원래 가지고 있던 구조가 변형되거나 불안정하게 되어 결정이 제대로 만들어지지 않는다. 따라서 막단백질의 구조를 밝히는 데는 한계가 있다. 따라서 앞으로 막단백질의 구조를 해명하는 연구에는 극저온 전자현미경이 크게 기여할 것으로 판단된다.

우리는 이제 육안으로 볼 수 없는 박테리아나 바이러스, 심지어 작은 단백질의 미세한 구조나 역동적 변화까지 읽을 수 있는 기술을 가지게 되었다. 보는 것이 믿는 것이라 한다. 다시 말해서 보고 확인해야 그 실체를 믿을 수 있다는 것이다. 그런데 최신의 현미경으로도 보이지 않는 미시세계가 여전히 존재한다. 보이지 않는다고 존재를 부정하는 것은 어리석은 일이다. 신앙의 세계에도 보이지는 않지만 믿을 수 있는 것들이 많다. "믿음은 바라는 것들의 실상이요 보지 못하는 것들의 증거니 선진들이 이로써 증거를 얻었느니라"(히 11:1). 믿음의 눈으로 보면 전에는 볼 수 없었던 실상을 볼 수 있다. 지금 우리가 바라보는 만물도 보이지 않는 하나님의 손길로 창조되었음을 알 수 있다. 실체가 있으면 이를 가능케 한 원인자가 있어야 한다. 저절로 생겨날 수 있는 것이란 없다. 창조주 하나님이 계시기에 만물의 존재가 가능했다. 이뿐 아니다. 내가 죄와 허물로 인해 영원한 진노의 자리에 있었지만, 예수님께서 내 죄를 대신 담당하시고, 십자가에서 죽으시면서 나의 죗값을 치러 주었음을 안다. 비록 내가 2,000년 전 골고다 언덕에서 치러진 처형의 현장에 있지 않았지만, 성경의 증언을 믿음으로 알기 때문이다. 이제는 구원을 얻고, 눈으로는 보이지 않지만 하나님의 자녀가 되었음을 안다. 나는 하나님이 계시다는 것을 확신하고, 하나님의 뜻대로 순종하며 하나님을 찾는 자들에게 상을 주신다는 사실도 안다. 비록 육신의 눈에 하나님이 보이지 않더라도 하나님께서는 살아 계시고, 나를 지극히 사랑하고 계심을 믿는다. 그리고 지금 내 눈에 보이지 않지만 내가 나중에 거할 영원한 하늘나라가 예비되어 있음을 안다. 이것이 믿음의 신비요, 신앙인이 갖는 하나님의 은혜이다. 하나님을 아무리 믿으려 해도 믿겨지지 않는 사람이 참으로 많다. 하지만 하나님이 지금도 나와 함께 하시고, 나의 기도 소리를 들으시며, 나의 필요를 채워 주시고, 눈동자 같이 나를 보호하고 계심을 분명히 믿을 수 있다는 사실이 얼마나 감사한지 모른다. 보지 않고도 그 존재를 믿을 수 있는 이유는 내게 새로운 안목을 주셨기 때문이다. 육신의 눈이 아니라 영안을 뜨게 된 것이다. 나에게 가시적 세계를 넘어 신령한 영의 세계까지 보게 하신 하나님을 찬양하며 감사드린다.

# 세상에서 가장 비싼 보석은?

　세상에는 아름다운 보석들이 많이 있지만 여성들이 가장 선호하는 보석은 아마도 다이아몬드가 아닐까 생각한다. 다이아몬드는 크기와 색깔에 따라 가격이 매겨진다. 지금까지 알려진 다이아몬드 가운데 가장 비싼 것은 스미소니언 박물관에 소장되어 있다. 소장자였던 헨리 필립 호프(Henry Philip Hope)의 이름을 따서 호프(Hope) 다이아몬드라 부른다. 가격은 약 2,000억 원 정도 된다고 한다. 이 다이아몬드는 청색을 띠며 45.52캐럿으로 무게가 9.1g이고, 가로 2.56cm, 세로 2.58cm, 높이 1.2cm의 크기이다. 호프 다이아몬드는 1,600년대 중반에 인도에서 112 캐럿 크기로 채굴되었다. 이를 프랑스 왕 루이 14세가 67 캐럿으로 조각하여 소유하였으나 프랑스 혁명 때 자취를 감추었다. 그런데 나중에 지금의 크기로 발견되어 1830년 영국의 은행가 호프가 사들였다. 이어서 보석상 해리 윈스턴이 1958년에 구입하여 스미소니언 박물관에 기증함으로써 그곳에 보관되어 있다.

　다이아몬드의 화학성분은 탄소이다. 같은 탄소로 이루어진 숯과 어떤 차이가 있기에 이렇게 비쌀까? 탄소 원자가 4개의 탄소 원자와 각각 결합하여 입체적으로 이루어져 있는 것이 다이아몬드이다. 다시 말해서 탄소는 4개의 공유결합을 할 수 있는데, 4개 모두 다른 탄소

원자와 결합하고 있는 것이다. 반면에 숯은 6각형 모양의 평면 구조를 이루면서 각 탄소 원자가 3개의 탄소와 결합하고 있다. 그리고 이러한 평면구조가 겹겹이 무질서하게 쌓여 있다. 이런 구조적 차이로 말미암아 다이아몬드는 경도 10으로 세상에서 가장 강한 물질이 되었다. 그래서 금강석이라 불린다. 하지만 숯은 쉽게 부숴진다. 이는 겹겹이 쌓여 있는 평면판 구조간의 결합이 느슨하여 쉽게 떨어져 나가기 때문이다. 그런데 이런 숯의 구조는 다공질에 우수한 흡착력을 제공한다. 그래서 냄새를 없애는 탈취제로 활용되고, 간장 만들 때 띄워 불순물을 제거하는데 이용되기도 한다. 최근에는 탄소 나노튜브가 새로운 소재로 각광받고 있다. 6각형 모양의 탄소들이 지름 0.5-10nm 크기의 튜브 모양을 하고 있다. 탄소 나노튜브는 전기 전도성이 좋고, 인장력이 높아 다양하게 활용될 수 있다. 강도가 철강의 100배나 되고 전기 전도도는 구리선과 비슷할 정도로 우수하다. 또한

속이 비어 있으므로 수소를 저장하면 배터리로 사용할 수 있다. 그리고 가볍고 유연성이 좋으므로 반도체, 연료전지, 강력섬유, 생체센서 등에 쓰인다. 이처럼 탄소는 결합구조에 따라 독특한 성질을 가짐으로 활용범위가 넓다.

한편 다이아몬드의 색깔은 어떻게 나타날까? 탄소로만 이루어져 있으면 다이아몬드가 무색 투명해진다. 그런데 약간의 불순물이 들어 있으면 특정 파장의 빛을 흡수하여 색깔을 만든다. 호프 다이아몬드에는 붕소가 0.05% 정도 함유되어 있어 파랗다. 그리고 질소가 끼어 들어가면 노란색이나 갈색을 띠게 된다. 그리고 호프 다이아몬드에 자외선을 비추면 붉은 색의 인광을 방출한다. 이는 자외선이 가지는 에너지를 흡수하여 660nm의 붉은 색 가시광선을 발하기 때문이다. 하지만 또 다른 청색 다이아몬드에게 자외선을 쬐면 붉은 색이 아니라 미세하지만 푸른 빛이나 핑크색을 나타내었다. 이는 500nm 파장의 빛이 강하게 나타나기 때문이다. 이런 특성을 이용하면 각 청색 다이아몬드가 가지는 인광이 서로 다르므로 특정 다이아몬드를 구별해낼 수 있다. 또한 인공적으로 색을 띠게 한 다이아몬드와 천연 다이아몬드 간에도 구별이 가능하다. 인공 다이아몬드에 방사선을 쬐어 구조를 약간 변형시키면 색을 띠게 만들 수 있다. 하지만 이렇게 만들어진 청색 다이아몬드는 자외선에 의해 인광이 나타나지는 않는다.

그러면 다이아몬드는 어떻게 만들어질까? 천연 다이아몬드는 땅속에 희소한 양으로 묻혀 있다. 그래서 다이아몬드가 만들어지려면 수백만 년이 걸린다고 한다. 하지만 인위적 방법으로 짧은 시간에 흑연을 공업용 다이아몬드로 만들 수 있다. 2,000℃ 이상의 온도에서 10만 기압의 압력을 가하면, 수 분만에 다이아몬드를 만들 수 있다. 다시 말해서 고온 고압의 조건만 갖춰지면 탄소가 다이아몬드로 변할 수 있다. 오늘날 이렇게 만들어진 공업용 다이아몬드가 단단한 물질을 자르고 깎는데 사용하고 있다. 이처럼 다이아몬드는 수백만 년에 걸친 반응을 통해 서서히 형성되는 것이 아니다. 천연 다이아몬드의 생성도 땅속에서 탄소가 고온 고압의 조건을 만나면 빠른 시간 안에 이루어질 수 있다. 노아의 홍수 같은 격변이 일어날 때, 나무들이 땅속에 묻히는 과정 중에 엄청난 양의 토사와 물의 급격한 흐름으로 강한 압력이 가해질 수 있다. 그러면 땅에 묻힌 대부분의 나무는 탄화되어 석탄으로 변한다. 이 과정에서 산소의 유입이 차단된 상태에서 고압과 더불어 고열이 발생한 경우에는 탄화된 것이 다이아몬드로 변할 수 있다. 따라서 땅속에서 수백만 년에 걸쳐 서서히 일어난 반응으로 생성되었다는 학설은 입증되지 않은 이론이다.

다이아몬드는 귀한 보석으로 대접받고 있다. 희소성과 더불어 영롱한 빛깔을 내는 아름다움과 강한 재질 때문일 것이다. 그런데 나중에 우리가 거할 하늘나라의 거룩한 성은 보석으로 가득 차 있다. 성을 건축하는데 사용한 자재가 보석으로 이루어져 있다. 온갖 보석으로 꾸며진 지극히 아름다운 곳임을 성경은 말해 주고 있다. "그 성곽은 벽옥으로 쌓였고 그 성은 정금인데 맑은 유리 같더라. 그 성의 성곽의 기초석은 각색 보석으로 꾸몄는데, 첫째 기초석은 벽옥이요 둘째는 남보석이요 셋째는 옥수요 넷째는 녹보석이요 다섯째는 홍마노요 여섯째는 홍보석이요 일곱째는 황옥이요 여덟째는 녹옥이요 아홉째는 담황옥이요 열째는 비취옥이요 열한째는 청옥이요 열두째는 자수정이라. 그 열두 문은 열두 진주니 각 문마다 한 개의 진주로 되어 있고, 성의 길은 맑은 유리 같은 정금이더라"(계 21:18-21). 하늘나라의 성은 다채로운 보석들로 만들어졌다. 우리가 이 땅에서 흔히 보는 콘크리트처럼 하늘나라에는 진귀한 보석들이 건축용으로 사용되었다. 거룩한 성 새 예루살렘을 건축하는데 사용된 재료들은 이 땅의 기준으로 볼 때, 희귀하고 아름다운 보석들뿐이다. 에머랄드, 사파이어, 진주, 수정들이 건축재료이다. 그래서 이 보석들은 하늘나라에서 돌멩이처럼 흔한 것들이 되어 있다. 걸어 다니는 길조차 맑은 정금으로 이루어져 있다. 이처럼 우리의 영원한 처소는 극히 아름다운 곳으로 묘사되어 있다. 찬란한 보석으로 이루어져 신비로운 빛을 발하는 황홀한 곳이다. 더구나 우리가 영원토록 경배할 하나님께서 계시기에 더욱 귀한 곳이다. 우리는 그곳에서 세세토록 하나님을 찬양하며 주님과 함께 왕노릇 할 것이다. 다시는 눈물 흘릴 일이 없고, 사망이 없고, 애통함이나 아픔이 없다. 우리는 하나님의 통치하심을 받는 이상적인 나라에서 영원토록 즐거워하며 기뻐할 것이다. 예수 그리스도께서 나의 죄와 허물에 대한 대가를 십자가에서 죽으심으로 깨끗이 갚아 주셨다는 사실을 믿음으로 받아들인 자는 하늘나라의 입성을 약속하셨다. 하나님께서 원하시는 것은 우리가 이 사실을 믿는 것이다. 하늘나라는 내 힘으로 갈 수 있는 곳이 아니다. 내가 착한 일을 많이 했다고 갈 수 있는 곳이 아니다. 세상이 놀랄만한 업적을 쌓았다고 가는 곳도 아니다. 돈으로 천국 가는 티켓을 살 수 있는 곳은 더욱 아니다. 예수님께서 내 대신 죗값을 치러주셨다는 것을 믿는 자에게 주시는 하나님의 선물이다. 하나님의 이 놀라운 은혜를 누리는 자는 진정으로 복 있는 자다. 이 땅에서도 하나님의 보호하심을 누리며 살고, 죽어서도 눈부신 보석으로 꾸며진 천국에서 영원토록 사는 것이다. 그러기에 하나님을 믿고 천국의 백성이 된 우리는 참으로 복 있는 자라 할 수 있다.

# 세상에서 가장 정확한 시계는?

　우리가 사용하는 시간은 시, 분, 초 단위로 되어 있다. 물론 초 단위 아래 더 짧은 시간도 있다. 1천분의 1초를 밀리 초라 하고, 1백만분의 1초를 마이크로 초, 10억분의 1초를 나노 초, 1조분의 1초를 피코 초, 1,000조분의 1초를 팸토 초라고 한다. 화학 반응이나 원자 운동 등을 측정하는 경우에 피코 초나 팸토 초 단위처럼 지극히 짧은 시간에 일어나는 현상을 보기 위해 노력한다. 그런데 이러한 시간의 길이를 어떻게 정했을까? 즉 1초의 시간을 어떻게 표준화했을까?

　사람들은 한동안 지구의 자전 주기, 즉 하루의 길이를 기준으로 하여 시간을 정했다. 하루의 길이는 가장 길 때, 24시 0분 30초이고 가장 짧을 때는 23시 59분 39초이다. 그래서 평균길이를 적용하여 시간을 정했다. 하지만 지구의 자전 주기가 일정하지 않음으로 인해 계속 오차가 발생하였다. 지구의 자전속도는 점점 느려진다. 이는 달과의 상호작용으로 인해 생기는 기조력 때문에 발생한다. 지구와 달 사이에는 서로 끌어당기는 인력이 작용한다. 이와 아울러 지구와 달 사이 질량의 중심축을 기준으로 회전을 하므로 원심력이 발생한다. 그래서 달과 가까운 곳에서는 인력의 영향을 많이 받고, 달과 멀리 떨어진 부분은 인력보다 원심력의 영향을 많이 받는다. 이런 힘들의 작용을 통해 바다에 조수 간만의 차이가 발생하며, 이를 기조력이라 한다. 이 힘에 의해 지구 자전이 느려지는데, 10만 년에 1초 정도 자전 주기가 늘어난다. 그러므로 자전주기를 기준으로 하여 시간을 정하면서 오차를 경험하게 되는 것이다. 이에 학자들은 자전 주기보다 지구의 공전 주기를 기준하여 시간을 정하기로 했다. 지구가 태양의 주위를 한 바퀴 도는데 3,155만 6925.9747초가 소요되는 것으로 계산하였다. 하지만 이 기간이 너무 길어 1초의 길이를 정확하게 실행하기가 쉽지 않았다. 그래서 1967년에 도입한 것이 원자의 진동 주파수를 이용하는 것이었다. 지금까지 사용하고 있는 방법으로 세슘(cesium) 원자의 고유 주파수를 기준으로 하였다. 세슘 원자는 에너지를 가하지 않은 기저상태로부터 초미세 준위까지 91억 9263만 1770번 진자 운동을 한다. 그래서 세슘 원자가 91억 9263만 1770번 진동하는데 걸리는 시간을 1초로 정하였다. 이 시간이 오늘날 국제 사회가 인정하는 1초 길이다. 이를 원자초라 부르는데, 전에 비하면 엄청나게 정확하다. 하지만 이 방법도 실제 시간과 정밀하게 비교하면 오차가 발생한다는 것을 알았다. 그래서 1초를 더하거나 뺌으로써 보정을 해 주어야 한다. 이렇게 보정해 주는 시간을 윤초라고 한다. 따라서 세슘의 원자진동을 이용하여 대단히 정확한 시간을 측정하게 된 것이다. 그런데 이보다 더 정확한 시간계산 방법이 독일의 연구팀에 의해 제안되었다. 2016년 독일의 국립계측연구소의 연구진은 세슘 대신에 스트론튬(strontium) 원자를 이용하면, 훨씬 더 정확한 시간을 잴 수 있다고 보고하였다. 스트론튬 원자는 429조 번 회전운동을 하므로 이 기간만큼을 1초로 하면 원자초의 오차를 획기적으로 줄일 수 있다는 것이다. 실제로 연구진이 개발한 스트론튬 광학시계를 측정해 본 결과, 25일 동안에 0.2나노 초 이하의 오차밖에 발생하지 않았다. 그러므로 만일 이 방법으로 세계 표준시를 정하게 되면, 시간의 정확도가 엄청나게 개선될 수 있다. 따라서 이 방법이 시간측정의 새로운 방법으로 채택되리라 본다. 그렇게 되면 위성항법장치 등 첨단기기들의 정밀도가 대폭 향상될 수 있을 것이다.

이렇듯 시간의 길이를 정확하게 측정하기 위해 새로운 방법들을 고안하고 있지만, 오차가 없는 완벽한 시간을 구현하기는 불가능하다. 그럼에도 불구하고 실수 없이 완벽하게 정확한 때에 이루어지는 것이 있다. 바로 하나님께서 정하신 때에 일어나는 일들이다. 성경의 전도서는 "범사에 기한이 있고 천하만사가 다 때가 있나니"(전 3:1)라고 가르친다. 하나님께서는 모든 만물에 기한을 정하시고, 때를 정하셨다. 날 때가 있고, 죽을 때가 있으며, 심을 때가 있고, 거둘 때가 있다. 시간에는 역사적인 시간의 흐름을 말하는 크로노스(chronos)가 있는 반

면에 전략적이고, 가장 적절한 시간을 의미하는 카이로스(kairos)가 있다. 크로노스의 시간이 흘러갈 때는 나에게 아무 일도 일어나지 않을 것처럼 여겨지지만, 하나님께서 정하신 카이로스의 때가 이르면 우산이 펼쳐지듯이 갑자기 이루어진다. 하나님께서는 범사에 때를 정하셨다. 그때가 차면 하나님께서 이루시고자 작정했던 일들이 일사천리로 진행된다. 이때를 위해 우리는 준비해야 한다. 우리의 영적 상태가 무르익어야 한다. 매일 매일 반복적으로 진행되는 신앙의 삶에 변화의 조짐이 전혀 보이지 않을 수 있다. 하지만 지혜로운 사람은 반드시 하나님의 때가 올 것을 알고 대비한다. 우리는 그때를 바라보는 영적인 안목이 필요하다. 하나님께서는 자신이 이루시고자 하는 일을 우리의 인생 가운데 가장 적절한 때에 가장 적절한 방법으로 이루신다. 그래서 주어진 삶을 인내하며, 하나님에 대해 신뢰하며, 기다릴 수 있어야 한다. 카이로스의 기쁨을 맛보기 위해서는 크로노스의 인내를 배워야 한다.

성경에 신랑을 기다리던 열 명의 처녀에 대한 이야기가 있다. 다섯은 미련하고, 다섯은 슬기롭다고 했다. 미련한 자들은 등을 가지되 기름을 준비하지 않았고, 슬기로운 다섯은 그릇에 기름을 담아 등과 함께 준비하였다. 신랑이 지체하여 더디 오므로 모두 깜빡 졸았는데, 갑자기 신랑이 온다는 소리가 들렸다. 그제서야 처녀들이 등불을 준비하기 위해 분주하였는데, 미련한 자들은 슬기 있는 자들에게 우리의 등불이 꺼져가니 기름을 나눠 달라고 하였다. 그러나 슬기로운 자들은 우리가 쓰기에도 부족할까 하니 상점으로 가서 너희 쓸 것을 사라고 권유했다. 그래서 기름이 부족한 처녀들이 기름을 사러 간 사이에 신랑은 도착하였고, 등불을 준비한 처녀들은 혼인 잔치에 기쁜 마음으로 들어갈 수 있었다. 반면에 남은 처녀들이 돌아 와 우리가 왔으니 문을 열어 달라고 외쳐 보지만, 들려오는 소리는 '내가 너희를 알지 못하노라'고 하는 말뿐이었다. "그런즉 깨어 있으라 너희는 그날과 그때를 알지 못하느니라"(마 25:13)고 주님은 말씀하셨다. 주님의 재림의 때는 정확하다. 오차가 없다. 하나님의 시간표에는 주님의 재림과 심판이 정해져 있다. 우리가 명심해야 할 것은 이때가 있다는 것을 잊지 않는 것이다. 설마 오늘일까? 오늘 밤은 아니겠지. 넋 놓고 준비하지 않다가 미련한 처녀처럼 주님을 영접 하지 못하는 불행을 겪을 수 있다. 앞으로 크고 작은 일들이 나에게 어떻게 닥칠지 모른다. 나를 좌절시키고 실망케 하여 포기하게 만들 수도 있다. 하지만 넘어지지 않고 견뎌내는 자에게 영광의 순간은 찾아온다. 매 순간 내가 해야 할 최선의 삶을 살아내야 한다. 당장 주님께서 재림하시더라도 떳떳하게 맞이할 수 있어야 한다. 우리가 크로노스의 시간을 살아갈 때, 하나님께서는 우리를 훈련시키시고 빚으신다. 하나님의 일을 수행하기에 알맞은 사람으로 만들어 가신다. 우리의 신앙과 인격 및 성품이 반듯하게 형성되고, 주님의 복을 누리기에 충분한 자질을 갖출 때, 하나님께서는 준비하신 복을 폭포수처럼 쏟아 부으신다. 카이로스의 시간에 말이다. 이때가 있다는 것을 알고 인내하며 준비하는 자가 지혜로운 자다.

# 우주에 구멍이 있나?

뜨거운 여름날에는 많은 사람들이 가족들과 함께 바다나 계곡을 찾아 더위를 식힌다. 도시의 불빛이 없는 계곡에서 캠핑을 하며, 가족들과 또는 친구들과 두런두런 얘기를 나누는 시간은 참으로 즐겁다. 밤이 깊어갈 때, 문득 하늘을 올려다보면, 눈앞에 쏟아져 내려오는 별빛으로 인해 우리는 경이로움을 느낀다. 광활한 우주를 빼곡히 메우고 있는 별들을 바라보면서, 도대체 저 많은 별들이 어떻게 존재하게 되었을까 생각해 보지 않은 사람은 드물 것이다.

지구에서 최고로 발달된 망원 장비를 통해 우주를 관측해 보면, 우주는 사방으로 465억 광년으로서 직경이 930억 광년의 공 모양으로 보여진다. 우주에는 수많은 별들로 가득 채워져 있는데, 빛을 스스로 내는 항성들 즉 별들이 1,000억 개 이상 모인 별들의 집단을 은하라 부른다. 그리고 수십, 수백 개의 은하들이 모여 은하군을 이루고, 수천 개의 은하가 모여 은하단을 이룬다. 그리고 은하단보다 더욱 큰 초은하단, 은하시트, 은하 필라멘트와 은하벽으로 이루어진다. 은하벽은 인간이 관측할 수 있는 것 가운데 가장 큰 규모의 우주 구조를 말한다. 은하들이 거대한 벽 모양 속에 비누 거품 모양으로 모여 있다. 이렇게 큰 우주에는 은하만 해도 천억 개가 넘는다. 그래서 우주의 광활함에 비하면 지구가 포함되어 있는 태양계는 한 개의 점에 불과하다. 태양계가 속한 은하를 '우리은하'라 부르고, 가장 가까이 존재하는 이웃 은하는 안드로메다 은하이다. 이들 두 은하간의 거리만 해도 254만 광년이나 된다. 빛의 속도로 달려 254만 년이나 여행해야 안드로메다 은하에 도착할 수 있다는 말이다. 상상하기 힘들 정도의 어마어마하게 넓은 3차원 공간에 헤아릴 수 없는 별들이 있지만, 물질이 거의 보이지 않는 빈 공간도 있음이 확인되었다. 이런 우주의 빈 공간을 '보이드'(Void)라 부르는데, 은하벽 안에 존재한다고 한다. 2015년 하와이 대학교 스자푸디(Szapudi) 교수팀이 30억 광년 떨어진 곳에 가장 큰 크기의 빈 공간 즉 슈퍼 보이드(Super Void)를 발견하였다. 연구팀은 하와이에 있는 팬 스타스1 망원경과 미국 항공우주국의 광역 적외선 탐사 망원경 위성을 이용하여 슈퍼 보이드 우주공간을 발견했다. 지금까지 관측된 우주의 은하분포도를 살펴보면, 은하들이 많이 모여 있는 지역과 그렇지 않은 지역으로 이루어져 있음을 알 수 있다. 2007년에는 미네소타 대학교 루드닉(Rudnick) 교수팀도 슈퍼 보이드를 발견하였는데, 빈 공간의 직경이 10억 광년에 이르렀다. 이는 오리온자리 남서쪽 에리다누스 별자리 부근에 존재하며, 2천억 개의 별로 이루어진 우리은하가 1만 개나 들어갈 정도로 엄청나게 큰 빈 공간이다. 이 공간에는 열이 감지되는 항성이나 은하도 없었고, 암흑물질도 전혀 없었다. 암흑물질은 가시광선이나 적외선, 자외선 등 모든 파장의 빛을 흡수해 버리므로 중력을 이용하여 존재를 추정한다. 그런데 이 커다란 공동에는 암흑물질조차도 감지되지 않은 그야말로 공허한 지역이다. 그리고 밀도가 다른 곳보다 훨씬 낮았다. 그래서 밀도가 큰 지역이 강한 중력의 힘으로 밀도가 낮은 지역의 물질을 끌어 당겨 흡수함으로써 이러한 빈 공간이 생긴 것이 아닐까 추정하였다. 하지만 이러한 우주의 빈 공간이 어떻게 생겨났는지 정확하게 알 수 없다. 그리고 이 빈 공간들의 존재 의미가 무엇인지도 모른다. 또한 어떤 우주 이론도 거시공동의 존재에 대해 설명하지 못하고 있다.

우주의 큰 구멍, 즉 거시공동은 우리가 속한 우주 경계 너머에 또다른 우주가 존재하는 명백한 흔적이라고 노스캐롤라이나 대학교 하우톤 교수는 주장하였다. 성경에 보면 "그는 북편 하늘을 허공(empty space)에 펴시며 땅을 공간에 다시며"(욥 26:7) 라는 표현이 있다. 하나님께서 북쪽 하늘을 빈 공간에 펼쳤고, 지구를 우주 공간에 떠 있게 했다는 것이다. 즉 우주에 빈 공간이 존재함을 언급하고 있다. 성경은 과학책이 아니지만 지금의 과학적 발견에 비추어 볼 때도 오류가 없는 적절한 표현임을 알 수 있다. 실제로 텅 빈 우주공간의 존재가 북쪽 하늘에 있음이 확인되었다. 1981년 10월 2일자 뉴욕타임즈

와 1981년 10월 13일자 중앙일보에 소개된 내용이 있다. 미국의 3대 천문대, 즉 키트픽 천문대, 아리조나 주의 마운트 홉킨즈 천문대, 캘리포니아 주의 팰러마 천문대의 학자들이 발표한 내용이 기사로 실렸다. 북두칠성과 목동자리 뒤편에 지름이 3억 광년이나 되는 거대한 구멍이 관찰되었다는 것이다. 이 공간은 2천 개의 은하가 들어갈 수 있을 정도로 넓다고 한다. 미국 키트픽 천문대의 폴 세크터 박사는 '우주에 이러한 빈 공간이 있다는 사실은 현재로서는 이해하기 어려운 문제다. 우주의 생성이론이 근본적으로 흔들릴지도 모르겠다'라고 말했다. 일반적으로 별들의 밀집도를 살펴볼 때, 평균 밀집도의 10% 미만인 공간의 존재는 상상하지 못했다. 하지만 고도로 발달한 오늘날의 과학기술에 의해 그 존재가 확인된 것이다. 그런데 3,000여 년 전에 기록된 욥기서에 우주의 공허한 공간이 존재한다고 기록된 표현은 참으로 놀랍다. 고대인들은 지금의 우주 모습에 대해서 제대로 이해하지 못했다. 인더스 문명의 고대 인도인들은 거대한 거북이 지구를 떠받치고 있고, 그 위에 코끼리들이 기둥을 세우고, 그 위에 흙이 담긴 큰 쟁반이 있어 사람이 살고 있다고 생각했다. 메소포타미아의 수메르인들은 눈에 보이는 그대로 하늘은 둥근 천장 모양을 하고, 땅은 편평하다고 믿었다. 그리고 별, 달, 태양은 그 안에서 움직인다고 생각하였다. 고대 중국인들도 직육면체 모양의 지구를 둥근 하늘이 덮고 있다고 생각하였다. 또한 나일 문명의 고대인들은 하늘의 여신 누트가 편평한 땅을 위에서 에워싸고 있다고 믿었다. 그리고 누트의 몸에는 별들이 아로새겨져 있으며, 매일 저녁에 태양을 삼켰다가 새벽에 다시 토해내 낮과 밤이 생긴다고 여겼다. 이처럼 고대 문명의 우주관은 신화적 상상력에 의존한 것이었다. 하지만 성경의 기록은 과학적인 관점에서도 틀리지 않는 정확한 묘사를 하고 있다. 우주의 구조에 대해 성경은 이렇게 표현하고 있다. "오직 주는 여호와시라. 하늘과 하늘들의 하늘과 일월 성신과 땅과 땅 위의 만물과 바다와 그 가운데 모든 것을 지으시고 다 보존하시오니 모든 천군이 주께 경배하나이다"(느 9:6). 하늘이 있고 하늘들의 하늘이 있으며, 일월성신 즉 별의 무리가 있는데, 이를 하나님께서 모두 창조하셨다고 기록하고 있다. 우리가 눈으로 보는 하늘 그 위에 더 큰 하늘이 있다는 것이다. 지금의 우리는 알고 있다. 지구가 속한 태양계는 우리은하라는 하늘아래 있고, 수많은 은하들이 모인 더 큰 하늘 즉 은하단이 있고, 그 위에 초은하단 등이 있음을 안다. 거대한 천체 위에 더 큰 천체가 있음을 최근에야 우리는 이해하게 되었다. 그런데 성경은 수많은 소우주들이 모여 대우주를 이루고 있음을 표현하고 있는 것이다. 20세기에 들어와 각종 전파 망원경이 개발되고, 허블 우주망원경으로 하늘을 관측하여 우주에 대해 많은 사실을 알게 되었다. 이렇게 알게 된 우주의 모습에 비추어 성경의 기록은 전혀 모순되지 않고 과학적으로도 손색이 없다. 성경이 윤리적, 도덕적으로는 위대한 가르침을 주지만 과학적으로는 문제가 많은 책이라고 생각하기 쉽다. 하지만 성경의 내용이 초과학적이어서 지금의 과학적 지식과 수준으로는 온전히 이해할 수 없는 부분이 있을 뿐이다. 과학도 인간의 이성과 지혜의 노력으로 발전되는 피조 세계의 한 부분이다. 따라서 하나님의 창조 섭리 안에서 성경과 과학은 자연스러운 조화를 이룰 수 있다. 우리에게 허락하신 하나님의 말씀, 성경을 소중하게 여기고, 그 안의 가르침을 따라 창조주 하나님을 전심으로 섬기는 자가 진정으로 지혜롭고 복된 자라 할 수 있다.

# 진짜와 가짜가 헷갈릴 때

　우리나라의 텔레비전 프로그램 가운데 'TV쇼 진품 명품'이란 게 있다. 오래된 고문서나 도자기, 그림 등을 소장하고 있는 사람이 물품을 내어 놓으면, 감정위원들이 감정한다. 그리고는 출품된 골동품의 역사와 유래를 설명해 주며, 어느 정도 가치가 있는지 평가해 주는 오락 프로그램이다. 이 프로그램에 출품된 것 중에서 김정호가 제작한 대동여지도 채색본이 25억 원의 감정가로 역대 최고가를 기록하기도 하였다. 반면에 이순신 장군이 썼다는 글씨는 어떤 선비가 쓴 모조품으로 판정되어 가치가 하나도 없었다. 이처럼 진품을 그대로 베낀 복사품이나 유명 화가의 기법을 모방하여 제작한 모조품들이 많이 돌아다니는데, 이들은 가치가 없다. 그런데 복사품이나 모조품이 정교할 경우에는 전문가들조차도 진짜로 혼동하기도 한다.

　오래된 작품뿐만 아니라 최근의 그림 가운데도 위작 시비로 인해 세간의 논란을 일으킨 경우가 있다. 여류 화가 천경자씨가 그렸다는 그림에 관한 논란이다. 그림에 대해 법적으로까지 시시비비를 가리고자 했지만 결론을 내리지 못했다. 국립현대미술관이 소장하고 있는 '미인도'라는 그림에 대한 다툼이다. 작가는 이 그림을 면밀히 살펴 본 끝에 "내가 그린 게 아니다"라고 선언하였다. 머리카락을 검정색으로

만 칠한 것은 자신의 방식이 아니다. 그리고 그림에 들어있는 나비도 자신이라면 이처럼 작은 작품에 굳이 넣었을 리 없다고 했다. 또한 본인은 꽃 모양을 그렇게 투박하게 그리지 않는다고 했다. 그런데 화가 본인의 이러한 주장에도 불구하고 이 그림은 진품이 맞다고 주장하는 측이 있다. 즉 화랑협회와 그림을 소장하고 있는 국립현대미술관은 진품이라고 한다. 자신의 작품에 대해 갑론을박 지루한 논란이 진행되는 가운데, 천 화백은 2015년 사망하고 말았다. 작가가 없지만 천 화백의 유족들과 미술계 사이에는 위작 논쟁이 여전히 팽팽하게 진행되고 있다. 미인도를 바라보는 미술계의 감정위원회는 그림의 양식적 특징이 동일하고, 물감의 안료도 분석한 결과 천 화백의 그림이 맞다는 것이다. 그리고 액자가 천경자씨의 단골 표구사인 동산방화랑에서 제작한 것이라고 한다. 이와 아울러 미술관 전문위원들이 미술품에 대해 조사한 결과, 진품으로 확인했다고 한다. 특히 감정위원 모두 진짜라고 만장일치의 결론을 내렸다는 것이다. 양측의 주장에 한치의 양보도 없는 가운데, 고서화 위조범으로 붙잡힌 권춘식이라는 사람이 "미인도는 내가 그렸다"라고 자백을 한 것이다. 그러나 국립현대미술관과 화랑협회는 권씨가 주장하는 위작연도와 미술관에 그림이 들어온 연대가 달라 믿을 수 없다고 하였다. 미술계가 위조범의 말 한마디에 놀아나야 할 이유가 없다는 것이다. 그 후 권씨는 진품이라고 주장하는 미인도를 직접 살펴본 후, 자신은 이 작품을 그리지 않았다고 번복하기도 하였다.

그러면 미술품에 대한 감정은 어떻게 하는가? 우선 작가 본인의 의견을 최대한 존중한다. 작가의 의견이 가장 중요하다는 말이다. 그리고 과학적인 검증방법을 활용한다. 컴퓨터 그래픽 기술를 이용하여 화가가 그린 그림들의 구도와 색감 등을 비교 분석할 수 있다. 이와 함께 그림에 사용된 물감의 안료를 분석하고, 작가의 표현 방식을 비교한다. 미인도가 가짜라고 주장하는 쪽에서는 천 화백의 다른 그림들과 비교했을 때, 미인도는 질감에 큰 차이가 난다는 것이다. 천 작가는 여러 색의 물감을 덧입혀 두텁고 다양한 색감을 연출하는데, 미인도는 단색 물감으로 처리돼 입체감이 거의 느껴지지 않는다고 한다. 그리고 천 작가가 머리카락을 표현할 때는 색이 단조롭지 않고 자연스러우며 섬세한 머릿결의 표현이 나타난다. 하지만 미인도에는 검은 색으로만 덕지덕지 칠해서 수준의 차이가 많다고 주장한다. 또한 그려진 얼굴의 윤곽 및 눈, 코, 입술의 간격과 경사도가 다른 작품의 얼굴과 일치한다고 한다. 즉 "장미와 여인"이라는 작품의 얼굴을 그대로 베낀 것이라는 것이다. 이와 같은 논란으로 인해 미인도라는 작품은 그림의 예술성과는 관계없이 많은 사람의 입에 오르내리게 되었다. 그림의 위조 방법에는 대개 4가지가 이용된다고 한다. 먼저 끼워

넣기이다. 작가의 작품 목록에 슬쩍 그림을 끼워 넣고 전시회 출품작으로 위장하는 것이다. 두 번째는 베끼기이다. 원작을 밑에 놓고 기름종이와 먹지를 사용하여 베낀 다음, 칠을 하여 똑같은 모조품을 만드는 방법이다. 세 번째는 늘리기이다. 가로로 긴 동양화에 옆으로 가짜를 이어 붙여 그림의 크기를 늘림으로써 호당 가격을 올리는 수법이다. 마지막으로 바꿔치기이다. 미리 그려둔 가짜를 원작과 바꿔넣는 것이다. 표구를 하거나 전시회를 위해 이동할 때, 그림이 바뀔 수 있는 여지는 있다고 한다.

유명한 화가의 작품일수록 모조품이나 위조품은 많이 만들어진다. 가짜를 진짜처럼 속일 수 있다면 큰 이익을 챙길 수 있기 때문이다. 신앙의 세계에도 가짜가 나타나 영적 건강에 치명적인 결과를 초래하는 경우가 종종 있다. 예수님은 우리에게 영원한 생명이시다. 예수님을 나의 인생의 주인으로 모신 자는 누구나 영생을 소유하게 되고, 천국백성이 된다. 그런데 이에 대해 가장 배 아파하는 자가 있다. 바로 사탄이다. 가만히 있으면 저절로 사탄 왕국의 종들이 될 터인데, 예수님으로 인해 빼앗기게 되니 어찌하든지 이를 막아 보려고 발버둥치는 것이다. 그래서 가짜 예수를 만들기 시작했다. 가짜 예수를 내세워 평화의 사자로 둔갑시켜 속이기 시작한 것이다. 초대교회 시절에도 가짜 예수로 인한 미혹함이 있었다. 사도 바울은 고린도 교회 교인들을 향해 교회에 가만히 들어와 속이는 사탄에 대해 경고하였다. "만일 누가 가서 우리가 전파하지 아니한 다른 예수를 전파하거나 혹은 너희가 받지 아니한 다른 영을 받게 하거나 혹은 너희가 받지 아니한 다른 복음을 받게 할 때에는 너희가 잘 용납 하는구나 내가 지극히 크다는 사도들보다 부족한 것이 조금도 없는 줄로 생각하노라……이것은 이상한 일이 아니니라 사탄도 자기를 광명의 천사로 가장하나니 그러므로 사탄의 일꾼들도 자기를 의의 일꾼으로 가장하는 것이 또한 대단한 일이 아니니라 그들의 마지막은 그 행위대로 되리라"(고후 11:4~15). 고린도 교회에 왜곡된 복음을 전하는 거짓 선생들이 있었다. 이들은 바울이 전한 복음과는 다른 예수를 전하였다. 그렇지만 고린도 교회 교인들은 쉽게 용납을 하였다. 이에 대해 바울은 통렬한 비판을 가하고, 거짓 선생들은 그 행위대로 심판을 받을 것이라고 경고했다. 사탄은 빛나는 천사의 모습으로 교묘히 우리를 속인다. 광명한 천사로 가장하여 우리 앞에 나타날 때, 우리는 속기 쉽다. 세상의 종말이 가까워 올수록 가짜 예수가 더욱 판을 칠 것이라고 주님은 예언하셨다. "그 때에 사람이 너희에게 말하되 보라 그리스도가 여기 있다 혹은 저기 있다 하여도 믿지 말라. 거짓 그리스도들과 거짓 선지자들이 일어나 큰 표적과 기사를 보여 할 수만 있으면 택하신 자들도 미혹하리라"(마 24:23-24). 사탄은 심술궂고 무시무시한 모습으로 다가오지 않는다. 천사의 모습으로 위장한다. 그리고 큰 권능을 행하며, 이적과 기사를 나타내어 우리를 감쪽같이 속인다. 예수님에 대한 이해가 부족할 때 우리는 가짜를 진짜로 착각한다. 보혜사 성령님 대신에 사탄의 영을 받아 사탄의 술수에 놀아나는 자가 되고 마는 것이다. 그러면 천국이 아니라 지옥을 위해 일하게 된다. 그러므로 우리는 진짜 예수님을 바로 알아야 한다. 영을 분별할 수 있어야 한다. 세상 것에 취해 있다 보면 진리에서 멀어진다. 좌우에 날선 검과 같은 하나님의 말씀에 마음을 쏟아야 한다. 진리의 말씀으로 무장해야 사탄의 계략을 간파할 수 있다. 영적 안목을 키워야 하고, 진짜 예수님의 음성을 들을 수 있는 귀를 가져야 한다. 내게 듣기 좋은 소리, 보기 좋은 것들에 솔깃하여 넘어가는 어리석음을 피해야 한다. 사탄의 유혹에 흔들리지 않고 올곧은 신앙의 길로 걸어가길 소원해 본다.

# 노벨상 명문가 퀴리

매년 10월이면 스웨덴 왕립 과학 아카데미와 노르웨이 노벨 위원회는 노벨상 수상자를 발표한다. 생리 의학상, 물리학상, 화학상, 평화상, 경제학상, 문학상 순서로 수상자를 발표한다. 그리고 노벨상 시상식은 노벨의 기일을 기념하여 12월 10일에 치른다. 노벨 평화상 시상은 노르웨이 오슬로에서 거행되며, 나머지 상들은 스웨덴 스톡홀름에서 시상식을 가진다. 노벨 수상자들을 살펴보면 한 집안에 여러 수상자를 배출한 명문 가정들이 있는데, 그중에도 퀴리 여사의 가족이 단연 돋보인다. 마리 퀴리(Marie Curie)는 여성 최초의 노벨상 수상자이며 방사능 연구의 선구자로서 노벨 물리학상과 화학상을 차례로 받은 분이다. 마리 퀴리는 1867년에 폴란드 바르샤바의 가난한 교육자 집안의 딸로 태어났다. 어머니는 중학교 선생님이었고 아버지는 바르샤바 교육청 장학사였다. 마리가 10세 되던 해, 어머니는 폐결핵으로 돌아가셨고, 큰 언니 조피아도 일찍 세상을 떠났다. 여학교를 졸업한 마리는 프랑스에서 공부하고 싶었으나 학비가 없어서 시골의 부유한 농가의 가정교사로 3년간 일하며 그 집의 아들과 딸을 가르쳤다. 그후 파리에서 의사로 일하는 둘째 언니 부부의 도움으로 1891년 소르본 대학교에 입학하여 수학과 물리학을 배웠다. 그리고 1895년 피에

르 퀴리와 결혼하였고, 부부는 함께 연구하였다. 1898년 우라늄 함량이 높은 고품질 광물인 피치블렌드(Pitchblende)에서 우라늄보다 감광작용이 4배나 강한 새로운 물질을 찾게 되었다. 이 물질은 두 가지가 섞여 있는 혼합물임이 밝혀졌고, 그중에 우라늄보다 400배나 감광작용이 강한 것을 확인하였는데, 이것이 폴로늄이었다. 부부는 자신들의 조국 폴란드를 기념하는 의미에서 이 원소의 이름을 폴로늄이라고 지었다. 자연계에서 폴로늄처럼 감광작용과 전리작용, 형광작용을 나타내는 물질들을 방사성 물질이라 불렀고, 이들 원소로부터 나오는 빛을 방사선이라 하였다. 이후 우라늄보다 250만 배나 강력한 감광작용을 일으키는 원소를 발견하였는데, 이를 라듐이라 명명하였다. 방사능 물질은 화학적으로 쉽게 변하지 않고, 방출하는 방사선 세기가 원소의 양에 비례하여 강해짐을 알았다. 그리고 방사선이 방출될 때, 열도 발생한다는 사실을 규명하였다. 라듐을 통한 일련의 연구로 퀴리 부부는 1903년에 노벨 물리학상을 공동으로 수상하였다. 그런데 이 부부에게 불행이 닥쳐왔다. 노벨상을 받은 지 3년 후 1906년에 남편 피에르가 교통사고로 숨지는 비극을 당한 것이다. 마리는 슬픔을 이겨내며 피에르가 근무하던 소르본 대학교에서 남편을 이어 학생들을 가르치며 연구에 몰두하였다. 1907년에는 라듐의 원자량을 정확하게 측정하는데 성공하였다. 그리고 1910년에는 염화라듐을 전기분해하여 금속 라듐을 얻어 내기도 하였다. 이듬해 1911년에는 폴로늄과 라듐의 발견, 그리고 라듐의 화학적 성질 및 화합물 연구로 노벨 화학상을 수상하였다. 이로써 물리와 화학 두 개의 서로 다른 과학분야에서 노벨상을 받은 최초의 과학자가 되었다.

마리는 두 딸을 두었는데, 학교에 보내지 않고 소르본 대학의 교수들과 함께 만든 공부 그룹에서 배우게 하였다. 즉 소르본 대학의 교수들이 힘을 합쳐 만든 교육 프로그램에 따라 두 딸인 이레네와 이브가 수업을 받도록 한 것이다. 즉 수학은 수학 교수의 연구실에서, 그리고 역사와 문학은 인문학 교수의 집에서 배우는 식이었다. 여기에는 마리의 딸뿐만 아니라 동료 교수들의 자녀들도 함께 참여하였다. 마리 퀴리 역시 자신의 실험실에서 아이들을 가르쳤는데, 주입식 교육보다는 상상력과 창의력이 번뜩이는 과학 실험으로 아이들의 호기심을 사로잡았던 것으로 전해진다. 오늘날의 대안학교와 비슷한 형식이었다. 각각의 전문 교수들로부터 창의적인 수업을 받을 뿐만 아니라 전인교육도 함께 받도록 하였다. 바느질과 요리, 스키, 승마, 피아노, 그네타기 등 생활하는 데 필요한 모든 교육들도 병행하였다. 그리고 운동과 놀이를 즐길 수 있도록 최대한 배려하였다. 운동 및 놀이기구들을 마당에 설치해 아이들과 함께 즐겼으며, 주말엔 수영과 보트, 스케이트, 승마를 비롯해 자전거 여행을 함께 떠나기도 했다. 이렇게 자란 큰 딸, 이레네 졸리오 퀴리는 프레데릭 졸리오와 결혼하였고, 두 사람도 방사성 원소를 연구하였다. 그들은 폴로늄으로부터 방

출되는 강력한 알파 입자를 알루미늄에 충돌시켜 인공 방사능 원소를 합성하였다. 이런 연구로 두 사람은 1935년 노벨 화학상을 함께 수상하였다. 이 뿐 아니다. 마리의 둘째 딸 이브 퀴리는 피아니스트와 극작가로 활동하였는데, 여러 나라를 다니며 국제기구 활동을 하였다. 이 과정에서 만난 남편 헨리 리처드슨 라부이스 주니어가 유니세프 대표 자격으로 1965년에 노벨 평화상을 수상하였다. 이렇듯 퀴리 가문은 총 6개의 노벨상을 수상하는 명문가로 자리잡았다.

마리 퀴리는 과학자로서 연구에 몰두할 뿐만 아니라 사회를 위해서도 헌신한 사람이었다. 세계1차대전이 터지자 트럭에 X선 장비를 싣고 부상병을 찾아 다녔다. 그래서 많은 병사들이 X선 진단을 받고 치료받을 수 있었다. 그리고 라듐에 대한 특허권도 포기하여 다른 이들이 의학적으로 마음껏 활용하도록 하였다. 금전적 이익을 취하는 것은 과학정신에 맞지 않다는 평소의 소신 때문이었다. 마리는 그의 연구 활동으로 인해 야기된 방사선 피폭을 과도하게 받아 골수암, 백혈병, 빈혈 등으로 1934년 67세의 나이로 눈을 감았다.

이렇듯 과학계에 눈부신 업적을 이룬 명문 가정이 있듯이 신앙에도 명문 가정이 있다. 성경에는 믿음의 계보를 아름답게 이어간 여인의 이야기가 있다. 이스라엘 역사의 사사시대에 흉년이 들어 이웃 나라 모압으로 이주한 엘리멜렉 가족이 있었다. 엘리멜렉은 장성한 두 아들을 모압 여인과 결혼시켜 그 땅에 정착하여 살고 있었다. 그러던 어느 날 엘리멜렉은 죽었고, 10여 년 후에 두 아들마저 타국에서 죽었다. 남은 여인들 가운데 시어미 나오미는 슬픔의 땅 모압을 떠나 자신의 고향 베들레헴으로 돌아가고자 하였다. 그래서 두 며느리를 친정으로 돌려보내려 하였다. 그러나 룻은 기어코 시어미를 따라 나섰다. "룻이 이르되 내게 어머니를 떠나며 어머니를 따르지 말고 돌아가라

강권하지 마옵소서. 어머니께서 가시는 곳에 나도 가고 어머니께서 머무시는 곳에서 나도 머물겠나이다. 어머니의 백성이 나의 백성이 되고 어머니의 하나님이 나의 하나님이 되시리니 어머니께서 죽으시는 곳에서 나도 죽어 거기 묻힐 것이라. 만일 내가 죽는 일 외에 어머니를 떠나면 여호와께서 내게 벌을 내리시고 더 내리시기를 원하나이다 하는지라"(룻 1:16-17). 시어미가 믿는 하나님을 선택하고, 시어미의 나라를 자신의 살 곳으로 선택한 룻은 베들레헴으로 돌아와 시어미를 정성으로 봉양하였다. 룻은 보리 수확기를 맞아 보아스의 밭에서 이삭을 주워 양식을 마련하였다. 보아스는 룻으로 하여금 자신의 밭에서 이삭을 마음껏 줍도록 배려하였고, 식사할 때 같이 떡을 떼며 볶은 곡식도 풍성하게 나눠 주었다. 시어미에 대한 효성이 지극한 룻의 아름다운 모습을 눈 여겨 본 보아스는 룻을 선대하였고, 서로 호감을 가진 그들은 마침내 결혼하게 되었다. 그래서 태어난 아들이 오벳이고, 오벳의 아들이 이새였으며, 이새의 아들이 바로 다윗이다. 다윗 왕의 증조 할머니가 룻인 것이다. 룻은 이방 여인이었지만 하나님을 알고, 자신의 민족 모압이 섬기는 우상을 따르지 않고, 하나님을 믿기로 결심하였다. 비록 빈손으로 돌아 온 가난한 과부였지만, 하나님을 사랑하고 어머니를 존경한 룻에게 믿음의 명문을 열어가는 조상이 되었다. 세상적으로는 부자가 되고 명예가 높아지며 건강한 삶을 살아야만 성공했다고 평가한다. 그러나 신앙의 세계에서는 하나님을 사랑하고, 그 사랑을 실천한 삶을 성공적인 인생이라고 말한다. 인생의 성공은 하나님을 가까이 하며 하나님의 뜻을 이 땅에서 이루어가는 것이다. 그러기에 하나님을 예배하며, 하나님의 말씀대로 순종해야 한다. 이러한 믿음의 삶을 살아낼 때 우리를 통해 믿음의 계보가 대대로 이어지는 복이 주어지리라 확신한다.

# 송이돌과 파찌

　내가 개인적으로 존경하는 목사님 가운데 제주도에서 영성원 사역을 하시는 분이 있다. 목사님은 뜻있는 몇 분과 함께 교회를 개척하여 반듯하고 건강한 교회로 성장시키셔서 열심히 목회하셨으며, 교회가 부흥함에 따라 평안하고 안정된 삶을 누릴 수 있었다. 이러한 삶이 지속되는 가운데, 목사님께서 깊은 고민을 하게 되었다. 주님에 대한 뜨거움과 한 생명의 구원에 대한 열정보다는 거저 일상적인 목회활동을 수행하는 안일함과 매너리즘에 빠질 것만 같은 생각이 들었던 것이다. 그래서 이 문제를 놓고 치열하게 기도하시던 중, 과감하게 교회 사역을 내려 놓기로 결정하고, 홀로 광야의 삶을 택하셨다. 그래서 그는 유대 광야로 떠났다. 외롭고 척박한 광야에 텐트를 치고 끊임없이 주님께 부르짖는 가운데, 주님에 대한 간절함을 회복하였다. 그는 삶의 초점이 오직 하나님께로 향해야 함을 다시 한번 깊이 느꼈다. 귀국 후 제주도의 올레길을 걸으며, 마치 광야길을 걷는 심정으로 걷고 또 걸었다. 그런 가운데 이곳에 영성원을 세워 그리스도인들의 삶을 깨워야 한다는 생각에 이르게 되었다. 우리는 인생의 광야길을 걸어가는 나그네 즉 모두가 올레꾼이기 때문이다. 주의 백성들이 주님의 가르침을 깨닫고, 묵상하며, 이를 삶에 적용하면서 광야의 길을 걸어가도록 돕는 사역이 자신의 마지막 할 일임을 깨닫고 실천에 옮기기 시작했다. 그래서 제주도 한림의 한적한 곳에 터를 마련하시고, 자그마한 영성원을 지었다. 제주에 영성원이 자리잡게 된 일은 쉽게 이루어진 것이 아니었다. 하나님께서 특별히 개입하셨기에 가능했다. 비록 가진 돈이 많지 않았지만 땅을 소유한 어느 권사님의 마음을 하나님께서 움직이셔서 터를 구입할 수 있었다. 목사님은 비닐하우스 같은 집에 거하시며, 주어진 빈 터에서 사모님과 함께 기도에 전념하셨다. 수년 동안 기도하시며, 목사님이 하신 일은 땅을 파는 일이었다. 다행히 그곳은 화산석인 송이돌로 이루어진 땅이었기에 갈고리 같은 손연장으로도 팔 수가 있었다. 재질이 단단하지 않고 부드러운 송이돌 덕분이었다.

송이돌이란 가벼우면서 기공이 많아 살아 숨쉬는 돌로서 스코리아(scoria)라고 부른다. 송이돌은 땅속에 있던 1,600℃의 뜨거운 마그마가 화구를 통해 지상으로 분출될 때 생성된다. 특히 마그마의 거품들이 분출되면서 식을 때 형성되는 암석이다. 송이돌은 적갈색을 띠는 돌로서 이산화티타늄이 3-7% 함유되어 있고, 항균 및 탈취 기능을 가지고 있다. 그래서 제주도 사람들은 집을 지을 때, 지붕이나 외벽의 천연재료로 사용하였다. 보온, 단열, 방습, 방음 효과가 뛰어났기 때문이다. 건축자재 가운데 ALC 경량벽돌이라는 게 있다. 가볍지만 방한 및 보온이 뛰어나고 쉽게 깎아 낼 수 있어 파이프나 전기시설을 설치하는데 용이하다. 송이돌은 마치 경량벽돌과 비슷한 재질과 기능을 가졌다. 그래서 좋은 건축재료로 활용된 것이다. 이와 아울러 송이돌에서는 음이온이 발생하고, 상온에서 원적외선을 발생시키기 때문에 건강에도 도움이 된다고 알려져 있다.

목사님은 땅을 긁고 긁어 조금씩 파 들어가 아늑한 암혈을 만들었고, 그곳에 텐트를 치고 주무시기도 하였다. 초대교회 성도들이 핍박을 피해 지하로 숨어든 카타콤처럼 지하에 공간이 만들어졌다. 암혈은 연중 14–16℃의 온도와 적당한 습도를 유지하였다. 캄캄한 곳에서 아무에게도 방해 받지 않고, 조용히 하나님께 기도하며 깊이 묵상할 수 있는 골방으로 사용하게 된 것이다. 제주에서의 삶은 경제적으로 궁핍하였다. 하지만 어려운 생활 가운데도 목사님은 남에게 손을 벌리지 않았다. 사모님께서 숲 해설가로 벌어 오시는 적은 돈으로 생활하였다. 자신의 사역과 계획을 홍보하며, 지역교회로부터 후원을 호소하여 도움을 받을 수도 있었지만, 그는 오로지 하나님의 공급하심만을 바라보았다. 8년여의 긴 시간 동안 눈물과 몸부림으로 부르짖던 그곳에 마침내 아담한 영성원 건물이 들어섰다. 이제는 영성원을 찾는 자들이 편히 쉬며, 먹고 마시며, 말씀을 묵상하고, 기도에 몰입할 수 있는 처소가 이루어진 것이다.

영성원 근처의 밭에서는 다양한 작물들이 재배되고 있다. 감자, 고

구마, 무, 당근, 브로콜리, 비트, 양배추 등이 있다. 그래서 철따라 신선한 야채들을 활용하여 음식을 만든다. 특별히 제주에는 파찌라는 것이 있다. 작물 가운데 약간의 흠집이 있거나 벌레가 먹어 상품성이 떨어지는 것들을 말한다. 이런 파찌들은 주위 밭의 농부들로부터 거저 얻을 수 있기 때문에 영성원 입장에서는 큰 도움이 된다. 겨울이 다가오며 날씨가 추워지면, 우리의 활동량은 줄어들고, 신진대사가 떨어지며, 장기의 기능도 떨어진다. 이렇게 몸의 기능이 움츠러들 때, 파찌로 얻어온 채소들은 건강을 지켜주는 든든한 역할을 할 수 있다.

채소는 어느 부위를 먹느냐에 따라 그 종류가 나뉘어진다. 깻잎이나 상추처럼 잎을 먹는 '잎채소'가 있고, 오이나 호박처럼 열매를 먹는 '열매채소'가 있다. 그리고 아스파라거스나 셀러리처럼 줄기를 먹는 '줄기채소'도 있다. 이와 아울러 밀이나 무순처럼 씨앗을 발아시켜 싹을 먹는 '씨앗채소'가 있으며, 콜리플라워나 브로콜리처럼 꽃을 먹는 '꽃채소'가 있다. 그리고 고구마나 당근처럼 뿌리를 먹는 '뿌리채소'가 있다. 특별히 양분을 저장하기 위해 크고 통통해진 뿌리채소는 우리에게 필요한 다양한 영양소를 가지고 있다. 뿌리채소는 대부분 약알칼리성을 띠고 있어 고지방 식단에 익숙해진 오늘날의 우리들에게 매우 유용한 식품이다. 특히, 산성화된 몸을 중화시켜 잃어버린 체내의 균형을 되찾아 주고, 나트륨을 배출시켜 주는 칼륨도 풍부하게 들어 있어 혈액을 맑게 해준다. 또한 식이섬유가 많아 배변 활동을 원활하게 해 주고, 포화 지방산과 콜레스테롤의 수치를 낮춰 혈관을 강화해주기 때문에 고혈압이나 동맥경화 같은 만성 질환에 좋다. 그리고 뿌리채소는 자라난 환경 덕분에 추울 때, 저장 창고에 오랫동안 보관할수 있다는 장점이 있다. 신선한 야채를 구하기 힘든 겨울에 양질의 비타민을 제공해 주는 존재이다. 마와 무에는 전분의 소화효소인 디아

스타아제(Diastase)가 풍부하게 들어 있어 음식의 소화율을 3~4배 높이고, 장 속의 유익한 균들이 활발하게 활동할 수 있도록 도와준다. 특히 마에 들어있는 끈적끈적한 뮤신(mucin)은 위벽을 보호해 주는 기능을 갖고 있어 위염이나 위궤양 같은 질환에 좋다. 배변 활동을 촉진해 변비와 대장암을 예방해 주는 고구마는 하얀 진액 형태의 얄라핀(Jalapin)이라는 성분을 가지고 있는데, 변을 무르게 만들어 힘들이지 않고도 배변할 수 있도록 하며, 장 속을 깨끗이 청소하는 역할을 한다. 보랏빛 채소인 레드 비트(red beet)에는 간을 보호하는데 탁월한 효과를 보이는 베타인(Betaine)이라는 효소가 다량 들어 있다. 베타인은 우리 몸 속의 독소를 수용성으로 만들어 해독하고, 간세포의 재생을 촉진해 피로가 많이 쌓였거나 과음했을 때, 손상된 간을 회복시키는 역할을 한다. 우엉의 특유한 맛을 내는 이눌린(Inulin)이라는 성분도 간의 독소를 제거하고 신장의 기능을 돕는 역할을 하고, 당근에 들어 있는 다우카린(Daucarine)은 동맥경화와 심장병을 예방하고 혈관을 확장하는 효능을 가지고 있다. 또한 당근에는 비타민A의 전 단계인 베타카로틴(Beta-carotene)이 풍부하게 들어 있어 야맹증을 예방하고, 시력을 보호해 주며, 면역 세포를 생성시키는 데에 중요한 역할을 하므로 면역 질환 예방에도 도움을 준다. 그리고 감자는 칼륨이 풍부해 음식을 짜게 먹는 우리나라 사람들에게 적합한 식품으로 알려지고 있다. 칼륨은 수분 조절을 하고, 나트륨의 배설을 촉진해 혈압을 정상적으로 유지해 주기 때문에 고혈압과 동맥경화 환자에게 효과적이다.

이처럼 겨울철에 부족하기 쉬운 영양 성분을 뿌리채소를 통해 보충하듯 영적 삶에도 지속적인 영양소의 공급이 필요하다. 말씀을 통해 우리의 생각과 가치관이 새롭게 되며, 생각으로만 머무르지 않고 이를 실천하는 체질화가 필요하다. 그러므로 우리는 영적 활력을 유지해야 하는데, 무엇보다도 기도를 통한 주님과의 깊은 교제가 절실히 요구된다. 오늘을 살아가는 우리 사회에는 돈과 권력이 우상이 되고 있다. 돈과 마주하게 되면 하나님은 뒷전으로 밀려난다. 예전의 이스라엘도 그러했다. 이방과 손잡고 하나님과 멀어졌다. 은금이 가득하며, 보화가 무한하며, 마필이 가득하고, 병거가 무수하며, 그 땅에 우상도 가득했다고 했다. 천한 자도 귀한 자도 우상에게 절하며 세상의 풍요를 원했다. 그렇지만 만군의 하나님께서 이처럼 무지하고 교만한 자들을 모두 심판할 것이라고 경고하고 있다. 위대하고 광대하신 하나님의 심판이 임할 때, 우리는 암혈로 피해야 함을 가르친다. "암혈과 험악한 바위틈에 들어가서 여호와께서 땅을 진동시키려고 일어나실 때에 그의 위엄과 그 광대하심의 영광을 피하리라. 너희는 인생을 의지하지 말라 그의 호흡은 코에 있나니 셈할 가치가 어디 있느냐"(사 2:21-22)고 했다. 세상의 것을 바라고 자랑하다가 부지불식간에 망할 수 있다. 세상의 힘있는 자를 의지하지 말라고 가르친다. 우리에게 필요한 것은 겸손하게 엎드려 하나님의 얼굴을 바라는 일이다. 오늘도 암혈에서 주님께 집중하며 기도하고 있을 목사님을 생각하며, 요즈음 쉽게 볼 수 없는 골동품 같은 영적 지도자임을 느끼게 한다. 철저히 하나님 앞에서 자신을 내려 놓고, 순수하게 그리고 정결하게 살려고 몸부림치는 그 분을 존경하며, 나도 그렇게 살아 보기를 소망해 본다.

# 포도주는 언제부터 즐겼나?

우리가 살아가는 사회에서 인간관계를 형성하는데, 양념처럼 사용되는 것이 술이다. 통계에 따르면, 직장인들의 88%가 술을 함께 마심으로 개인적인 관계를 돈독히 하고, 업무에서 오는 스트레스를 해소한다고 한다. 즉 사람 사이의 윤활유 역할을 하는 것으로 생각한다. 하지만 나는 술자리가 몹시 불편하다. 술을 마시고 싶은 욕구가 거의 없고, 술잔을 주거니 받거니 하며 대화를 나누는 시간이 내게는 부자연스럽기 때문이다. 그리고 나는 체질적으로 술을 마시고 대사시키는 능력이 약하다. 내가 술에 약하다는 사실을 알게 된 것은 고등학교 3학년 말, 대학입시를 치르고 났을 때였다. 대학 합격자 발표가 나고, 외할머님께 인사드리러 갔을 때, 외할머님께서 축하한다면 포도주 한 사발을 내게 주셨다. 집에서 직접 담근 포도주였는데, 맛이 달콤하여 입맛을 다시며 모두 들이켰다. 그런데 조금 지나자 얼굴이 벌개지고, 열이 오르며, 땀이 비 오듯 하였다. 엄동설한 추운 날씨에도 불구하고, 땀을 뻘뻘 흘릴 정도로 온 몸이 후끈거렸다. 눈은 충혈되었고, 머리는 아프며, 걸음걸이도 제대로 조절되지 않았다. 방에 드러누워 몇 시간을 보내고 나서야 원래의 모습을 되찾을 수 있었다. 그래서 술을 마시고 나면 기분이 좋아진다는 사람들의 말을 나는 아직도 제대로 이해하지 못하고 있다. 우리 사회는 문화적으로 술과 밀접한 관계를 맺고 있는 듯하다. 기분 좋은 일이 생겼을 때는 축하주를 나누고, 어렵고 힘들 때는 위로하고 잠시 잊어버리기 위해 술을 마신다. 긴장을 풀기 위해서도 마시고, 잠이 오지 않을 때도 한 잔 기울인다. 이처럼 술은 현대인의 삶에 깊숙이 들어와 있다.

복잡한 사회를 살아가는 현대인들에게만 음주문화가 있었던 것은 아니었다. 오래 전에 살았던 사람들에게도 술은 중요한 기호식품으로 여겨졌다. 최근에 흑해와 카스피해 사이의 조지아 공화국에서 토기들이 출토되었고, 이 토기들에 스며 있는 유기 화합물들의 화학분석 결과, 포도주 성분들이 검출되었다. 2017년 11월 미국 국립과학원 회보에 실린 논문에 따르면, 이번에 분석한 것들은 신석기 시대의 토기로 밝혀졌으며, BC 6,000-5,000년경으로 추정되었다. 가스 및 액체 분획 질량분석기 등을 동원하여 토기에 남아 있던 잔유물의 화학적 분석을 진행하였다. 이 분석에서 호박산(Succinic acid), 사과산(Malic acid), 구연산(Citric acid), 타르타르산(Tartaric acid) 등이 검출되었다. 그리고 토기들이 출토된 지층의 흙에서 포도의 꽃가루가 많이 발견된 반면, 현시대의 토층에는 관찰되지 않았다. 이를 미루어볼 때, 이 지역에 포도 농사가 이루어졌고, 토기에 포도산물, 특히 포도주를 담았을 것으로 추정하였다. 이는 근동지역에 포도주 문화가 광범위하게 형성되어 있었음을 짐작할 수 있다. 야생포도를 작물화하여 직접 재배하는 형태의 초기 농업이 이루어졌다고 본다. 그리고 이 지역에 정착했던 주민들은 포도를 짜고 발효시켜 술로 만드는 기술을 가지고 있었던 것으로 보인다. 이렇게 생산된 포도주는 종교적 행사나 약리적 치료 목적으로 사용되었고, 음식을 만드는데도 활용했을 수 있다. 그리고 경제적 수단으로 이용되기도 했으며, 사회 전반에 걸쳐 다양한 용도로 활용되었으리라 보고 있다.

성경에는 홍수 이후 포도주에 얽힌 슬픈 사건을 기록하고 있다. 노아는 당대의 의인이요 완전한 자며 하나님과 동행하였던 자로 평가받았다. 하지만 포도주에 취해 커다란 실수를 범하였다. 창세기 9장 20절 이하를 보면 "노아가 농업을 시작하여 포도나무를 심었더니 포도주를 마시고 취하여 그 장막 안에서 벌거벗은지라"고 기록되어 있다. 하나님께서는 세상에 죄악이 편만한 것을 보고 한탄하여 땅에 있는 모든 생물들, 즉 호흡하는 것들을 모두 홍수로 쓸어버리고, 노아와 그 가족을 통해 새롭게 시작하기 원하셨다. 그래서 노아에게 방주를 만들게 하고, 동물들을 싣게 한 다음, 40주야 쉼 없이 쏟아지는 비로 인해 온 지면이 덮인 대홍수에서 살아남게 하였다. 1년여에 걸친 방주 생활을 마치고, 물이 빠지자 드디어 다시 땅을 밟게 되었다. 하나님의 은혜로 홍수 심판에서 벗어난 노아와 세 아들의 가족은 방주에서 나온 후, 정착하고 번성하기 시작하였다. 그리고 방주에서 나온 각종 동물들도 온 땅으로 퍼져 나가 번식하면서 서서히 땅을 채워 나갔다. 황량했던 죽음의 땅은 생물들이 살 수 있는 환경으로 회복되어 갔다. 노아와 가족들도 먹거리를 농사하면서 포도농사도 지었다. 그래서 포도주를 만들어 마셨다. 어느 날 포도주를 너무 많이 마신 탓에 인사불성이 되어 벌거벗은 채 누워 자고 있었다. 술이 몸에서 대사되면서 열이 많이 발생하여 술김에 옷을 홀랑 벗어버린 모양이다. 장막으로 들어 간 둘째 아들 함이 이 모습을 목격하였고, 이를 자신의 형 셈과 동생인 야벳에게 고하였다. 이에 셈과 야벳은 옷을 들고 가 뒷걸음으로 아비 노아에게 다가가 하체를 덮어주었다. 술이 깬 노아는 자신에게 행해진 일을 알게 되었고, 함에 대하여 노하였다. 그는 함의 아들 가나안을 저주하여 셈과 야벳의 종이 되길 원한다고 하였다.

아비로서 아들과 손자에게 저주를 퍼붓는 이 모습은 너무나 가슴 아픈 상황이다. 술에 취해 민망한 모습으로 잠을 잔 것도 잘못이고, 분노를 다스리지 못해 아들을 저주해 버린 것도 큰 실수이다. 이 실수는 우연히 이루어진 것이 아니다. 홍수가 노아 나이 600세 되던 해에 발생했고, 노아가 950세에 죽었기 때문에 이 사건은 홍수 이후 350년이 흐르는 동안, 어느 날 일어난 것이다. 노아는 하나님을 경건하게 섬기며 살아가던 사람이었지만, 세상을 덮은 홍수 심판이 끝난 후 긴장감은 사라지고, 영적 예민함은 무디어져 갔다. 홍수 이후 생육하고 번성케 하시는 하나님의 복을 누리고 있었기에 모든 일에 형통하였다. 그에게 안 되는 일은 없었다. 하는 일마다 잘되고, 풍성하며, 모든 상황이 평안하였던 노아에게 긴장감은 찾아 볼 수 없었다. 신앙의 자세에서 점점 흐트러지기 시작한 노아는 자신이 만든 포도주를 가까이 하며 즐기는 시간이 많아졌다. 생각과 몸이 흘러가는 대로 따라가다 대실수를 범한 것이다. 하나님을 찾고, 하나님께 기도하며 경건한 삶을 지속적으로 유지해야 했지만, 노아는 그러지 못했다. 자신의 뜻대로 이루어지고 모든 게 순탄했던 노아는 포도주를 탐닉하다가 결국에 술에 져 버렸다. 홧김에 자신의 아들을 대대로 저주받는 존재로 만들어 버렸다.

우리가 살아가다 보면 어려울 때도 있고, 순풍에 돛을 달듯이 순적하게 진행될 때도 있다. 고난으로 힘들 때, 우리는 하나님께 엎드려 구한다. 겸손하게 된다. 그래서 고난이 복이 된다는 말이다. 그런데 주의를 기울여야 하는 때는 하나님께서 우리의 간구를 들어 주시고, 힘든 상황에서 벗어나게 했을 때이다. 내 힘이 아니고 하나님의 은혜로 어려운 기간을 이겨낼 수 있었고, 평안을 누리게 되었지만 이를 잊어버리는 것이다. 그래서 좀 더 자자 좀 더 눕자 하며 영적 게으름을 피우고, 영적 긴장의 끈을 놓아 버린다. 이때가 위기이다. 내가 잘 나간다고 여길 때가 큰 실수를 범할 때임을 잊지 말아야 한다. 선 줄로 알거든 넘어질까 조심해야 한다. 나의 상처를 싸매시고, 나의 눈물을 닦아 주시며, 사막에 강을 만드시는 하나님의 은혜를 구한다. 하지만 하나님의 복이 임한 그 이후를 우리는 더더욱 경계해야 한다. 하나님의 불꽃 같은 눈이 나를 보고 계신다는 사실을 잊지 말아야 한다. 오늘도 나의 말과 행동과 생각 가운데 하나님께서 싫어하시는 부분이 있지나 않은지 살피며 영적 불침번을 세우며 걸어가길 원한다.

# 재미난 동물세계

# 붉은 바다거북의 항해비밀

대한민국 해병들은 포항에서 태어난다. 해병대 교육 훈련단이 포항에 있기 때문이다. 나는 한 달에 한 번씩 해병대 교육 훈련단 교회의 주일예배에 참석하곤 했다. 훈련병들에게 창조주 하나님에 대한 특강을 하기 위해서다. 수백 명의 청년들이 까까머리에 훈련복을 입고, 약간은 긴장된 모습으로 자리를 메우고 있다. 이들 모두가 크리스찬이라서 교회에 온 것은 아니다. 훈련기간 동안에는 주일날 종교 활동이 의무적이므로 교회나 성당, 혹은 법당 중 하나를 선택해서 참석해야 한다. 그래서 교회예배에 대한 호기심과 아울러 동료 훈련병과 의견교환을 통해 이번 주일에는 교회로 가보자고 결정하여 찾아 온 것이다. 예배당을 가득 메운 새벽이슬 같은 청년들이 구호를 외칠 때 들려오는 함성은 나의 나른한 정신을 깨우고, 새로운 에너지를 준다. 해병대는 다른 군대와는 달리 자원하는 청년들만 받아들인다. 해병이 되기 위해서는 7주간의 혹독한 훈련을 받는데, 입소 후 첫 일주일은 테스트 기간이다. 이 기간 동안에는 해병대 훈련을 포기하고 돌아갈 수 있다. 끝까지 견뎌 보겠다고 결심한 청년들만 바다에서, 공중에서 그리고 산악에서 실시하는 매서운 훈련을 받는다. 각종 훈련을 성공적으로 치르고 나면 가슴에 붙이고 있던 노란 명찰을 떼고, 해병의 상징인 빨간 명찰을 붙인다. 해병대 훈련소에 가면 다음과 같은 구호가 붙어 있다. '누구나 해병이 될 수 있다면 나는 결코 해병대를 선택하지 않았을 것이다.' 아무나 해병이 될 수 없다는 것이다. 무적해병이 되기 위해서는 강인한 체력과 함께 정신무장을 해야 한다. 그래서 훈련의 양도 많고 훈련의 과정이 몹시 힘들다. 어렵고 힘든 훈련을 거치면서 마침내 해병이 되었을 때, 그들은 자부심을 가지며, 남다른 소속감을 가지면서 동료 및 선후배와 끈끈한 유대관계를 형성한다. 그래서 한번 해병이면 영원한 해병이라고 한다. 이에 더하여 교육단 교회에서는 한번 해병이면 천국까지 해병이라고 외친다. 크리스찬 해병으로서 천국까지 함께 가자 라는 의미일 것이다.

그렇다. 우리가 반드시 가야 할 영원한 고향은 천국이다. 이 땅에서 나그네 삶을 마치면 우리가 궁극적으로 가야 할 본향이 천국이다. 궁극적으로 우리가 천국의 영원한 복락의 삶을 누리지 못한다면, 이처럼 불행한 일은 없을 것이다. 우리는 하늘나라를 아직 경험하지 못했지만 지극히 아름답고 행복한 곳이라는 믿음을 가지고 있다. 그리고 무엇보다도 우리의 본향이 그곳이므로 천국에 당도하기까지 순례자의 삶을 살아야 한다. 순례의 종착지는 천국이다. 목적지가 없는 순례는 방황일 뿐이다. 멀리 이동하는 동물 중에도 자신이 가야 할 방향과 목적지를 분명히 체득하고 있는 놀라운 경우를 종종 목격한다.

바다생물 가운데 거북이의 일생을 살펴보면, 참으로 재미난 모습을 발견하게 된다. 플로리다 동부 해안에서 부화한 붉은 바다거북은 걸프만 해류를 따라 북동쪽으로 이동하였다가 성체가 된 다음, 다시 미국 남동쪽 해변으로 내려와 자신이 태어난 곳으로 돌아온다. 알에서 갓 깨어난 붉은 바다거북은 어떻게 바다로 향해 이동할 수 있을까? 바다로 들어 간 새끼거북은 어떻게 방향을 잡아 헤엄쳐 나갈까? 이런 질문에 대해 미국 노스캐롤라이나 대학교의 로만(Lohmann) 박사 연구팀은 여러 실험을 통해 그 비밀을 밝히고, 실험생물학 저널에 발표하였다. 이들의 연구에 의하면, 붉은 거북이의 대부분은 밤시간에 부화한다. 알에서 깨어 나와 본능적으로 바다를 향해 이동하는데, 그렇지 않으면 육지에 사는 너구리나 여우 등에 의해 잡아먹히기 쉽다고 한다. 그러므로 새끼 거북이는 바다로 기어가서 빨리 도착하는 것이 생존에 필수적이다. 그런데 바다로 향해서 움직이는데, 가장 중요한 신호는 시각신호이다. 즉 새끼 거북이는 알에서 깨어나자마자 주위보다 조금 더 밝은 곳으로 움직인다. 바다의 물이 달빛이나 별빛을 더 많이 반사하므로 알이 묻혔던 모래언덕보다는 조금 더 밝다. 그래서 새끼 거북이는 밝은 쪽인 바다로 방향을 잡고 기어가는 것이다. 일단 바다에 입수하고 나면, 해변을 떠나 넓은 바다로 헤엄쳐 가야 한다. 이때 가장 중요한 결정요인은 파도라고 한다. 파도가 밀려오는 방향을 감지하고, 해변의 반대 방향으로 헤엄치는 것이다. 파도가 전혀 없는 경우에는 방향을 잡지 못하고, 무작위로 움직이거나 원형으로 뱅뱅 도는 것을 볼 수 있었다. 이를 미루어 볼 때, 파도가 밀려오는 것이 중요한 신호가 됨을 알 수 있다. 그리고 거북이가 깜깜한 밤에 물속에서 헤엄칠 때도 파도의 방향을 감지하는 것으로 봐서 눈으로 파도를 확인하는 것은 아니라는 것이다. 아마도 파도가 전파되는 것과 관련된 궤도 이동을 감지하는 것으로 판단된다. 해변과 가까운 얕은 곳에서는 파도의 굴절이 일어나므로 굴절이 일어나지 않는 방향을 향해 헤엄친다고 이해하고 있다. 그런 가운데 점차 깊은 바다로 나아갔을 때는 이것이 더 이상 좋은 방향신호가 될 수가 없다. 왜냐하면 그곳은 육지와 멀리 떨어져 파도의 변형이 일어나지 않기 때문이다. 따라서 또 다른 신호감지 시스템이 필요하다. 육지와 멀리 떨어진 대해로 나가면, 붉은 바다거북이 플로리다 해변에서 동쪽으로 방향을 잡았다가 이어 북동쪽으로 방향을 잡는다. 거북은 이를 어떻게 정할까? 거북이가 장착한 또 다른 센서는 지자기장의 변화를 감지하는 시스템이다. 자기장 컴퍼스에 의존하여 방향을 잡고 헤엄치는 것으로 보인다. 바다거북은 위도에 따른 자기장의 차이를 구별할 수 있다는 것이다. 바다거북은 이동 중에도 끊임없이 위치에 따른 자기장의 세기와 변화 정도를 측정할 수 있다. 그래서 긴 항해를 수행하는 동안, 자신의 위치에 대한 좌표 설정이 가능하므로 정해진 방향으로 나아갈 수 있는 것이다.

이처럼 바다거북은 대단히 정밀한 항해 시스템을 갖추고 있다. 자신이 어디로 가야 하는 지를 정확하게 알고 가는 것이다. 마음 내키는 대로 헤엄치지 않는다. 현재 위치에서 자신이 가진 탐지장치를 활용하여 부단히 올바른 방향을 찾아 이동하는 것이다. 참으로 놀라운 내비게이션 시스템을 갖고 있다. 우리가 이 땅을 살아가면서 방향 없이 사는 것처럼 허무한 것은 없다. 무서운 집중력으로 엄청난 노력과 희생을 감수하며 살았더라도, 무엇을 위해 살아야 하는지 최종 목표가 불명확하다면, 얼마나 허망한 일인가! 한번밖에 살지 못하는 인생이다. 어디로 가야 하는지, 어떤 방향으로 걸어야 하는지, 정확한 설정이 필요하다. 끊임없이 지금의 내 위치에 대한 좌표설정이 이루어져야 한다. 매일 면밀한 분석을 통해 방향점검을 하면서 목표를 향해 걸어가야 한다. 하나님의 마음에 합했던 다윗은 하나님의 뜻대로 살고자 했던 목표가 있었다. "다윗은 당시에 하나님의 뜻을 따라 섬기다가 잠들어 그 조상들과 함께 묻혀"(행 13:36)라고 성경은 말하고 있다. 평생을 살아가면서 하나님의 뜻을 구하며 그 뜻을 이루기 위해 살았다는 것이다. 물론 다윗의 생애에 실수가 없었던 것은 아니다. 실패의 순간에도 하나님의 뜻을 깨달았을 때, 그는 즉시 회개하고 하나님께서 가리키신 방향으로 옮겼다. 자신의 고집대로 살지 않았다. 하나님의 자녀된 우리는 하나님을 찬양하고, 하나님을 섬기며, 하나님의 성품을 닮아가며, 하나님의 뜻을 이루는 삶을 살아야 한다. 이것이 목적 있는 삶이라 할 수 있다. 이 목적을 지속적으로 인식하고, 목표를 향한 궤도수정을 하며 나아가기 위해서는 하나님의 말씀을 늘 묵상하고, 배우고, 깨닫는 작업이 이루어져야 한다. 하나님의 말씀이 나에게 나침반이 되기 때문이다. 아직도 실수투성이지만 하나님을 향한 나의 마음이 변질되지 않고, 하나님께서 지시하시는 방향으로 오늘 하루도 발걸음을 떼기 위해서는 말씀을 사랑해야 한다. 오늘도 하나님의 말씀이 지시하는 방향으로 전진하는 나 자신이 되길 간절히 기도한다.

# 가장 빠르게 헤엄치는 물고기

　미국 캘리포니아에서 공부 중인 아들을 만나 잠시 머무는 동안, 아들 집에서 멀지 않은 롱비치 대형 수족관을 구경한 적이 있다. 각종 해파리와 말미잘들의 하늘거리는 모습과 화려한 색상의 물고기들이 자유롭게 헤엄치는 모습들을 바라보며, 거대한 수중 생태계의 면목을 볼 수 있었다. 나는 헤엄치는 법을 배웠지만 아직도 수영실력은 형편없는 수준이다. 자유형으로 헤엄칠 때면 고작 20-30미터 수영하고는 가쁜 숨을 고르며 쉬어야 하는 실력이다. 하지만 물고기들은 우아한 자태를 뽐내며 지치는 기색 없이 여유롭게 수영하는 것을 본다. 물속에서 자유자재로 움직이는 물고기들은 어떤 구조적 특성을 가지고 있을까?

　물고기를 관찰해 보면, 몸의 근육을 움직여 좌우로 흔들고, 꼬리도 함께 흔들어 물을 때리며 헤엄치는 것을 알 수 있다. 그러면서 아가미 뒤에 있는 가슴지느러미와 등과 배에 있는 지느러미들을 활용하여 몸의 균형을 잡는다. 등지느러미는 물고기의 몸을 수직으로 유지시켜 주며, 가슴지느러미는 옆으로 벌려 평형을 유지시키고 방향을 바꾸는 데 이용된다. 특히 날치는 가슴지느러미가 잘 발달되어 있어 이를 옆으로 한껏 벌리고, 꼬리지느러미로 물을 세차게 쳐서 물 위로 솟구쳐 날아간다. 물고기는 저마다 독특한 지느러미의 구조를 가지고 있어서 자신만의 특화된 방법으로 헤엄치며 살아간다. 그런데 물속에서 가장 빠르게 헤엄치는 물고기는 무엇일까? 세상에서 가장 빠른 물고기는 돛새치라고 한다. 돛새치는 인도양과 태평양에서 주로 살며 몸길이만 2m 정도 되고, 등지느러미가 돛을 단 것처럼 크고 넓다. 이 물고기는 시속 110km로 헤엄칠 수 있다고 하는데, 독특한 모양의 지느러미들과 강한 근육이 빠른 속도를 가능하게 한다고 여겨지고 있다. 따라서 돛새치를 바다의 스프린터라 부른다. 이렇게 재빠른 몸놀림을 자랑하는 돛새치 못지않게 대단히 빠르게 헤엄치는 물고기가 또 있다. 바로 청상아리다.

청상아리는 대개 3-4m 정도의 몸길이를 가지는데, 5m까지 크게 자라기도 한다. 상어 가운데 가장 빨라 청새치나 참다랑어 같이 빠르게 수영하는 물고기들을 잡아먹는다. 그리고 물 밖 6-9m 정도로 뛰어 오르는 능력도 보유하고 있다. 청상아리는 돛새치처럼 크고 넓은 지느러미를 가지고 있지 않다. 그럼에도 불구하고 대단히 빠르게 헤엄치며 민첩한 몸놀림을 자랑한다. 어떻게 이것이 가능할까? 그 비밀은 피부 표면에 돋아 있는 작은 비늘에 있음이 밝혀졌다. 이 비늘은 청상아리의 온 몸을 덮고 있으며, 약 0.2mm 크기로서 아가미 뒤쪽의 옆구리 부분에 가장 잘 발달되어 있다. 비늘은 삼지창처럼 3개의 융기면을 가지고 있으며, 몸에 붙일 수도 있고 세울 수도 있는데, 최대 각도 40도까지 세울 수 있다. 비늘들이 머리에서 꼬리 방향으로 배열되어 있어 같은 방향으로는 매끈하게 만져지고, 반대로 쓰다듬으면 까칠하게 느껴진다. 이렇게 피부에 돋아난 비늘들은 피부 근처에서 발생하는 역방향의 유체 흐름을 억제하는 기능을 가진다. 즉 헤엄칠 때 역방향의 힘이 덜 작용하도록 하여 빨리 수영하게 하는 것이다.

물과 같은 유체의 흐름은 압력차이가 있어야 가능하다. 압력이 높은 곳에서 낮은 곳으로 흐른다. 물이 물고기 주위를 흐르면 물고기 표면에 경계층이 발생한다. 이 경계층은 물이 가지고 있는 점성 때문에 생기며, 물고기 표면을 따라 흐를수록 그 두께는 커진다. 물이 흘러가면서 물고기의 몸을 때릴 때 압력이 발생하고, 흐름이 진행되는 동안 압력은 점점 증가한다. 왜냐하면 물과 물고기 표면 사이의 마찰력 때문이다. 물고기의 몸으로부터 멀리 떨어진 물 입자는 자유롭게 흐르지만, 물고기 피부에 가까이 위치할수록 점성으로 인한 마찰력 때문에 저항을 받는다. 그래서 물이 흐르는 방향으로 물고기를 잡아 당기는 힘이 발생하는데, 이를 전단력(shear force)이라 한다. 그래서 물과 같은 유체와 물고기 같은 물체가 만나 발생하는 마찰력으로 인해 유체가 흐르는 방향과 같은 방향의 힘을 물체가 받게 되며, 이를 항력(drag force)이라 한다. 즉 항력은 물체가 유체 내에서 운동할 때 받게되는 저항력이다. 이러한 저항력에 기여하는 또 다른 유체현상이 있다. 즉 물고기 표면에서 마찰력으로 인해 압력이 점점 커지면 결국 물의 흐름이 멈추는 지점이 발생하고, 이 지점 이후에는 역방향의 흐름이 발생한다. 물의 유동속도가 제로가 되면, 물 입자는 물고기 표면으로부터 떨어져 나가기 시작하며, 이 현상을 유동박리(flow separation)라 한다. 유동박리가 일어나면 물 입자가 표면에서 떨어져 난류가 발생하고, 물의 흐름과 반대방향으로 생기는 압력차이 때문에 역방향의 흐름이 발생한다. 작은 소용돌이가 생기는 것이다. 이렇게 되면 뒤로 당기는 항력에 또 영향을 미치게 된다. 다시 말해서 물이 표면에서 마찰력으로 인해 흐르는 방향으로 물체를 당기는 항력이 발생하고, 물체 표면의 경계층에서 발생하는 유동박리 때문에 뒤로 당기는 항력이 또 발생한다. 그래서 물고기가 헤엄 쳐 나갈 때, 뒤로 잡아 당기는 저항이 생기는 것이다. 하지만 청상아리는 온 몸을 덮고 있는 작은 비늘들을 이용하여 피부 표면에서 발생하는 유동박리 현상을 현저히 줄여주는 놀라운 기능을 가지고 있다. 즉 비늘은 피부 근처에서 역방향의 흐름이 생기지 않도록 하여 저항력을 감소시키는 기능을 가지는 것이다. 그래서 청상아리는 다른 물고기보다 훨씬 재빠르게 물 속을 이동할 수 있다.

물 속을 살아가는 물고기는 유체인 물에 의해 발생하는 저항력을 최대한 줄이는 것이 필요하다. 그래서 에너지를 절약함과 동시에 물속에서 신속한 몸놀림을 가능케 하여 잡아먹히지 않고 생존케 한다. 물고기 몸의 폭과 길이 비율은 0.2-0.3 사이이다. 이는 몸의 넓이에 비해 길이가 3-5배 정도 되는 유선형의 모습을 가진다는 말이다. 이 비율은 현대과학이 설계한 요트에도 그대로 적용된다. 최대의 복원력과 최소의 저항을 가짐으로써, 바다에서의 항해가 원활하도록 한다. 물고기는 유선형의 몸으로 표면의 유체 흐름을 부드럽게 지나가게 한다. 이와 아울러 물고기는 독특한 지느러미들을 장착하여 균형을 유지하며, 속도 있게 헤엄치도록 설계되어 있다. 이뿐 아니라 청상아리의 경우에는 피부 표면에 돋아난 비늘이 물속에서의 저항을 줄여줌으로써, 이동을 쉽게 만드는 놀라운 기능을 추가적으로 가지고 있다. 이러한 형태와 세밀한 구조는 우연히 저절로 만들어진 것이 분명히 아니다. 청상아리의 비늘이 독특한 구조와 배열을 이루고 있는데, 이것이 물속에서 헤엄치는데 최적화된 것이라면, 다른 물고기에도 동일한 형태와 기능의 비늘이 생겨나야 한다. 하지만 각각의 물고기는 제각기 독특한 구조의 지느러미와 비늘을 가지고 있다. 비늘은 발생될 때 중배엽으로부터 발달하는데, 청상아리 피부에 우연히 한두 개 발생하더라도 이것만으로는 전혀 도움이 되지 않는다. 수천 개의 비늘들이 동시에 나타나 피부에 장착되어야만 그 기능을 발휘할 수 있다. 따라서 피부 전 지역에서 돌연변이가 발생하여 삼지창 구조의 비늘이 부착되어야 할 뿐만 아니라 규칙적으로 배열되어야 하는데, 이것이 저절로 일어날 수 있겠는가? 아무리 오랜 세월 지난다고 우연히 생겨날 수 있나? 생명체가 환경에 가장 잘 적응할 수 있는 형질을 어쩌다가 갖게 되어 요행히 살아남았다고 하는 적자생존의 이론은 생명체의 존재에 대해 너무 단순하게 보는 것이다. 물고기의 수영만 자세히 들여다보더라도 고도의 설계와 과학적 원리가 숨어 있다. 물에 사는 다양한 생물들이 최적의 기능을 발휘하여 물속 환경에서 살아갈 수 있도록 하나님께서 세밀하게 설계하셨음을 인정하지 않을 수 없다. "만물이 그로 말미암아 지은 바 되었으니 지은 것이 하나도 그가 없이는 된 것이 없느니라"(요 1:3). 물고기만 바라보더라도 우연히 저절로 생

겨나지 않았음을 짐작할 수 있는데, 하물며 사람이랴! 땅에 발을 딛고 곧추 서서 걸으며, 심장은 쉼 없이 펌프질하고, 끊임없이 숨을 들이쉬며 살아가는 나의 모습이 우연히 지구상에 나타났다고 믿을 수가 없다. 내가 어쩌다가 이 땅에 출현했다고 믿는 것은 하나님에 의해 창조되었다는 사실을 믿는 것보다 더 큰 믿음이 있어야 한다. 나를 직접 설계하시고, 이 땅에 나게 하시며, 은혜로 살아가게 하시는 아버지 하나님을 찬양하며, 그 분의 신묘막측한 창조의 손길을 높이 찬양 드린다.

# 과학발전에 기여한 해파리


생물들 가운데는 스스로 빛을 내는 동물들이 있다. 특히 깊은 바다로 내려가면 다양한 생물체들이 빛을 내고 있다. 미국의 연구진이 원격제어 무인 잠수정을 이용하여 캘리포니아 앞바다에서 수심 4,000미터까지 촬영한 것을 분석하였는데, 약 75%의 바다동물이 빛을 내는 것으로 파악되었다. 특히 대부분의 해파리와 일부 물고기와 오징어도 발광단백질을 생산하고, 이를 통한 생화학 작용으로 생물발광 현상을 보였다.

일본 나고야 대학교의 히라타 요시마사 교수는 오징어나 문어 같은 해양 연체동물 가운데, 빛을 내는 것들의 발광 원인에 대해 연구를 하고 있었다. 그래서 단백질 가운데 한 가지가 빛을 내는 기능을 가진다는 사실을 알고 논문으로 발표하였다. 이때 히라타 교수의 연구실에서 조교로 함께 연구했던 사람이 시모무라 오사무였다. 시모무라 박사는 미국으로 건너가 해파리의 발광에 대해 연구를 지속하였다. 약 1만 마리의 애쿼리아 빅토리아(Aequorea Victoria)라는 해파리를 갈아 추출하여 분리한 끝에 빛을 내는 단백질의 정체를 밝힐 수 있었다. 그게 바로 1962년에 발표된 녹색 형광 단백질(Green Fluorescent Protein)이다. 이 단백질은 아미노산 238개로 이루어졌으며, 자외선이나 파란색의 빛을 비추면 녹색의 빛을 방출하는 성질을 갖고 있다. 녹색 형광 단백질을 이용하면 세포 안에서 합성되는 다양한 단백질이 어디에서 생기며, 어디로 이동하는지 추적하는데 유용하다. 이처럼 세포 내 형광 표지자로 사용할 수 있으리라고 생각한 사람은 더글라스 프래셔(Douglas Prasher) 박사였다. 그는 녹색 형광 단백질의 유전자를 클로닝하기 위해 노력했고, 단백질의 정체가 밝혀진 이래 30년 후인 1992년에 해파리의 DNA로부터 이 단백질의 유전자를 분리하여 염기서열을 확인하였다. 이 유전자를 유전자 재조합 방법으로 특정 단백질의 유전자에 선택적으로 붙이면 융합 단백질이 만들어져 형광을 띨 수 있다. 그래서 세포에서 만들어지는 융합 단백질은 녹색으로 빛나기 때문에 발현과 역할, 그리고 움직임을 광학현미경으로 확인할 수 있다. 또한 세포가 유전자 발현을 통해 융합 단백질을 만들어내므로 독성이 없고, 살아 있는 세포에서 일어나는 단백질의 기능을 실시간으로 살펴볼 수 있게 되었다. 이와 아울러 단백질 자체가 자외선만 쬐면 녹색 형광을 발생하므로 별도의 반응 기질이 필요 없다. 그래서 세포 내 단백질의 표지 물질로서 대단히 편리하여 획기적인 방법으로 자리잡게 되었다. 이러한 아이디어를 실천에 옮긴 이들이 마틴 챌피(Martin Chalfie)와 로저 첸(Roger Tsien)이었다. 이들은 프래셔 박사에게 유전자를 부탁하여 자신의 연구에 적용하였다. 챌피 박사는 대장균과 예쁜꼬마선충 생체에 이 단백질을 발현시켜 살아 있는 선충에서 유전자 발현을 공간적으로 추적할 수 있음을 보였다. 그래서 이 연구결과를 1994년 '사이언스'에 논문으로 발표하였다. 로저 첸 박사는 녹색 형광 단백질의 아미노산 65번의 세린(serine)을 트레오닌(threonine)으로 바꿔 더 밝은 녹색 빛을 내는 단백질을 만들었다. 그리고 66번의 타이로신(tyrosine)을 히스티딘(histidine)으로 바꾸면 파란색 형광이 나왔고, 트

립토판(tryptophane)으로 바꾸면 청록색 형광이 방출됨을 발견하였다. 또한 203번의 트레오닌을 타이로신으로 바꾸면 노란색 형광이 나온다는 사실을 규명하여 파란색, 청록색, 노란색 형광 단백질을 만들었다. 그래서 여러 단백질에 각각 다른 형광 단백질을 붙여 동시에 그들의 기능을 살펴 볼 수 있게 되었다. 또한 형광 공명 에너지 전이기법을 이용하여 두 개의 다른 형광 단백질을 부착한 분자들이 상호작용할 때, 이를 실시간으로 추적할 수 있어서 역동적인 단백질의 기능을 이해하는데 크게 기여하였다. 그래서 이들은 시모무라 오사무와 함께 2008년 노벨 화학상의 주인공으로 이름을 올렸다. 그런데 녹색 형광 단백질의 유전자를 분리한 프래셔 박사는 노벨상을 받지 못하였는데, 그 이유는 연구를 지속하지 못했기 때문이다. 그는 매사추세츠 주의 우즈홀 해양연구소에서 연구원으로 일하던 중, 녹색 형광 단백질 유전자의 클로닝을 완성하였다. 그래서 이 유전자를 활용하는 연구과제를 미국 국립보건원에 제출하여 연구비를 신청하였지만 받지 못하였다. 이로 인해 프래셔 박사는 연구소를 떠났고, 이어서 농무성 산하의 연구소와 NASA 관련 연구소에서 일하다가 연구과제가 정리되자 그만두었다. 그는 연구를 접고 생계를 위해 자동차 판매 회사의 셔틀버스 기사로 일하였는데, 이때 노벨상 소식을 듣게 되었다.

녹색 형광 단백질의 발견 덕에 스스로 빛을 내는 생물들의 빛 생성 기작을 이해하게 되었다. 심해생물이 빛을 내는 이유는 먹이를 유인하는데 이용하거나 포식자로부터 자신을 방어하기 위한 수단으로 활용한다. 또한 서로 의사소통을 하기 위해서도 이용된다. 이들은 상황에 따라 경고의 빛을 발하기도 하고, 자기의 짝을 찾는 신호로 활용하기도 한다.

이들 발광 생물처럼 우리 그리스도인도 빛을 발산해야 한다. 그리스도인 중에는 스스로 하나님의 자녀라고 말하지 않아도 드러나는 경우가 많다. 음식 앞에서 조용히 눈을 감고 감사기도 드리는 모습을 본다든지, 건전하고 반듯한 삶의 자세를 보면 신앙인이 아닐까 미루어 짐작하기도 한다. 삶의 모습에서 빛된 표시가 있을 때, 주님의 제자임이 드러난다. 성경에서는 우리를 빛의 자녀로 칭하며 그렇게 행하라고 한다. "너희가 전에는 어두움이더니 이제는 주 안에서 빛이라. 빛의 자녀들처럼 행하라. 빛의 열매는 모든 착함과 의로움과 진실함에 있느니라. 주께 기쁘시게 할 것이 무엇인가 시험하여 보라"(엡 5:8-10). 우리 스스로는 빛이 아니지만 주님 안에서는 빛이 된다고 한다. 하나님이 빛이기 때문에 그 안에 있는 우리도 빛이 되었다. 빛의 속성은 주위를 밝히는 것이다. 그러므로 주위에 빛을 비추는 우리가 되어야 한다. 빛을 비추기 위해서는 하나님을 본받는 자가 되어야 한다고 가르친다. 주님께서 우리를 사랑하신 것처럼 우리도 서로 사랑해야 한다. 그리고 어두움의 모습들을 허물 벗듯 털어내야 한다. 음행과 온갖 더러운 것, 탐욕을 버려야 한다. 더러움과 어리석은 말과 희롱의 말을 하지 않아야 한다. 우리가 하나님을 알기 전에는 어두움에 있었고, 우리의 삶에는 빛이 없었다. 하지만 이제 빛이 되었기에 착함과 의로움과 진실함의 열매를 맺어야 한다. 하나님 없이는 이러한 열매를 맺지 못하고, 빛을 내지 못한다. 그러므로 우리 삶의 목표는 예수님이어야 한다. 다시 말해서 우리의 삶에 예수님의 모습이 구현되어야 한다. 예수님의 말과 생각과 행동이 나의 것이 되도록 해야 한다. 주님이라면 이 상황에서 어떻게 말씀하시고, 어떻게 행하실 것인지를 늘 생각하는 자가 되어야 한다. 그래서 주님을 기쁘시게 할 것이 무엇인지 항상 생각하는 자가 되라고 성경은 말하고 있다. 어두운 짓거리에 대해서는 경고의 빛을 보내야 한다. 어렵고 소외된 자들에게는 위로와 격려의 빛을 전해야 한다. 가난한 자들에게는 도움을 주고, 외로운 자에게는 동행함이 필요하다. 낙담하고 좌절한 자에게는 용기를 줄 수 있어야 한다. 빛이 있으면 어두움의 세력은 약해진다. 이처럼 우리가 이 땅을 빛으로 밝게 하려면, 빛이신 하나님 안에 든든히 서 있어야 한다. 우리를 통해 빛을 전하기 위해 열심이신 하나님을 기억하며, 그 분의 빛나리 자녀로서 제대로 살아야겠다고 다짐해 본다.

# 도마뱀이 천장을 걸어 다니는 이유

　나는 싱가폴에서 생활한 경험이 있다. 싱가폴 난양 이공 대학교에서 1년간 연구년을 보내며 학생들을 가르치고, 그곳 교수들과 공동연구를 함께 한 적이 있다. 싱가폴은 작은 도시국가이지만 환경이 깨끗하고 질서 있는 나라이다. 젊은이들이 자신의 나라에 대해 긍지를 가지고 있었고, 스스로 미래를 준비하며 부지런히 살고 있는 모습이 보기에 좋았다. 나의 가족은 캠퍼스 안에 있는 교수숙소에 머물렀는데, 처음에 가장 놀랐던 것은 집안에 게코(gecko)라는 도마뱀이 돌아다니는 것이었다. 이 도마뱀은 동작이 민첩했고, 벽을 타고 올라가며 천장을 휘젓고 다녔다. 처음에는 무척 징그럽게 여겼는데, 차츰 시간이 흐르면서 익숙해졌다. 그곳 사람들은 게코를 자신들과 함께 생활하는 동반자로 인식하며 무심하게 대했다. 게코 도마뱀이 집안의 모기나 파리 등 해충들을 잡아먹기 때문에 집안을 마음대로 돌아다녀도 내버려 두었다.

　게코 도마뱀은 몸길이가 12cm 내외이고, 배는 암회색을 띠며, 몸에는 검은 색 반점을 불규칙적으로 가지고 있다. 이 동물이 천장을 걸어 다녀도 떨어지지 않는 이유는 발바닥에 특수장치가 있기 때문이다. 발바닥에는 지름이 5-10μm, 길이 50-100μm의 강모들이 있는데, 1mm$^2$에 5,000개의 강모가 빼곡히 들어서 있다. 그래서 게코 도마뱀의 발바닥에는 수백만 개의 강모들이 있는데, 일정한 패턴으로 배열되어 있다. 각 강모의 끝은 지름 $0.2-0.5\mu m$, 길이 $1-2\mu m$ 크기의 주걱 모양 섬모가 수백 개로 갈라져 있다. 강모 털의 미세한 섬모들이 표면과 접촉하면서 벽에 오를 때 착 달라붙게 한다. 즉 강모들이 벽면에 닿을 때 오목한 빨판 모양의 주걱 구조에서 공기가 빠져 나가며, 빨판과 벽이 서로 밀착되므로 접착력을 나타내는 것이다. 이때 빨판 표면과 벽 사이에 발생하는 힘을 반데르 발스(Van der Waals) 힘이라고 한다. 이 힘은 원자, 분자, 그리고 표면 간에 작용하는 작은 인력을 말한다. 분자량이 크고 분자간 거리가 가까울수록 힘이 커진다. 하나의 반데르 발스 힘은 매우 약하지만 수백만 개가 동시에 작용하면, 4kg의 중량도 거뜬히 버틸 수 있는 힘을 가진다. 그러므로 40g 정도의 도마뱀 체중을 지탱하는 것은 아주 쉬운 일이다.

최근에는 게코 도마뱀의 발바닥에 나있는 미세 털 구조의 특성을 활용하여 접착 시스템을 만드는 연구가 활발하다. 이런 연구를 통해 개발된 것을 '게코 테이프(gecko tape)'라 부르는데, 강한 접착력을 가졌을 뿐 아니라 쉽게 붙였다 뗄 수 있는 특성을 지녔다. 이는 화학물질에 의한 접착이 아니라 물리적 성질에 의한 접착 시스템이기에 가능하다. 미국의 렌슬러 공대 연구자들은 탄소 나노 튜브로 강모를 만들어 고분자 표면을 덮어 도마뱀 발바닥보다 4배나 접착력이 강한 인공 게코 테이프를 만들었다. 그리고 스탠포드 대학에서는 벽을 타고 오르내릴 수 있는 로봇을 만들었다. 2017년에는 독일과 미국의 공동 연구팀이 병이나 그릇 등을 부드럽게 감싸 쥘 수 있는 로봇 손을 개발하였다. 게코 도마뱀 발바닥의 강모에서 아이디어를 얻어 막구조를 이용한 섬유질 접착제를 만든 것이다. 연구팀은 부드러운 고무로 작은 깔대기 형태를 만들어 표면에 깔았다. 그리고 소형 공기펌프와 연결하여 표면에 부착된 깔대기로부터 공기를 뽑아내면 강한 접착력을 발휘하였다. 이러한 막구조 섬유질 접착장치를 이용했을 때, 매끈한 면뿐만 아니라 울퉁불퉁한 표면에도 강하게 접착할 수 있었다. 그래서 이 기술을 활용하면, 매우 섬세한 전자장비나 자동차 또는 비행기처럼 복잡한 기계 시스템에 특정 임무를 부여한 로봇을 투입할 수 있다고 한다. 그리고 수천만 번 사용해도 기능이 손상되지 않을 정도로 내구성이 뛰어난 강점을 가지고 있다. 또한 게코 접착장치는 청정 진공환경에서 제조하는 반도체 생산에도 이용할 수 있다. 왜냐하면 반도체 기판을 가공하면서 기판을 들어 옮길 때, 흡착판이나 화학 접착제를 이용하면 더러워질 가능성이 있기 때문이다. 이와 아울러 무중력공간에서 활동해야 하는 우주인에게도 이런 접착 시스템을 적용한 장갑을 착용하면, 자유롭게 물건이나 도구를 쥐고 임무를 수행할 수 있을 것이다. 또한 접착제 없이 피부에 붙여 약물을 전달할 때도 유용하게 사용할 수 있다. 뿐만 아니라 수술용 접착에도 적용할 수 있다. 화학물질이 아니기 때문에 독성이 없고, 인체에 염증을 유발하지 않기 때문이다.

이처럼 도마뱀 발바닥의 독특한 해부구조를 분석하여 첨단 기술개발에 응용하는 것을 볼 때, 도마뱀의 강모 시스템이 얼마나 효과적이고 기능이 탁월한지 놀랍기만 하다. 다시 한번 하나님의 섬세한 설계에 감탄하게 된다. 수백만 개의 강모들이 발바닥에 자라고, 강모의 끝은 수백 개의 주걱 모양의 섬모로 갈라지게 만든 것이 우연히 저절로 생겨났다고 믿기는 참으로 어렵다. 몇 개의 털이 발바닥에 우연히 생겨났다고 치자. 그런데 왜 하필이면 발바닥에만 정열되어 나타나는가? 설사 발바닥에서 강모들이 저절로 생겨나기 시작하더라도 수십 개로는 벽을 탈 수 없다. 자신의 체중에 대한 중력을 이겨내기 위해서는 수많은 강모들이 있어야 가능하다. 그렇다면 어떻게 강모들이 하나둘씩 발바닥에 생겨나기 시작해서 수없이 많아지도록 발달하게 되었을까? 만일 강모의 생성이 저절로 우연히 발바닥에 생겨나기 시작했다면 어떤 과정이 필요할까? 도마뱀이 천장으로 다니며 날파리들을 잡아먹기로 결심하고, 수없이 벽타기를 시도해야 할 것이다. 수없이 벽에 오르다 떨어지는 행동으로 말미암아 발바닥에 자극이 가해지고, 이로 인해 서서히 강모들의 생성을 돕는 유전자 발현이 일어나야 한다. 그런데 강모의 모양이 아무렇게나 생겨서는 기능을 하지 못한다. 강모의 구조가 주걱 모양의 빨판 모양을 하고 있어야 한다. 벽을 타고 올라갈 때, 벽면에 부착할 수 있도록 저절로 만들어져야 하는 것이다. 그렇다면 이런 효율적인 모습으로 변하기까지 얼마의 시간이 필요한 걸까? 진화의 입장에서 보면 발바닥에 강모들이 출현하는 데는 매우 오랜 시간이 걸리는 일이라 예측할 수 있다. 그리고 정교한 주걱 모양의 섬모로 갈라지기까지는 더욱 오랜 시간이 걸릴 것이다. 단시일에 갑자기 나타날 수 있을 정도로 허접한 구조가 아니기 때문이다. 강모의 구조는 너무나 미세하고도 정밀한 시스템이다. 그러므로 오랜 시간에 걸쳐 서서히 변하고 발달되는 과정을 거쳐야 한다. 그렇다면 도마뱀의 벽타기 노력은 꾸준히 대를 이어서 이루어져야 한다. 아비 도마뱀들이 평생 벽타기를 연습하다가 뜻을 이루지 못하고, 자식 도마뱀들에게 유언을 남긴다. 자식은 손자 도마뱀에게 또 유언을 남기는 식으로 자자손손 오랜 기간 시도해야 한다. 벽을 오르는 연습이 줄기차게 이루어지고, 발바닥에 자극을 가해야 할 것이다. 강모의 생성을 기대하면서 말이다. 우연히 강모가 생기더라도 충분한 갯수가 발바닥에 나타나기까지 수천만 년 동안 시도해야 한다. 그동안 게코 도마뱀은 벽을 오르기는커녕 좌절만 할 것이다. 그러다 보면 일찌감치 벽을 타고 올라가는 행동을 포기하지 않았을까? 그냥 땅에 돌아다니며 먹이 사냥을 해도 되는데, 왜 사서 고생을 하느냐고 생각하지 않겠는가? 천장을 걷는 것이 예사로운 일이 아닌데, 대를 이어 가면서 시도할 의미가 있을까? 이렇듯 신비하고도 정밀한 구조의 출현을 진화의 과정으로 우연히 생겨날 수 있다고 인식한다면, 어떻게 설명을 해야 할지 참으로 궁색해진다. 게코 발바닥의 강모는 조물주의 설계에 의하지 않고서는 생겨날 수 없다. 성경에도 도마뱀에 대한 언급이 있다. 레위기 11장에는 도마뱀을 부정한 동물로 구별했다. 그렇지만 잠언에서는 지혜로운 동물이라고 언급하고 있다. "땅에 작고도 가장 지혜로운 것 넷이 있나니…… 손에 잡힐 만하여도 왕궁에 있는 도마뱀이니라"(잠언 30:24, 28). 잡힐 위험이 있는데도 집이나 왕궁에 도마뱀이 활보하는 것은 자신의 먹이가 그곳에 많기 때문일 것이다. 그래서 성경은 도마뱀에게 용기가 있으며 지혜롭다고 표현했다. 이처럼 용감하게 천장을 오르내리는 도마뱀의 발바닥에는 놀라운 비밀이 숨어 있었던 것이다. 하나님께서 만드신 것 중에 신비롭지 않은 것이 있는가? 하찮게 여길 수도 있는 작은 도마뱀에게도 이처럼 복잡하고 정교한 시스템을 설계하시고 작동케 하신 하나님이신데, 하물며 사람을 만드실 때 얼마나 심혈을 기울였을까? 하나님의 섬세하심에 탄복하게 된다. 하나님께서는 우리를 모든 피조물보다 가장 가치 있는 존재로 만드셨다. 그래서 죄와 허물로 영원한 진노의 자리에 있던 우리를 구원하고자 성자 하나님이신 예수님께서 인간의 몸을 입고 이 땅에 찾아 오셨다. 그래서 예수님의 십자가 고난을 통해 피 흘려 값 주고 사신 우리들을 향한 하나님의 사랑과 열심은 얼마나 크고 놀라운가! 그 사랑을 다시 한번 생각하며 나는 그저 '감사합니다'라고 외칠 뿐이다.

# 위장술의 대가는 누구일까?

동물들 가운데는 몸의 형태나 피부색을 적절히 바꾸어 포식자로부터 자신을 보호하거나 먹이 사냥을 하는데 유용하게 활용하는 경우를 본다. 몸의 색깔을 바꾸는 대표적인 동물로는 카멜레온이 있다. 카멜레온은 체색을 다양하게 바꿀 수 있는 능력을 가졌는데, 주변 환경에 맞추기보다는 기온과 기분에 따라 색깔이 변한다. 그리고 의사소통을 할 때도 이를 활용한다고 알려진다. 쉬고 있을 때, 잘 때, 흥분할 때, 두려울 때, 각각 다른 색이 나타나는 것이다. 카멜레온의 발은 두 갈래로 나뉘어져 있어 나뭇가지를 붙잡고 균형을 유지하는데 사용한다. 그리고 두 개의 눈알은 360도 따로 돌아가므로 전후 좌우를 감시하거나 먹잇감을 찾는데 아주 효과적이다. 사냥할 때는 두 눈을 먹이에 고정하여 위치를 판단한 후, 아주 긴 혀를 쭉 뻗어 낚아챈다. 카멜레온의 피부색은 매우 화려하며 복합적이고 재빨리 변할 수 있는데, 이것이 어떻게 가능한 것일까? 스위스 제네바 대학교의 미셸 밀린코비치 (Michel C. Milinkovitch) 교수 연구팀은 아프리카 마다가스카르에 서식하는 표범 카멜레온을 이용하여 연구한 결과를 2015년 네이처 커뮤니케이션즈에 논문으로 발표하였다. 카멜레온은 두 종류의 색소세포를 가지고 있는데, 하나는 멜라닌을 함유한 어두운 세포이고, 다른 하나는 짙은 청색의 세포이다. 이들 색소들의 분산 정도에 따라 피부 밝기를 강하게 조절할 수 있다. 두 종류의 색소세포는 다른 모양과 기능을 가지며 아래 위로 포개져 있다. 윗층의 세포는 삼각형 격자 모양으로 자리잡은 나노 결정의 조율에 의해 색깔을 빠르게 변화시킬 수 있다. 그리고 아래층 세포는 비교적 크고 편평하며 약간은 불규칙적으로 배열되어 있으며 대체적으로 적외선 파장 근처의 빛을 반사시킨다. 이 두 층의 색소세포들이 조합하여 반응함으로써 상황에 따라 다양한 색깔을 띠게 하는 것이다. 즉 색소의 양이나 종류를 조절하는 것이 아니라 아주 미세한 나노 결정의 배열이 변함으로써 특정 파장의 빛을 반사시켜 색이 달라지는 것이다. 예를 들어 같은 수컷끼리 경쟁할 때는 피부의 바탕색을 녹색에서 노란색 또는 오렌지색으로 변한다. 이런 변화는 수분 내에 일어난다. 나노 결정체의 방향과 밀집 정도의 변화가 빠르게 일어나는 것이다. 카멜레온은 이런 독특한 세포층의 구조를 이용하여 놀랍도록 다양한 색상으로 위장하거나 열에 대해 보호를 받는다.

카멜레온이 파충류로서 변신의 귀재라면 어류 가운데는 도티백(dottyback)이 있다. 도티백은 농어목에 속하는 물고기로서 태평양과 인도양의 아열대 산호초 해역에 살고 있다. 몸길이는 8cm 정도인데, 몸의 색깔이 화려하고 등에 3개의 가시를 달고 있다. 도티백이 즐겨 먹는 것은 자리돔 새끼인데, 자신의 몸을 자리돔 색깔로 위장하여 슬그머니 다가가 잡아먹는다. 도티백은 자리돔의 체색과 같은 색으로 바꾸어 마치 자리돔 어미인 것처럼 어린 치어들에게 다가가는 것이다. 도티백은 탐욕스러우며 고독한 사냥꾼이다. 하루에 20마리의 어린 자리돔을 먹어 치울 수 있다. 자리돔은 노란색이나 갈색을 띠고 있다. 밝은 노란색의 산호초에 사는 자리돔은 노란색을 띠고, 산호가 죽어 갈색을 띤 곳에서는 갈색의 자리돔이 살고 있다. 즉 자리돔은 환경에 맞춰 보호색을 가지고 있는 것이다. 도티백은 갈색 산호초와 갈색 자리돔이 있는 곳에서는 갈색으로, 노란색 산호초와 노란색 자리돔이 살고 있는 곳에서는 노란색으로 변신하였다. 그래서 이러한 도티백의 변신은 산호초 색깔로 인한 것인지 혹은 자리돔의 색깔을 따라 바꾸는지 궁금하였다. 이 의문에 대한 답을 얻기 위해 호주의 퀸즈랜드 대학교의 파비오 코르테시(Fabio Cortesi) 박사팀이 실험하였고, 그 결과를 2015년 커렌트 바이올로지(Current Biology) 라는 학술지에 발표하였다. 그들은 갈색 산호초 사이에 노란 자리돔을 넣거나 노란 산호초 사이에 갈색 자리돔을 넣었다. 그런 다음 도티백을 수조에 집어 넣었더니 산호초보다는 자리돔의 색깔에 따라 변하는 것을 확인하였다. 즉 주변의 색상보다는 먹이감의 색으로 위장하는 것이다. 도티백이 먹이감의 색깔을 따라 위장하는 것은 신경작용이나 내분비 작용일 것으로 보고 있다. 먹이를 보면, 신경전달물질이나 내분비 호르몬 신호가 피부의 색소세포에게로 전달되어 변화를 유도하는 것으로 여겨진다. 갈색으로 바뀌는 과정은 노란 색소세포의 스위치를 차단하면서 세포사멸을 유도하는 것으로 시작한다. 그래서 노란색이 옅어지면 갈색이 우세하도록 만드는 것이다. 이런 변신의 과정은 1-2주 정도 걸린다. 이렇게 쉽게 체색을 바꾼 도티백은 사냥 성공률을 3배나 높일 수 있었다.

도티백은 자신의 먹이인 자리돔으로 하여금 안심하게 만든 다음, 사냥하는 수법을 사용한다. 마치 양의 탈을 쓴 이리가 양에게 다가가 잡아먹는 것과 같다. 성경에 보면 하나님의 백성을 넘어지게 하는 사탄이 천사처럼 가장하여 활동함을 경고하고 있다. "사탄도 자기를 광명의 천사로 가장하나니 그러므로 사탄의 일꾼들도 자기를 의의 일꾼으로 가장하는 것이 또한 대단한 일이 아니니라 그들의 마지막은 그 행위대로 되리라"(고후 11:14-15). 광명의 천사로 위장하여 우리에게 다가 오는 사탄은 자유와 평등을 외치면서 개인의 자유를 억압한다. 개혁과 정의를 말하면서 속으로는 온갖 이권에 개입하여 자기들의 배만 불린다. 또한 하나님께서 창세부터 정하신 도덕적 기준을 심각히 훼손시킨다. 낙태, 동성애, 동성혼을 합법화하고, 사람들로 하여금 자신의 정욕대로 살아가는 것이 인간적이고 자연스럽다고 주장한다. 모든 자들과 화평해야 한다는 논리로 하나님을 부정하는 세력과도 손을 잡고, 교회를 비판하며 무너뜨리기 위해 교묘하게 선동한다. 요한복음에 예수님은 양의 문이라 선언하신다. 이 문을 통하지 않고 들어오는 자는 절도요 강도라고 했다. 강도가 원하는 바는 가만히 양의 우리에 들어가 양을 헤치며 죽이기 위함이다. 도적이 오는 것은 도적질하고 죽이고 멸망시키는 것이고, 주님이 오신 것은 양으로 생명을 얻게 하고 더 풍성히 얻게 하려 함이다. 주님은 우리를 인도하시는 목자이기에 그 분의 음성을 듣고 따라 가야 한다. 거짓된 사탄의 음성을 듣는 자의 말로는 영원한 파멸뿐이다. 교회를 무너뜨리기 위해 은밀하게 들어와 활동하는 거짓교사와 사이비 지도자의 가르침을 분별하는 영이 필요하다. 그래서 우리는 바른 판단력과 지혜를 달라고 기도해야 한다. 오늘날 많은 사람들이 회색지대에서 머뭇거리고 있다. 이쪽 저쪽 눈치를 보며 어정쩡한 자세를 취한다. 진리는 선명해야 한다. 때에 따라 색깔이 변하는 것이 아니다. 바알과 아스다롯은 하나님과 분명히 다르다. 너그럽고 포용적인 자세를 취하는 척하며 우상이든 하나님이든 모두 같은 신이라고 생각한다면, 이는 멸망을 재촉하는 일이 된다. 주님께서 이 땅에 오실 때가 가까울수록 사탄은 더욱 혈안이 되어 있다. 한 사람이라도 신앙의 대오에서 떨어지게 만들기 위함이다. 우리를 넘어지게 하는 사탄의 계획을 간파하고, 사탄의 사주를 받는 자들의 달콤한 말에 현혹되지 않도록 깨어 있어야 한다. 나의 연약함을 인정하고 성령님의 도우심을 구하며, 오늘도 주님의 뜻을 분별하여 그 뜻을 이루어 가는 삶이 되길 기도한다.

# 닭이 매일 알을 낳는 이유

내가 대학생 시절, 1년 동안 학교에서 상당히 떨어진 변두리 동네에서 자취를 한 경험이 있다. 자취하는 곳에서 학교까지 바로 가는 버스가 없어서 자전거로 통학을 하였다. 혼자 지내면서 가장 힘든 부분이 식사를 준비하는 일이었다. 아침에 일어나 바쁠 때는 간단하게 요기를 하거나 굶기도 하였다. 그래서 오전 수업을 마친 후에는 캠퍼스 근처의 하숙집을 정해 놓고, 그곳에서 점심만 먹기로 하였다. 점심 식사할 때, 하숙집 아주머니께서는 자주 내 밥에 생달걀을 깨어 파묻어 놓곤 했다. 둘러앉아 같이 먹던 다른 학생들 눈치가 보여 민망해하였는데, 그럴 때 아주머니는 웃으며 말씀하셨다. 하숙집에 있는 학생들에게는 저녁에 통닭을 특식으로 가끔 제공하지만, 그 때마다 나는 먹지 못하므로 달걀이라도 얹어준다는 것이었다. 마음씨 따뜻한 하숙집 아주머니의 배려로 점심 식사는 항상 푸짐하게 먹었던 기억이 남아 있다. 달걀은 단백질과 비타민, 탄수화물, 아라키돈산, DHA, 레시틴, 콜린 등 필요한 영양소를 골고루 갖춘 완전식품이다. 이처럼 닭은 알을 우리에게 선사할 뿐만 아니라 양질의 고기도 제공한다. 기름에 고소하게 튀긴 치킨은 전 세계인들이 사랑하고 즐겨 먹는 음식이다. 우리나라에서는 맥주 안주로 닭튀김이 인기를 끌고 있어서 치킨과 맥주를 줄여 치맥이라는 단어로 자리잡았다. 이처럼 닭은 우리 식탁에 없어서는 안될 소중한 먹거리로 자리매김하고 있다. 그래서 전 세계적으로 매년 500억 마리의 닭이 사육되고 있다고 한다.

그런데 날씨가 추울 즈음이면 닭을 감염시키는 전염병이 돌아 떼죽음을 당하는 경우가 많다. 조류 독감이 유행하면 양계사업에 엄청난 피해를 남긴다. 2016년 말에는 전라남도 해남군과 충청북도 음성군 농가에서 H5N6형 조류 독감 바이러스가 감염되어 전국적으로 퍼져 나갔었다. 그래서 해를 넘겨 닭띠 해인 2017년 초까지 유행했는데, 전국적으로 3,000만 마리가 넘는 닭들이 무더기로 매몰 처분되었다.

조류 독감은 조류가 걸리는 전염성 호흡기 질병으로 인플루엔자 바이러스가 감염됨으로 발생한다. 주로 닭, 오리 등에 발병하는데 치사율이 높아 가축에게 발생하는 구제역과 함께 쌍벽을 이루는 전염병이다. 조류 독감은 철새들이 날아오는 겨울철에 많이 발생한다. 철새들

은 감염되어도 증상이 미약하여 쉽게 죽지 않는다. 그래서 철새 도래지 인근이 전염의 주요 진원지가 되고 있다. 조류 독감은 A형 인플루엔자 바이러스에 의해 발생하는데, 바이러스 표면에 존재하는 단백질의 종류에 따라 다양하게 분류된다. 즉 헤마글루티닌(Hemagglutinin)과 뉴라미니데이즈(Neuraminidase) 단백질의 여러 아형에 따라 다양한 조합이 발생하여 여러 종류로 만들어진다. 사람 독감의 경우, H1,2,3과 N1,2 형이 주로 조합을 이루고, 조류에는 15종의 인플루엔자 바이러스가 감염시킨다. 그중에 H5형과 H7형이 강한 전염성을 가진다. 조류 바이러스도 인체에 감염되는 독감 바이러스와 섞이면, 유전자 조합에 의해 고병원성 바이러스로 나타날 수 있다. 그러면 사람에게도 위험하므로 초기방역에 힘을 쏟아야 한다. 하지만 독감 바이러스가 열에는 약하기 때문에 닭고기, 오리고기, 계란 등을 충분히 익혀 먹으면 안전하다.

닭은 사람에 의해 가장 많이 사육되는 가금류이다. 기원전 5,400년 전의 닭뼈 화석이 중국에서 발견된 것으로 보아 오래 전부터 인간은 닭을 사육했던 것 같다. 이렇게 닭을 사육한 이유는 고품질의 단백질 고기와 아울러 각종 영양소가 풍부한 알을 얻을 수 있기 때문이다. 그런데 닭은 어떻게 매일 알을 낳을 수 있을까? 2004년에 국제연구팀에 의해 닭의 유전자 지도가 밝혀졌다. 이를 바탕으로 스웨덴 웁살라 대학의 마이클 조디 박사팀은 야생 닭과 유전자를 비교 분석하여 두 가지 흥미로운 점을 발견하였다. 먼저 근육세포에 많이 발현되어 있는 TBC1D1이라는 유전자에 변이가 발생한 사실을 확인하였다. TBC1D1 유전자는 인슐린 호르몬에 의해 근육으로 포도당이 수송되는 과정을 조절한다고 알려져 있다. 이 유전자의 기능을 잃어버리면 지방 축적이 일어나 비만해진다고 한다. 이와 아울러 갑상선자극 호르몬 수용체의 유전자에도 변이가 발생한 것을 알았다. 이 유전자의 중요한 기능은 갑상선 호르몬 생산에 영향을 줄 뿐만 아니라 생식기능도 조절하는 것이다. 그래서 야생 조류로 하여금 특정 계절에 생식하도록 한다. 하지만 닭은 이 유전자에 변이가 생겨 아무 때나 달걀을 낳을 수 있게 된 것이다. 닭은 6년 이상 살 수 있지만, 알을 얻고자 하는 경우, 겨우 1년 정도 사육하고 만다. 산란계는 한 해에 무려 300여 개의 알을 낳는데, 산란율이 떨어지면 바로 교체되고 처분된다. 한편 고기용 닭은 더 빨리 처리된다. 불과 14주 정도 사육된 다음 식탁으로 올라간다. 기네스북에 의하면 가장 오래 산 닭은 16년이나 살았다고 한다. 그리고 가장 많이 알을 낳은 암탉은 1년 동안 무려 371개의 달걀을 낳았다고 한다. 이렇게 집닭이 많은 알을 낳을 수 있는 것은 바로 유전적 변이가 일어난 때문이었다. 그래서 인간은 알을 매일 낳는 닭을 좋아하고 더 가까이 한 것 같다.

닭은 사람과 친근한 동물로서 우리의 삶과 긴밀한 관계를 이루고 있다. 수탉의 우렁찬 울음소리는 농촌의 새벽을 깨우는 소리였다. 꼬끼오 소리에 새로운 하루가 주어졌음을 알고 자리에서 일어났다. 그래서 그 날의 농사일을 준비하였다. 성경에도 닭 울음소리는 무기력한 한 영혼을 깨웠던 것으로 기록되어 있다. 베드로는 가장 열정적으로 스승을 사랑하고 따랐던 제자였다. 예수님도 그를 아끼시고 공생애 기간 동안 항상 곁에 있게 하시고, 주님의 하나님 되심과 인간다운 면모를 모두 목격하도록 하셨다. 공생애 마지막 즈음에 예수님께서는 십자가 고난을 예견하시고, 최후의 만찬을 제자들과 함께 가지셨다. 그리고 기도하시기 위해 감람산으로 오르셨는데, 이때에 주님은 제자들에게 "오늘밤에 너희가 다 나를 버리리라"고 충격적인 말씀을 하셨다. 이에 베드로는 "내가 주와 함께 죽을지언정 주를 부인하지 않겠나이다"라고 맹세하였다. 하지만 예수님은 베드로를 향하여 "오늘 밤 닭 울기 전에 네가 세 번 나를 부인하리라"고 예언하셨다. 그날 밤 대제사장이 보낸 자들에게 예수님이 붙잡혔고, 그 현장에서 베드로는 다른 제자와 함께 도망쳐버렸다. 그리고는 멀찍이 붙잡혀 가시는 예수님을 따라 대제사장의 집으로 따라 갔다가 비겁하게도 주님을 세 번이나 모른다고 부인하고 말았다. 예수님의 경고가 있은 지 불과 10시간도 되지 않아 사람들 앞에서 예수님을 알지 못한다고 하였고, 심지어 저주까지 하였다. 그 순간 어디선가 닭의 울음소리가 들려 왔고, 주님은 안타깝고 측은한 심정으로 베드로를 쳐다보셨다. "주께서 돌이켜 베드로를 보시니 베드로가 주의 말씀 곧 오늘 닭 울기 전에 네가 세 번 나를 부인하리라 하심이 생각나서 밖에 나가서 심히 통곡하니라"(눅22:61-62). 자신이 하늘처럼 우러러 보고 따랐던 스승이 너무나 쉽게 결박에 묶이는 것을 보면서 베드로는 낙담하였다. 두려웠다. 위기의 순간에 한없이 작아지고 말았다. 그래서 처참하게 무너진 것이다. 그럼에도 불구하고 예수님은 그에게 긍휼의 눈길을 보내셨다. 부끄럽기도 하고 스스로에 대한 실망으로 심하게 자책하는 자리에서 털고 일어서라는 의미로 그윽이 쳐다보신 것이다. 배신으로 얼룩진 자신이 너무나 초라하고 비참했지만, 긍휼과 자비의 눈길을 보내시는 주님과 눈이 마주쳤을 때, 베드로는 주님의 무한한 사랑과 용서를 느낄 수 있었다. 그 순간 들려오는 닭 울음소리에 불현듯 주님의 말씀을 기억하며 통곡할 수밖에 없었다. 그의 마음을 비수처럼 찔러 회개의 울음을 터트리게 만든 것은 새벽 공기를 가르는 닭 울음소리였다. 우리는 한없이 연약한 존재다. 아무리 혈기왕성하여 자신만만하고 대단한 결심을 한다 해도 막상 절체절명의 순간에 맞닥뜨리면 주님을 부인하기 쉽다. 자신을 의지하다 보면 어이없이 무너져 내리고 만다.

스스로 강하다고 믿는 사람일수록 더욱 형편없이 산산조각 나기 쉽다. 우리가 확실히 깨달아야 할 것은 나의 의지는 믿을 만한 것이 되지 못한다는 것이다. 수많은 실수와 실패의 짐을 지고 걸어가는 존재임을 인정해야 한다. 주님의 도우심 없이는 핍박과 무시무시한 위협 앞에 신앙의 지조를 지킬 수가 없다. 순간순간 깨어지기 쉬운 나의 모습을 인식하고, 주님만 온전히 신뢰하는 믿음의 사람이 되길 소원해 본다.

# 초원의 신사 기린의 생존비밀

동물의 왕국을 보면, 사자들의 먹이 사냥으로 쫓고 쫓기는 긴장감 넘치는 장면을 보는 경우도 있지만, 평화롭게 동물들이 어울려 지내는 곳도 보게 된다. 크지 않은 물웅덩이 주변에는 사슴과 얼룩말 그리고 기린들이 한가하게 풀을 뜯기도 하고, 물을 마시기도 한다. 이때 우아한 몸짓과 늘씬함을 뽐내는 동물이 기린이다. 아프리카 초원의 신사로 불리기에 손색이 없다. 기린은 목이 길어 슬픈 짐승이 아니라 잘 뻗은 다리 근육으로 멋진 포즈를 보여 준다.

기린의 수컷은 암컷보다 덩치가 큰데, 키가 4.8-5.5m나 되며, 일반적으로 몸무게는 1,300-1,700kg 정도 나간다. 암컷은 약간 작은데, 수컷보다 30-60cm 작고, 몸무게도 200-400kg 정도 가볍다. 몸에는 갈색, 적갈색, 검은 색의 얼룩 반점이 있는데, 하복부를 제외한 전신에 분포한다. 얼룩 반점의 모양은 기린마다 독특한 패턴을 보여 준다. 지상에서 가장 긴 목을 가지고 있지만, 목뼈의 숫자가 많은 것은 아니다. 사람이나 사슴, 고래처럼 7개의 목뼈를 가지고 있다. 그러나 목뼈의 크기가 커서 긴 목을 가진다. 키가 큰 키다리 체형을 유지하기 위해서는 튼튼하고 강인한 근육골격 시스템을 지녀야 한다. 이와 아울러 서로 멀리 있는 신체조직 간에 재빠른 통신을 가능하게 하는 효율적인 신경망을 가져야 한다. 기린의 신비로운 점은 이뿐만이 아니다. 기린의 목은 거의 2m에 육박하므로 뇌로 혈액을 보내기 위해서는 중력을 거슬러 높이 위치한 머리로 올려 보내야 한다. 그러므로 심장의 기능은 크고 강하다. 기린의 심장 무게는 10kg 정도 되고, 길이가 60cm에 달한다. 혈액을 말초조직까지 보내기 위해서 다른 포유류에 비해 2배나 높은 혈압을 유지한다. 기린의 혈압은 160-260mmHg이며 심장근육은 이를 충분히 지탱하고 있다. 기린은 어떻게 이런 강력한 심장을 소유하게 되었을까?

탄자니아의 아프리카 과학기술연구소의 더글라스 카베너(Douglas R. Cavener) 박사팀은 기린의 독특한 유전자들이 결정적 역할을 했을 것이라는 결과를 2016년 네이처 커뮤니케이션즈 저널에 발표하였다. 연구팀은 같은 기린과에 속하는 오카피(Okapi)라는 동물과 기린의 유전체를 비교하였는데, 기린의 큰 키와 긴 목, 그리고 강한 심장의 발달에 기여하는 유전자들을 발견하였다. 즉 골격과 신경망 및 순환계의 발달을 조절하는 70여 개의 유전자에 변이가 있음을 알게 되었다. 미토콘드리아의 대사와 작은 지방산의 수송에 관여하는 유전자에 변이가 있었다. 그리고 기린에게서 변이가 가장 많은 유전자의 2/3가 골격과 심장 순환계 및 신경계 발달에 중요한 역할을 하는 것들이었다. 낙타도 비교적 긴 목을 가지고 있지만, 기린과 비슷한 유전자 서열의 변이를 보여 주지는 않았다. 기린의 체형에 영향을 미치는 70여 개의 유전자 중에 주목을 받은 유전자는 FGFL1이다. FGFL1은 정상적인 골격 형성과 심혈관 발달에 필수적인 유전자로 알려져 있다. 즉 FGFL1 유전자의 변이는 기린의 수직 골격의 성장과 강력한 심혈관 계통의 발달에 지대한 영향을 미쳤을 것으로 생각되었다. 이와 아울러 개체발달에 중요한 HOXB, CDX4, NOTO 등 세 개의 유전자도 특이한 변이들을 가지고 있음을 확인하였다. 이처럼 유전자들의 변이가 기린의 독특한 체형과 생리적 기능을 가능케 하는데 기여를 했으리라 짐작하고 있다. 기린이 갖고 있는 심장은 터보엔진 같아서 강하게 혈액을 내뿜기 때문에 하퇴부에 있는 혈관벽은 매우 두껍다. 왜냐하면 다리 혈관에 엄청난 혈압이 부과되기 때문이다. 한편 기린은 물을 마실 때, 긴 다리를 양쪽으로 쭉 벌리고, 머리를 숙여 물을 마신다. 평소 심장보다 2m 높이에 위치하던 머리가 순식간에 심장의 아래쪽 바닥에 위치한다. 그러면 심장의 높은 혈압으로 쏟아져 나오는 피는 모세혈관을 망가뜨리고, 뇌조직을 뭉개어 버릴 것이다. 이를 피하기 위해 목 상부에 원더네트(wonder net)라고 불리는 소동정맥 그물조직이 있다. 마치 스펀지처럼 혈액이 스며들었다가 빠져 나온다. 심장에서 나오는 동맥피는 이곳을 거쳐 뇌로 들어가면서 혈압조절이 이루어지기 때문에 과다한 혈류가 머리에 흐르는 것을 방지한다. 그리고 뇌로부터 흘러 나오는 정맥피는 목 정맥에 존재하는 정맥판을 작동시켜 뇌로 역류하여 쏠리는 것을 막는다. 이처럼 기린의 동맥과 정맥의 혈관 시스템은 체형변화에 잘 적응하도록 설계되어 있다. 그리고 긴 목과 머리의 무게를 지탱하기 위해 경추의 등뼈를 타고 내려가 앞쪽 흉추까지 연결된 목덜미 인대는 크게 확대되어 있을 뿐만 아니라 강화되어 있다. 또 기린은 매우 거칠고 강한 혀를 가지고 있다. 매일 63kg의 잎과 잔가지를 먹는데, 45cm나 되는 긴 혀로 해결한다. 나뭇가지에 가시가 있어도 개의치 않는다. 아카시아의 잎을 먹을 때도 가시를 무시하고 먹을 수 있을 만큼 강하다. 그래서 대충 씹어 삼킨 후, 어느 정도 소화된 것을 다시 게워 입으로 씹어 삼키는 과정을 여러 차례 수행한다.

기린의 독특한 체형과 생리를 살펴보다 보면, 하나님의 창조의 설계를 엿볼 수 있다. 1809년 라마르크는 용불용설을 주장하여 기린의 목은 시간이 흐르면서 조금씩 길어졌다고 한다. 즉 낮은 곳의 잎들을 먹어 치운 다음, 높은 곳의 잎을 먹기 위해 애를 쓰다 보니 목뼈의 길이가 조금씩 늘어나고, 이 형질이 자손에게 전달되면서 점진적으로 길어졌다는 것이다. 하지만 이렇게 후천적으로 얻어진 획득형질은 자손에게 전달되지 않는다는 것을 우리는 안다. 그래서 다윈은 자연선택설로 설명을 한다. 기린의 집단 가운데 긴 다리와 긴 목을 가진 개체가 우연히 나타나고, 이 개체는 생존에 유리한 고지를 점하게 되었다. 그래서 살아남은 개체는 긴 목의 형질을 자손에게 물려주었다는 것이다. 그런데 이렇게 목의 길이만 늘어나는 것으로 해결될 문제가 아니다. 신체 구석구석으로 피를 보내기 위해서는 심장의 크기도 증가해야 하고, 혈압도 두 배 이상 높아져야 한다. 그리고 높은 혈압을 견디기 위해서 혈관도 두껍고, 튼튼하게 변해야 한다. 이와 아울러 원더네트라는 그물망 조직의 혈관이 생겨나야 머리를 숙일 때, 뇌출혈로 죽지 않는다. 또한 큰 키의 키다리 체형을 유지하기 위한 골격 및 근육 시스템이 발달되어야 한다. 기린답게 만드는 조직과 기능들이 동시다발적으로 변화되어야 생존이 가능하다. 진화론적 입장에서는 하나의 형질이 변하는데도 오랜 세월이 지나야 가능하다고 주장한다. 체형의 변화와 아울러 다양한 장기와 조직에서의 변화가 동시다발적으로 일어나야만 생존할 수 있는데, 과연 이런 일이 가능할까? 기린의 몸에서 한 가지씩 오랜 세월에 걸쳐 점진적으로 진화한다면, 진화가 덜된 개체는 고개 숙여 물 한번 마시다가 모두 중풍으로 쓰러져 죽어 버릴 것이다. 그렇다면 어쩌다 발생하는 돌연변이가 우연히 함께 신속하게 일어나 한 순간에 조건을 모두 갖추어야 한다. 이런 일이 진화의 시점 어느 순간에 일어났다라고 주장하는 것은 도저히 납

득이 되지 않는다. 기린을 기린답게 만든 것은 하나님의 정교한 설계가 있었기에 가능했다. 길고 우아한 체형에 알맞은 심장과 근골격 체계를 갖추도록 적절히 디자인 하시고 손수 만드셨다. 하나님의 지혜로 이루어진 일이기에 가능했다. 저절로 우연히 생겨나기에는 너무나 복잡한 조건을 가지고 있다. 초원을 거닐며, 멋진 자태를 뽐내는 기린은 하나님의 창조의 걸작품임을 생생하게 보여 주고 있다. 오늘도 나를 특별한 목적으로 직접 지으시고, 자녀로 삼아 주신 하나님의 사랑의 손길을 기억하며 소리 높여 찬양 드린다.

# 모기에게 물리지 않으려면

    뜨거운 여름날에는 열대야로 인해 잠을 설치는 경우가 종종 있다. 날씨가 후덥지근하여 잠을 못 이루며 뒤척이다가 간신히 눈을 붙였는데, 이마저도 힘들게 만드는 게 하나 있다. 바로 모기의 공격이다. 모기가 물면 가려운 피부를 긁다가 잠에서 깨어나는 경우가 많다. 몸이 피곤할 적에는 모기를 애써 무시하고 잠을 청해 보지만, 대부분은 머리맡에서 윙윙거리는 모기 소리에 신경이 쓰여 편히 잠을 청하지 못한다. 그래서 일어나 모기를 잡고 난 다음에야 편안한 마음으로 잠을 잔다.

    수많은 곤충들 가운데 모기는 특별히 우리가 기피하는 곤충이다. 말라리아, 뇌염, 황열병, 뎅기열 등 매우 위험한 질병을 퍼트리는 해충이기 때문이다. 이런 질병을 매개하는 이유는 모기가 피부를 찔러 피를 빨 때, 피가 응고되지 않도록 히루딘이라는 물질이 들어있는 타액을 주입하기 때문이다. 모기의 침이 들어오면 피부의 가려움을 유발하고, 바이러스나 말라리아 원충 등이 함께 전달된다. 모기가 병원균에 감염된 사람의 피를 빨고 난 후, 다른 사람을 물면 전염되는 것이다. 그런데 동물의 피를 흡입하는 주범은 암컷 모기가 한다. 그 이유는 산란을 위해 피가 필요하기 때문이다. 피는 암컷 모기의 난소 발육을 돕는다. 피 속에 들어 있는 단백질들이 알의 성숙을 유도하고 유지시키는 것이다. 암컷도 평소에는 수컷 모기처럼 꽃의 꿀이나 과즙 및 나무의 수액 같은 당분을 섭취하며 지내다가 산란기가 되면 피를 빨아 먹는다. 낮에는 풀숲이나 어두운 곳에서 잠을 자다가 밤이 되면 활동을 개시한다. 모기는 피를 빠는 대상으로 사람만 선택하는 것이 아니다. 포유류, 조류, 양서류, 파충류로부터도 흡혈하는데, 자기 체중만큼 흡입한다. 모기의 체중이 대체로 5mg 정도 되므로 충분히 피를 빨면 몸무게가 두 배나 늘어나는 셈이다. 빨아들인 피를 3-4일에 걸쳐 소화시키며, 이 동안에 난소를 발달시켜 300여 개의 알을 낳는다. 이처럼 암컷 모기는 성충이 된 후에 여러 차례 흡혈과 산란을 되풀이 한다. 웅덩이처럼 고인 물에 알을 낳는데, 알이 부화하면 애벌레가 되었다가 번데기를 거쳐 성충이 되는 생활사를 가지고 있다. 물고기, 자라, 물방개 등이 애벌레를 잡아먹는데, 이러한 천적이 없는

곳에서는 기하급수적으로 모기의 개체수가 증가한다.

모기의 생식을 위해서는 피가 꼭 필요하다. 그래서 산란철에는 피에 대한 강렬한 욕구를 가지고 사람에게 날아든다. 그런데 피를 흡입한 후에는 여러 날 동안 사람을 물지 않는다. 이처럼 숙주를 기피하며, 더 이상 피를 원치 않는 행동에는 두 개의 단계가 있다. 단기적으로는 피를 빨아 복부가 팽만해지고 몸무게가 거의 2배로 늘어나게 되면, 더 이상 숙주를 찾지 않는다. 그리고 장기적으로는 암컷이 피를 소화하여 알을 성숙시켜 산란할 때까지 피에 대해서 더 이상 흥미를 갖지 않는다. 이처럼 충분히 피를 빨아 들이면 당분간 숙주의 피를 원하지 않는데, 그 기간은 왜 형성될까? 다시 말해서 이 기간 동안에는 모기가 설치지 않는데, 왜 그럴까? 모기는 절제할 줄 아는 동물이라서 배가 부를 때는 사람을 괴롭히지 않기로 작정했기 때문인가? 혹은 알을 낳아 2세를 전파할 때까지 방해 받지 않고, 조용한 곳에 있는 것이 생존과 자손번식에 유리하다고 판단했기 때문인가? 이에 대한 답이 미국의 록펠러 대학교 연구팀에 의해 밝혀졌다. 이 연구팀은 2019년 셀(Cell) 지에 그 이유를 논문으로 발표했는데, 신경펩타이드 Y(Neuropeptide Y; NPY)와 관련된 신호전달이 관여한다는 것이다. 이들은 모기에 존재하는 49개의 펩타이드 수용체를 조사하여 NPY-유사 수용체 7(NPYLR7)이 결정적으로 숙주기피 현상에 관여한다는 사실을 알았다. 그들은 이 수용체에 선택적으로 작용하는 물질을 찾기 위해 많은 노력을 기울였다. 그래서 26만 개 이상의 화합물을 테스트한 끝에 6개의 물질을 찾을 수 있었다. 이렇게 찾은 자극물질을 처리하면, 모기가 더 이상 사람의 팔뚝으로부터 피를 빠는 행위를 하지 않았다. 한편 이 수용체 유전자를 적중하여 수용체의 기능을 망가뜨리면, 변이된 모기가 지속적으로 숙주를 찾아 물었고 피를 흡입하였다.

따라서 NPYLR7 수용체를 활성화시키는 화합물을 처리하면, 숙주를 무는 모기의 행동을 억제할 수 있음을 알게 되었다. 그러므로 이 수용체 자극물질을 개발하여 모기약으로 활용하면, 모기가 흡혈에 대해 흥미를 잃게 되고, 이로 인해 병원균의 감염을 막을 수 있으리라 여겨진다.

인류의 조상 아담이 범죄한 이후, 인간은 타락하여 죄성을 지니게 되었다. 모기처럼 죄성은 다른 사람을 쉽게 감염시킨다. 죄를 죄로 여기지 않게 만든다. 죄에 대한 감각이 둔해지고 무덤덤해지며, 죄스러운 삶을 당연하게 여기도록 만든다. 그래서 죄악된 삶을 비판 없이 받아들이도록 한다. 이렇게 죄는 자꾸만 확장되는 것이다. 하나님을 떠나 자신의 욕심대로 살다 보면 자연스럽게 죄성이 드러난다. 범죄한 우리는 하나님의 가르침을 존중하지도 않고, 의로움을 상실한 채로 살아가는 존재가 되었다. 로마서 기자는 인간의 죄성에 대해 이렇게 설명하고 있다. "하나님을 알되 하나님을 영화롭게도 아니하며 감사하지도 아니하고 오히려 그 생각이 허망하여지며 미련한 마음이 어두워졌나니 스스로 지혜 있다 하나 어리석게 되어 썩어지지 아니하는 하나님의 영광을 썩어질 사람과 새와 짐승과 기어 다니는 동물 모양의 우상으로 바꾸었느니라"(롬 1:21-23). 하나님을 의식하지 않고 허망한 생각대로 살다 보니 미련한 꼴이 되었다. 그래서 마음에 내키는 대로 각종 우상들을 섬기며, 그 우상에게 기대고자 하였다. 어떤 이는 스스로 쌓은 재물을 우상으로 여겨 돈을 의존하기도 한다. 또는 세상 사람이 자기를 알아주기를 바라며, 인기와 명성을 우상으로 삼는 이도 있다. 또한 자신을 무시하지 못하고, 함부로 대하지 못하도록 세상적 힘과 권력을 우상으로 좇는 자도 많다. 그런데 이러한 우상들은 우리에게 아무 것도 보장해 주지 못한다. 곧 썩어져 없어질 것들이기 때문이다. 우상을 좇으며 마음에 하나님 두기를 싫어하므로 하나님은 우리를 정욕대로 살도록 내버려 두셨다. 사탄은 이 틈을 노린다. 어떻게 하든지 우리로 하여금 죄에 젖어 살도록 만든다. 세상의 달콤한 재미를 끊임없이 공급하면서 하나님을 찾지 못하게 한다. 하나님을 알지 못해도 세상은 멋진 곳이라 여기게 만든다. 사탄이 가장 원통하게 생각하는 순간은 우리가 하나님을 알고, 하나님의 뜻대로 살게 되는 때이다. 그리고 우리가 죄에 대해 각성을 하고 돌이킬 때다. 그럴 때마다 사탄은 우리를 공격한다. 다시 죄의 올무에 걸리도록 만들고, 죄로 죄를 낳게 만든다. 모기가 피를 흡입하고 난 후 잠시 쉬듯이, 사탄도 우리의 영적 긴장이 풀어질 때까지 기다렸다가 슬그머니 다시 공격한다. 갖은 방법을 다해 유혹함으로써 기어코 넘어지게 만든다. 음란하고 못된 생각을 심어 얽매이게 한다. 세상의 화려함과 짜릿한 재미를 앞에 놓고, 우리로 하여금 덥석 물게 만든다. 간교한 감언이설로 우리를 꼬드긴다. 마음속 죄성이 흐르는 대로 살아도 아무런 문제가 없다고 거짓말한다. 그래서 결국에는 영적 활력을 잃게 만든다. 우리가 파멸할 때까지 집요하게 공격하는 것이다. 따라서 사탄이 우리를 공격하지 못하도록 영적 긴장을 놓지 말아야 한다. 평안하다, 이제 좀 쉬자, 할 때가 위험한 순간이다. 하나님을 부지런히 찾고, 하나님의 말씀으로 그 뜻을 구하고 실천해야 한다. 하나님만이 나의 유일한 구원이요 섬길 대상이다. 썩어질 우상이 아니라 하나님만을 믿는 믿음으로 살아가야 한다. 이로써 더 큰 믿음의 자리로 나아 갈 수 있다. 오직 의인은 믿음으로 말미암아 살아가는 존재이기에 그렇다. 하나님의 말씀이 내 마음에 살아 지속적인 영향을 미칠 때, 죄성의 모기는 맥을 추지 못한다.

# 여왕벌이 되기 위해서는?

외국인 친구들을 만나 담소를 즐길 때, 내가 자주 듣는 질문이 한국에는 김씨가 왜 이렇게 많은가 하는 것이다. 이 질문에 대해 나는 농담 반 진담 반으로 자의적 해석을 말해 주곤 한다. 김(金)이라는 성은 금을 의미하는 것으로 고귀함을 나타내므로 많은 사람이 성으로 가지길 원했기 때문이라고 말이다. 그리고 나는 김해 김가 인데 왕족이었다. 왜냐하면 2,000여 년 전 가야라는 나라가 한반도 남쪽에 세워졌는데, 그 시조가 김수로 왕이었고, 나는 그 후손이기 때문이라고 덧붙인다. 하지만 이제는 왕손임을 자랑하는 것이 아무런 의미가 없는 세상이 되었다. 오늘날은 국민주권 시대이기 때문이다. 국민이 자신들을 위해 일할 사람을 뽑는다. 국민이 왕인 셈이다. 그러나 국민주권 시대가 오기 전에는 나라를 일으킨 사람이 왕이 되고, 그의 자녀가 왕권을 대대로 누리는 특권을 가지고 있었다. 그래서 그 나라가 망하지 않는 한, 왕의 자녀로 태어나야만 왕이 될 기회가 있었다. 그러다 보니 왕조 사회는 혈연적으로 이미 왕족과 평민이 나눠지게 되었다.

곤충 가운데 여왕이 다스리는 꿀벌 사회는 어떤가? 꿀벌 사회에서도 평민과 왕족은 따로 태어나는가? 아니다. 태어날 때는 모두 동일한 신분이다. 그러면 일벌과 여왕벌은 어떻게 나눠지는가? 알에서 부화한 애벌레는 모두 여왕벌이 될 수 있는 가능성이 있다. 다시 말해서 똑 같은 유전 형질을 가지고 있다. 그렇지만 하나의 여왕벌만 나타난다. 이는 많은 애벌레 가운데, 선택 받은 유충에게만 로얄젤리를 지속적으로 먹이기 때문이다. 로얄젤리는 여왕벌로 변신하게 만드는 독특한 음식이다. 3일만에 알에서 깨어난 애벌레는 모두 로얄젤리를 먹는다. 그러나 3일 후부터는 선택된 애벌레만 로얄젤리를 계속 먹게 된다. 이러한 선택이 어떤 기준으로 이루어지는지는 알 수 없지만, 먹는 식단에 따라 신분이 결정되는 것이다. 로얄젤리는 젊은 일벌이 꿀과 꽃가루를 먹고 소화한 다음, 머리 부분에 있는 인두선에서 분비하는 우유빛의 분비물이다. 로얄젤리는 꿀처럼 달지 않고, 매우 강한 신맛을 가진다. 여왕벌로 자랄 애벌레는 로얄젤리를 계속 먹게 되는 기회를 가지는 반면에, 나머지 애벌레는 꿀과 꽃가루를 먹음으로써 일벌이 되는 운명을 가진다. 일벌의 수명은 열심히 일하는 여름엔 45일 정도이고, 그 외에는 3개월, 그리고 겨울을 나기 위한 벌은 6개월 정도 산다. 하지만 여왕벌이 되면 수명이 껑충 뛴다. 무려 5-6년을 산다. 그리고 덩치도 커져서 일벌에 비해 도드라진 자태를 뽐낸다. 일벌은 죽을 때까지 열심히 일해서 꿀과 꽃가루를 모은다. 하지만 여왕벌은 하루 종일 빈둥거린다. 노는 대신 하는 일은 산란이다. 여왕벌은 매일 2,000여 개의 알을 낳는다. 그래서 일생 동안 100만-150만 개의 알을 낳는다. 꿀벌의 모든 애벌레는 태어날 때 동일한 유전자를 갖지만, 먹는 것에 따라 유전자의 발현이 달라져 신분이 바뀌는 것이다. 로얄젤리를 꾸준히 먹느냐 먹지 못하느냐에 따라 생식능력이 없는 일벌이 되거나 혹은 무리의 우두머리인 여왕벌이 된다. 어떻게 먹는 음식에 따라 개체 발생의 차이가 나타나는가? 이 현상에 대해 후성유전학은 답을 제시한다. 비록 유전자는 같더라도 DNA 메틸화는 달라지는 것이다. 유전자 전사조절 부위의 사이토신(cytosine) 염기에 메틸 잔기가 붙으면, 그 유전자의 발현이 억제된다. 반면에 유전자 근처의 히스톤에 아세틸화가 되면, 히스톤과 DNA 사이의 결합이 느슨해져 해당 유전자의 발현이 증가한다. 이렇게 DNA 사슬을 감고 있는 히스톤 단백질은 아세틸 잔기뿐만 아니라 다양한 화학적 변화를 경험한다. 아세틸 잔기가 붙는 것 외에도 인산화가 일어나며, 메틸화도 되고, 유비퀴틴(ubiquitin), 수모(sumo) 등 단백질이 붙기도 한다. 이러한 변화는 세포의 환경이나 자극의 종류에 따라 달라진다. 이처럼 DNA 염기서열이 같더라도 유전자의 메틸화에 차이가 나거나 히스톤 단백질의 변형이 생기면, 해당 유전자의 발현에 차이가 생긴다. 그래서 각 유전자의 발현 정도가 달라짐으로 인해 개체의 표현형이 변하는 것이다.

그러면 로얄젤리에 무엇이 있기에 이처럼 일벌과 여왕벌로 신분을 나누게 하는가? 그 해답은 로얄액틴(royalactin)이란 단백질에 있다. 일본 도야마 현립대의 마사키 가마쿠라 박사가 2011년 네이처(Nature)지에 로얄액틴의 기능에 대한 결과를 발표하였다. 로열젤리에는 주로 비타민 B군이 많이 들어 있고, 불포화지방산, 단백질, 단당류, 비타민C, 효소, 항균성분 및 희귀 미네랄 등이 미량 존재한다. 이런 성분들 가운데 로얄액틴이란 단백질이 결정적으로 기능함을 알았다. 이 단백질은 열에 약해 40℃온도에서 서서히 불활성화 된다. 따라서 40℃에서 1달 정도 둔 로얄젤리를 먹으면 더 이상 여왕벌이 되지 않는다. 이렇게 효능을 잃은 로얄젤리에 로얄액틴을 추가로 첨가하면, 다시 여왕벌로 만들 수 있었다. 이는 로얄액틴의 작용이 중요함을 말해 준다. 재미있는 사실은 로얄액틴을 초파리 애벌레에게 먹였을 때도 초파리의 몸집이 커지고, 알을 2배나 많이 낳는 것이었다. 로얄액틴은 벌에게만 작용하는 것이 아니라 파리의 유충에게도 작용할 수 있음을 보여 준 것이다. 로얄랙틴이 발견되고, 그 기능이 밝혀지면서 여러 연구그룹에 의해 추가적인 연구가 이루어졌다. 그래서 비슷한 기능을 하는 단백질들이 더 있음이 밝혀지고, 2006년에는 꿀벌의 유전체가 해독되면서 9개의 로얄랙틴 유전자가 있다는 사실이 확인되었다. 그러면 어떻게 로얄랙틴이 작용할까? 가마쿠라 박사의 연구결과에 의하면, 로얄랙틴은 상피세포성장인자 관련 수용체 신호를 활성화시켰다. 즉 이 수용체가 활성화되면, 세포의 성장과 분열을 유도함으로 몸집도 커지고, 난소의 발달과 성숙기간이 단축되는 것이다.

이처럼 꿀벌은 먹이에 따라 신분이 바뀐다. 우리도 근본적 신분변화를 경험할 수 있다. 이 변화는 오직 하나님의 은혜로만 가능하다. 신분이 바뀌면 영원한 하늘나라의 상속자로서 살아가게 된다. 천지를 지으신 창조주 하나님의 자녀가 되기 때문이다. "영접하는 자 곧 그 이름을 믿는 자들에게는 하나님의 자녀가 되는 권세를 주셨으니 이는 혈통으로나 육정으로나 사람의 뜻으로 나지 아니하고 오직 하나님께로부터 난 자들이니라"(요 1:12-13). 성자 하나님, 즉 예수님께서는 이 땅에 인간의 몸을 입고 오셔서 우리의 허물과 죄를 담당하시어, 우리 대신에 십자가에 달려 처절한 죽음을 당하셨다. 우리가 치러야 할 죗값을 예수님께서 대신 갚아 주셨다. 예수님께서 나의 죄 문제를 깨끗이 해결해 주신 분으로 믿고 인정하면, 하나님의 자녀가 된다. 하나님의 자녀가 되는 특권은 인간의 혈통으로 주어지지 않고, 사람의 의지로도 얻을 수 없다. 오직 하나님께서 허락하셔야 가능하다. 그런데 감사하게도 하나님께서는 하찮은 우리를 높이시고, 우리를 구원하시기로 작정하셨다. 하나님께서 이러한 사랑의 결단을 하셨기에 미물보다 못한 내가 우주를 통치하시는 분의 자녀가 된 것이다. 우리가 아직

죄인 되었을 때, 그리스도께서 우리를 위해 죽으심으로 하나님께서 우리를 향한 자신의 사랑을 확증하셨다. 내가 무엇이관대 하나님께서 나 같은 자를 알아주시며, 생각해 주시는지, 감사하고 또 감사할 따름이다. 이제 신분의 변화를 경험한 나는 영원토록 아버지 하나님을 찬송하며, 그를 기뻐하는 자로 살아감이 마땅하다. 먼지 속을 기어 다니던 애벌레가 아니라 이제는 하늘을 훨훨 날아다니는 나비와 벌이 되었다. 다시는 죄의 자리에 머물지 않고, 하늘나라의 왕족으로서 천국의 소망을 가지며, 기뻐하는 삶을 사는 것이 나의 본분이다. 따라서 나는 참으로 복 있는 자다.

# 육각형 벌집의 비밀

꿀벌의 집을 들여다보면, 6각형 방이 빼곡히 들어 차 있음을 볼 수 있다. 그 속에는 꿀이 가득 차 있거나 애벌레가 들어 있기도 하다. 꿀벌은 몸에서 분비되는 밀납으로 집을 짓는다. 그런데 6각형으로 이루어져 있다. 6각형 구조는 가장 경제적이며 과학적인 구조이다. 꿀벌은 재료를 적게 사용하면서 튼튼하게 집을 지어야 할 필요가 있다. 빈 공간 없이 차곡차곡 채울 수 있는 도형은 정삼각형, 정사각형, 그리고 정육각형이 있다. 이 중에 최소의 재료로 최대의 면적을 지닌 공간을 만들려 할 때, 정육각형이 가장 효율이 높은 구조임이 수학적으로 증명이 되었다. 빈틈없이 평면을 채울 수 있기 때문이다. 그리고 정육각형은 힘을 적절히 배분할 수 있어서 가장 안정적인 구조이다. 반면에 정삼각형으로 지으면 재료가 많이 들고 공간이 좁아진다. 그리고 정사각형으로 집을 짓게 되면 외부에서 힘이 가해질 때 충격이 분산되지 않아 쉽게 찌그러진다. 정육각형은 외부의 충격을 쉽게 흡수하여 분산함으로써 어지간한 힘에 대해서도 튼튼하게 견딘다. 특히 위에서 내리누르는 힘에 대해서는 잘 견딘다. 벌의 체형은 원형에 가까워 드나들기에는 원형의 집이 편할 수 있다. 하지만 원형으로 지으면 집 사이에 못 쓰는 빈 공간들이 생기므로 비효율적인 건축이 된다.

꿀벌들은 집을 지을 때부터 육각형으로 측량하여 각을 맞추어 짓는 것이 아니다. 벌집의 방을 지을 때, 일단 원형의 모습으로 짓는다. 그런 다음 꿀벌들이 체온을 이용하여 밀랍을 가열시키면 밀랍의 온도가 45℃에 이른다. 그러면 녹아서 액체처럼 유동성을 갖게 되는데, 이때 3개의 방 벽이 맞닿은 곳에서 표면장력이 작용하여 육각형으로 변하게 된다. 그래서 방 사이의 빈 공간도 사라지고 효율적이며 안정한 구조를 갖게 되는 것이다. 그래서 벌집 무게의 30배나 되는 많은 양의 꿀을 저장할 수 있는 튼튼한 구조의 집이 된다. 꿀벌은 밀랍이 녹을 때, 표면장력으로 인해 집 구조가 육각형으로 변하는 물리학적 현상을 본능적으로 이용하는 것으로 보인다.

꿀벌은 꽃이 피는 봄부터 부지런히 꿀과 꽃가루를 모은다. 더운 여름이 다가 오더라도 쉬지 않는다. 날씨가 무더워지면, 좁고 복잡한 구조의 벌집에는 온도가 크게 상승할 것이다. 이를 그냥 내버려두면 온도가 치솟아 벌집의 구조가 허물어질 수도 있다. 따라서 이를 방지하기 위한 환기 전략을 가지고 있다. 벌들은 공기 유출이 잘 일어나는 길목에 자리잡고 날갯짓을 하여 더운 공기를 밖으로 빼 내고 시원한 공기가 유입되도록 한다. 벌들은 각자 다른 임계온도에 반응한다. 즉 자신의 임계온도보다 공기의 온도가 올라가면 날갯짓을 하여 집 안의 공기를 내 보낸다. 우선 임계온도가 낮더라도 이를 감지하는 벌들이 날갯짓을 하여 바람을 형성한다. 즉 온도변화에 가장 민감한 벌들이 합력하여 공기가 바깥 방향으로 흐르게 한다. 그러면 유출되는 공기의 온도를 감지하여 다른 임계온도를 인지하는 벌들이 합세하여 날갯짓을 한다. 그래서 가장 뜨거웠던 지점에서부터 공기가 계속 바깥으로 나가게 만든다. 이렇게 지속적인 환기가 이루어지도록 하여 벌집의 온도를 안정시키는 것이다. 벌들은 집을 시원하게 유지하기 위해 특수부대 벌들을 모집하는 것이 아니다. 온도 변화에 반응하는 날갯짓을 통해 유체역학적 환기 시스템을 작동시키는 것이다. 벌들은 집단적 참여를 통한 조직적인 날갯짓으로 유체의 흐름을 생성함으로써 효율적인 냉각체계를 가지고 있는 셈이다.

이처럼 꿀벌은 가장 튼튼하고 안정한 집을 지을 수 있는 능력을 가지고 있다. 이와 아울러 적은 재료로 넓은 공간을 확보하는 지혜를 보여줄 뿐만 아니라 자신의 집을 냉각하는 에어컨 시스템까지 갖추고 있다. 이런 본능적 능력이 저절로 우연히 만들어졌다고 생각하기에는 너무나 정교하고 치밀하다. 꿀벌이 밀랍을 생산하는 능력을 가진 것도 희한하다. 밀랍은 상온에서 굳어 고체가 되어 벌집 재료로 사용할 수 있는 독특한 물리화학적 성질을 가지고 있다. 꿀벌이 밀랍 생산에 필요한 체계를 갖추려면, 많은 효소들과 재료들이 필요할 것이다. 이들이 무작위적으로 동시에 어쩌다가 생겨날 수 있을까? 그리고 밀랍으로 집을 지을 때, 육각형 구조의 일정한 형태를 가지는 것도 우연일까? 여름철 더운 공기를 바깥으로 보내며 시원한 공기를 벌집 안으로 들어오게 하는 집단적 날갯짓은 어떻게 시작하고 어떻게 조절되나? 벌들로 하여금 적절한 곳에 배치하여 정렬시키고, 일사분란하게 환기 작업을 하게 하는 것은 무엇일까? 많은 개체가 촘촘하고 좁은 공간에서 같이 살다 보면 그런 능력과 질서가 저절로 발생하나? 하나님께서 꿀벌에게 생존에 필요한 신기한 능력을 주신 것이다. 조그만 곤충이지만 그들의 살아가는 모습을 자세히 살펴보면, 놀라운 창조의 설계를 엿볼 수 있다.

꿀벌은 각자 맡은 곳에서 자신의 임무를 충실히 수행함으로써 자신의 사회를 건강하게 떠받치고 있다. 구성원들 가운데 서로 분업화가 잘 이루어져 있다. 한 마리의 꿀벌이 할 수 있는 일에는 한계가 있다.

집도 제대로 만들 수 없고, 꿀을 채집하여 저장하는 양도 미미하다. 또한 홀로 있으면 생존에도 유리하지 않다. 자신보다 덩치 큰 말벌이 공격을 해 올 때는 벌떼처럼 달려들어 방어한다. 혼자서는 역부족이다. 그래서 집단을 이루며, 일벌과 여왕벌이 역할을 나누어 함께 노력함으로써 생존능력을 극대화하고 있다.

교회도 마찬가지다. 한 사람이 교회를 이룰 수 없다. 교회에는 다양한 계층의 여러 종류의 사람들이 모여 있다. 성별이 다르고, 나이가 다르고, 직업도 다르며, 학력도 다르다. 각자의 능력과 강점에 차이가 있다. 하지만 서로 모여 한 공동체를 이루고, 각자에게 주어진 은사대로 맡은 바를 성실하게 수행할 때, 건강한 교회가 되고, 세상의 공격으로부터 견뎌낼 수 있다. "우리가 한 몸에 많은 지체를 가졌으나 모든 지체가 같은 직분을 가진 것이 아니니 이와 같이 우리 많은 사람이 그리스도 안에서 한 몸이 되어 서로 지체가 되었느니라"(롬 12:4-5). 교회는 그리스도의 몸이고, 교회 안에는 많은 지체들이 있다. 지체들이 따로 떨어져 있을 때는 의미가 없다. 함께 모여 온전한 몸을 이룰 때 가치가 있다. 마치 다양한 색깔들이 모여 아름다운 무지개를 이루는 것과 같다. 따라서 교회 안에는 소중하지 않은 지체가 없다. 우리 모두 존귀하신 주님의 몸을 구성하는 필수적인 지체들이다. 교회 구성원은 같은 목적을 가진다. 애굽을 탈출한 이스라엘 민족이 향한 곳은 젖과 꿀이 흐르는 가나안 땅이었다. 이스라엘 백성 중에는 어린아이도 있고, 노인도 있었으며, 조각을 잘 하는 자도 있었고, 실을 꼬아 베를 잘 짜는 사람도 있었다. 서로 달랐지만 그들이 지향하는 바는 하나님께서 그들을 위해 마련하신 가나안 땅으로 가는 것이었다. 교회도 광야 같은 세상을 살아가면서 천국에 입성하기까지 함께 걸어가는 공동체다. 서로 간에 약함을 보완해 주고, 상대방의 강점을 살려 주면서 공동체를 이루어 하늘나라를 소망하며 살아가는 순례자들이다. 특히 어렵고 힘들어 보이는 자들에게 더 큰 관심과 사랑을 베풀며, 함께 삶을 나누는 교회가 되어야 한다. 보잘것없는 나를 주님의 몸된 교회로 불러 주심에 감사하며, 내게 주어진 사명을 성실하게 감당하는 작은 지체가 되길 소원한다.

# 희한한 식물세계

# 꽃은 꿀을 어떻게 만드나?

  찬바람에 옷깃을 여미게 하는 겨울이 끝나고, 따스한 햇살이 비취는 봄이 오면 만물이 생동하며 꿈틀거린다. 앙상했던 나뭇가지에는 예쁜 연록색 나무 잎들이 수줍게 고개를 내민다. 그리고 꽃나무들은 저마다 자태를 뽐내며 화려한 꽃을 피운다. 특히 가까운 산에 많이 피는 아카시아 꽃은 꿀향기를 바람에 실어 내려 보낸다. 그러면 가장 분주하게 움직이는 것이 벌이다. 꽃이 머금고 있는 꿀을 따기 위해 쉬지 않고 날아다닌다. 여왕벌이 낳는 수많은 알들의 부화로 태어난 애벌레를 키워야 하기 때문에 부지런히 양식을 준비하는 것이다.

  꽃은 식물에서 씨를 만들어 번식을 수행하는 생식기관이다. 씨를 만들어내는 종자식물에게서 꽃을 볼 수 있다. 꽃잎과 꽃받침, 암술, 수술들이 모여 저마다 독특하고 화려한 자태를 뽐낸다. 이렇게 4가지 요소들을 모두 가지고 있는 꽃을 '갖춘꽃'이라 한다. 그런데 이 중에 하나라도 빠져 있으면 '안갖춘꽃'이라 칭한다. 봄의 전령으로 아름답게 피는 벚꽃, 살구꽃, 복숭아꽃 등이 갖춘꽃이다. 반면에 호박꽃이나 배꽃 등은 안갖춘꽃들이다. 꽃은 식물에 따라 크기와 빛깔, 모양들이 매우 다양하다. 세상에서 가장 큰 꽃은 동남아시아와 말레이시아 지역에 분포하는 라플레시아 꽃이다. 이 꽃은 직경이 1m가 넘고 무게가 10kg 남짓한다. 이와 아울러 인도네시아 등 열대 우림 지역에서 자라는 타이탄 아룸이라는 꽃도 라플레시아 못지않게 그 크기를 자랑하며, 지독한 냄새를 피워 악명이 높다. 꽃들은 가지각색이지만 자세히 들여다보면 규칙성을 가지고 있다. 꽃의 중심에 암술이 자리하고 있으며 암술대 아래에 씨방이 있다. 암술 주위에는 수술들이 위치하고 있으며 꽃가루를 만들어 낸다. 수술이 생산하는 꽃가루가 암술머리에 묻혀져 수정이 되면 씨방에서는 종자를 키우게 된다. 이때 암술머리는 점액을 분비하여 꽃가루가 잘 달라붙게 한다. 꽃가루받이는 바람에 의해 이루어질 수도 있고, 곤충들에 의해 매개되기도 한다. 바람에 의해 수정되는 꽃을 풍매화라 하는데, 가벼운 꽃가루가 수억 개 뿌려짐으로써 암술을 만나게 된다. 곤충에 의해 수정되는 꽃을 충매화라 한다. 이 꽃들은 벌레들을 유인하기 위해 꿀을 생산하여 꿀집에 저장한다. 꿀벌의 경우, 꽃가루와 꿀을 운반하는데 자신의 몸

무게 반이나 되는 50mg 정도를 실어 나른다.

　그러면 꽃은 어떻게 꿀을 생산하여 꿀집에 보관을 하는가? 미국 스탠포드 대학교와 독일 막스 플랑크 연구소의 연구자들이 꽃의 꿀 생산에 대한 기작을 연구하여 2014년 4월 네이처(Nature) 잡지에 발표하였다. 그들은 쌍떡잎식물인 애기장대를 대상으로 연구를 하였는데, 꿀샘에 당 운반 단백질인 스위트9(SWEET9)가 발현되어 있음을 확인하였다. 꽃 속의 꿀샘은 꿀을 분비하는 조직으로 세포 내에서, 자당 즉 설탕(sucrose)을 만든다. 그런데 식물은 빛 에너지를 사용하여 이산화탄소와 물로 포도당(glucose)을 먼저 만든다. 포도당은 체관을 따라 이동하여 꿀샘의 세포에 들어가 고분자인 녹말로 바뀌어 저장된다. 그런데 꽃이 피기 시작하면 녹말을 분해하여 자당으로 만드는 효소들이 활성화된다. 자당은 포도당과 과당(fructose)이 결합된 이당류다. 이렇게 만들어진 자당을 스위트9 운반체는 세포 밖으로 보낸다. 세포 밖에서는 자당을 분해하는 효소가 있어 포도당과 과당으로 만들어 저장한다. 그러면 세포 밖의 당 농도가 높아지므로 삼투압이 커져 세포로부터 물이 빠져 나와 저장한 꿀의 부피가 커진다. 자당 한 분자 대신에 포도당과 과당 두 분자로 만들면 용질의 농도가 두 배가 되어 삼투압이 커지게 되는 것이다. 꿀은 이렇게 만들어지는데, 자당이 모두 분해되지 않으므로 포도당, 과당, 자당이 혼합된 용액이 된다. 여기에 꽃이 가지는 특유의 향기 성분이 섞여 나비나 벌을 유인하는 것이다. 꽃꿀은 55%의 수분이 증발되어 완숙된 상태로 벌집에 저장된다. 1kg의 꿀을 얻기 위해서는 1마리의 벌이 40,000회 집을 떠나 활동해야 한다. 즉 하루에 1kg의 꿀을 따기 위해서는 1만 마리의 벌이 4회 활동해야 하며, 총 560만 개의 꽃을 찾아 다녀야 한다. 부지런하지 않으면 절대로 얻을 수 없는 것이 꿀이다.

식물은 달콤한 꿀을 만들어 꽃 속에 숨겨 놓음으로써 이를 찾아 오는 곤충으로 말미암아 꽃가루 수정이 가능토록 하였다. 비록 하나의 꽃이 머금고 있는 꿀의 양은 적지만, 벌들이 수많은 꽃들을 방문하여 채취한 것을 벌집에 저장해 놓는다. 우리는 이를 활용한다. 즉 벌들이 애써서 부지런히 모아 놓은 꿀을 슬쩍 가로채는 셈이다. 꿀은 당과 아울러 미량의 단백질, 무기질, 비타민, 젖산, 사과산 등을 함유하고 있다. 이 성분들은 더 이상 분해될 필요가 없기 때문에 소화 흡수가 빠르다. 그래서 쉽게 에너지를 만들기에 피로회복에 좋다.

성경에 보면, 이스라엘 군사들이 전투 중에 꿀을 먹고 원기를 회복한 얘기가 기록되어 있다. 이스라엘의 초대왕 사울 시대에 이웃나라 블레셋과 전쟁이 잦았다. 한번은 블레셋과 대적하기 위해 사울이 600여 명의 군사들과 함께 기브아 근처 미그론에 진을 치고 있었다. 이 때 사울의 아들 요나단은 자기의 호위병과 더불어 계곡을 건너 블레셋 군사들의 진지로 가만히 건너갔다. 요나단이 호위병에게 말하기를 '우리가 건너가 저들에게 가자. 여호와께서 우리를 위해 기적을 베푸실 것이다. 하나님의 구원은 사람의 많고 적음에 달려 있지 않다. 우리가 적들에게 모습을 드러낼 때, 저들이 이리로 오너라 본때를 보여주리라고 하면 하나님께서 우리 손에 그들을 넘겨주셨다는 신호로 인정하면 된다'라고 했다. 이에 호위병은 '당신이 무엇을 하든지 전적으로 따르겠다'고 하자 함께 적진으로 향했다. 그들이 계곡을 건너 블레셋 군사들에게 모습을 드러내자 그들은 '이리로 올라오너라' 외치므로 하나님께서 자신들과 함께 하신다는 확신을 가지게 되었다. 그래서 요나단이 블레셋 군을 쳐서 쓰러뜨리기 시작하자 젊은 호위병도 뒤따라가며 그들을 쳐 죽였다. 이렇게 약 20여 명의 적을 죽이자 블레셋 군은 무서운 공포에 사로잡혀 떨기 시작하였고, 땅이 진동하며 큰 혼란이 발생하였다. 그래서 자기들끼리 치고받았으며, 이 틈을 노려 사울이 이끄는 군사들도 합세하여 블레셋을 치기 시작하였다. 또한 에브라임 산지에 숨어 있던 이스라엘 사람들도 블레셋 군인들이 도주하는 것을 보고 추격하였다. 이렇게 하나님께서는 이스라엘을 블레셋으로부터 구원하셨다. 그 날 이스라엘 군사들은 종일토록 아무것도 먹지 못하고 굶주린 채 지쳐 있었다. 왜냐하면 사울이 '오늘 내가 원수에게 복수하기 전에 무엇이든지 먹는 자는 저주를 받을 것이다'라고 선언했기 때문이었다. 이스라엘 군사들은 전투를 수행하며 수풀에 들어갔을 때 곳곳에 꿀이 있었지만 사울의 저주가 두려워 입에 대지 못하였다. 하지만 요나단은 자기 아버지의 명을 듣지 못하였으므로 들고 있던 막대기를 내밀어 꿀을 찍어 먹었다. 그러자 그는 즉시 원기를 회복할 수 있었다. 그때 한 사람이 그에게 말했다. '당신의 부친이 오늘 무엇이든지 먹는 자는 저주를 받을 것이라 했으므로 우리가 먹지 못하고 굶주린 채 지쳐 있다'고 했다. 요나단은 '그건 말도 안 되는 소리다. 그런 명령은 우리를 해칠 뿐이다. 내가 이 꿀을 조금 먹고 얼마나 기운을 차리게 되었는지 보라'고 했다. 이에 이스라엘 군사들이 용기를 얻어 블레셋으로부터 탈취한 양과 소를 잡아먹었다. 나중에 이 사실을 안 사울왕은 요나단을 죽이고자 하였다 그러나 백성들이 외쳤다. '오늘 이처럼 큰 공을 세운 요나단을 죽여야 하느냐? 우리는 그의 머리털 하나라도 잃지 않게 하실 것을 살아 계신 여호와의 이름으로 맹세하노라'고 소리치며 변호하였다. 이로 인해 요나단은 죽음을 면케 되었다. 사울의 얼토당토 않는 명령만 없었다면 이스라엘 군사들은 숲 속의 꿀들을 먹고 기운을 차려 더욱 용맹하게 전쟁에 임하여 큰 승리를 거둘 수 있었을 것이다. 지도자는 깊이 생각하고 신중하게 말해야 한다. 가벼운 입 놀림으로 대사를 그르친다면 땅을 치며 후회하게 된다. 책임 있는 자리에 이를수록 기분에 따른 즉흥적인 결정을 하지 않아야 한다. 작게 보이는 일일지라도 하나님께 기도하며 그 뜻을 구하는 자세가 필요하다. 매일의 삶에서 성령님의 지시하시는 바를 깨달을 수 있는 지혜를 구해야 한다. 오늘도 내게 말씀하시는 주님의 뜻을 온전히 깨닫도록 성령의 기름부음을 간절히 소원해 본다.

# 딸기는 꿀벌을 원한다

　나에게는 여러 형님들이 계시지만 바로 위에 세 살 차이 나는 쌍둥이 형님이 있다. 이란성 쌍둥이로 얼굴과 키 등 외모가 다르고, 성격에도 차이가 있다. 우리는 함께 자라면서 가끔 티격태격 싸웠던 기억을 가지고 있다. 그렇지만 장성하고 나서는 서로 싸워본 적이 없다. 형들은 막내인 나를 끔찍이 아끼며 사랑해 주신다. 형들이 군복무를 하는 동안에도 휴가를 받으면 동생이 보고 싶어서 내가 공부하던 서울로 올라와 맛있는 밥을 사 주고 내려가곤 했다. 이제는 나이 들어 모두 할아버지가 되었는데도 동생을 향한 사랑에는 변함이 없다. 형님들은 귀한 것을 구하게 되면 동생인 나를 꼭 챙긴다. 특히 나의 아내가 큰 수술을 하고부터는 건강에 좋다는 것들을 이것저것 보내 주신다. 능이버섯을 구해서 보내기도 하고, 칡뿌리 말린 것이나 마늘 절인 것, 감식초 등을 보내준다. 한번은 며칠 간 집을 비운 사이에 무화과를 두 상자나 보내 왔는데, 문 앞에 놓여진 탓에 상자 안에서 너무 익어버려 먹지 못한 적도 있다. 하지만 형이 실망할까 봐 내색을 하지 못했다. 동생과 제수씨의 건강을 위해서 마음을 쓰는 형들의 관심과 사랑에 나는 항상 고마워하고 있다. 며칠 전에는 복분자와 오디를 꿀에 담아 보내 주었고, 꽃가루 화분(花粉)을 한 병 가득히 보내주셨다.

　화분은 꿀벌이 꽃에서 수집하여 모은 것들로 어린 벌의 먹이가 된
다. 꽃의 수술에 있던 꽃가루들이 벌의 다리와 몸에 묻어 운반되어 오
면 이를 타액과 섞어 알갱이로 뭉쳐 모은 것이다. 화분에는 단백질,
탄수화물, 아미노산, 미네랄뿐만 아니라 비타민 종류도 10여가지나
함유되어 있다. 큼직한 병에 가득 든 화분을 보면서 이만한 양을 모으
기 위해 벌들이 얼마나 고생을 했을까 생각하였다. 꿀을 따서 집으로
돌아 온 벌들의 몸에는 적은 양의 꽃가루들이 묻어 있는데, 1회 채집
량이 12mg 정도이다. 벌의 몸무게가 80-100mg 정도이므로 자기 체
중의 15%나 되는 화분을 달고 오는 것이다. 화분 수집량은 흐린 날
보다 맑은 날에 많았고, 15℃ 이하의 쌀쌀한 날씨보다 따뜻할 때 2배
정도 많았다. 종자식물의 경우, 수술에서 만들어지는 꽃가루가 암술
머리에 붙어야 생식이 이루어진다. 이러한 꽃가루받이에 곤충이 기여
하는 바는 지대하다. 꽃은 곤충을 자신에게로 유인하기 위해서 달고
맛있는 꿀을 머금어야 한다. 꿀을 얻기 위해 꽃을 방문한 곤충들은 다
리와 몸에 꽃가루를 묻히게 되고, 꽃을 헤집고 다니는 과정을 통해 자
연스럽게 암술로 꽃가루가 전해지게 된다. 이렇게 곤충에 의해 수분
(受粉)이 되는 꽃을 충매화(蟲媒花)라 부른다. 나비, 나방, 벌 등이 이
러한 역할을 하여 씨와 열매형성에 크게 기여하고 있다. 이 중에 벌
에 의한 수분은 우리의 먹거리 농작물 작황에 특히 중요하다. 벌에 의
해 수정이 되면 열매의 수확량과 품질이 좋아진다는 보고가 있다. 딸
기의 경우, 상품가치가 있는 열매를 얻기 위해서는 꽃가루받이가 조
직적으로 잘 이루어져야 한다. 하나의 딸기열매는 200여 개의 씨방
이 집합되어 있는 구조로 이루어져 있기 때문에 각 씨방에 꽃가루가
전달되어야 온전한 과일의 모습으로 성장할 수 있다. 딸기는 바람이

나 자가수분에 의해서도 수정이 되지만 꿀벌에 의해 수정이 될 때, 가장 확실한 꽃가루받이가 되었다. 즉 군집으로 이루어진 각각의 암술에 꽃가루가 골고루 묻을 확률이 가장 높다는 것이다. 벌이 방문했을 때, 자가수분이나 바람에 의해 수분된 경우보다 딸기의 색상이 더 붉고 밝으며 먹음직스러웠고, 육질도 단단하며 형태가 좋았다. 또한 보관기간이 12시간 정도 더 길어지는 것으로 조사되었다. 다시 말해서 벌에 의한 꽃가루받이는 딸기의 상품성을 크게 증가시킨 것이다. 벌이 꽃을 방문하여 헤집고 다닐 때 식물은 자극을 받아 옥신과 지베렐린과 같은 호르몬을 분비한다. 옥신은 식물성장 호르몬으로서 세포분열을 촉진시켜 딸기를 크고 단단하게 한다. 그리고 지베렐린은 딸기가 물렁해지는 것을 억제하고, 곰팡이 감염에 대한 저항을 높여 품질좋은 열매가 되도록 하는 것이다.

이처럼 꿀벌은 우리 농업에 지대한 영향을 미치고 있다. 그런데 최근 우리나라 토종벌이 멸종 위기를 맞고 있다. 낭충봉아부패병이라는 질병이 발생하여 맥을 못 추고 죽어가는 것이다. 이 병은 바이러스로 인해 생기는데, 토종벌에 감염하는 것은 중국형 바이러스와 태국형 바이러스이다. 애벌레에 침입하여 체내 증식이 활발하게 이루어지면 번데기가 되기 전에 죽고 만다. 그래서 토종벌의 개체수가 거의 95% 이상 감소되었다. 서양에서 들여 온 벌에 비해 토종벌이 유독 이들 바이러스에 약하였다. 이에 대한 유전적 원인을 찾기 위해 국내 연구진에 의해 토종벌의 유전체가 해독되었다. 토종벌은 2억 3,800만 염기쌍의 유전체를 가지고 있으며, 이 유전체에 존재하는 10,600여 개 유전자의 위치와 서열이 밝혀졌다. 꿀벌의 유전체는 30억 염기쌍을 가지고 있는 사람 유전체의 8%에 해당한다. 토종 꿀벌에는 119개의 후각수용체, 10개의 미각 수용체, 10개의 이온수용체를 가지고 있다.

그래서 화학물질에 대한 뛰어난 민감성을 가지고 있다. 이와 아울러 비행근육의 발달과 에너지 대사에 관련된 유전자도 가지고 있었다. 이처럼 토종벌은 좋은 형질을 많이 가지고 있음에도 불구하고 바이러스 감염에는 유독 취약하여 급격한 개체 감소가 발생한 것이다.

벌은 우리에게 참 이로운 곤충이다. 달콤한 꿀을 줄 뿐만 아니라 영양이 풍부한 꽃가루도 얻게 한다. 그리고 농작물의 성장과 열매수확을 위한 꽃가루받이에 절대적인 영향을 미치고 있다. 그래서 오래 전부터 우리는 양봉기술을 발전시켜 왔다.

성경에도 꿀에 대한 구체적 언급이 많다. 하나님께서는 이집트의 종으로 전락한 이스라엘 민족을 해방시키면서 그들에게 젖과 꿀이 흐르는 땅으로 인도하겠다고 약속하셨다. 밭의 소산을 풍성히 얻을 수 있는 기름진 땅을 이스라엘 민족에게 허락하시겠다는 언약이었다. 실제로 가나안 땅을 40일간 정탐하고 돌아 온 정탐꾼들의 보고는 이 사실과 일치하였다. "모세에게 말하여 이르되 당신이 우리를 보낸 땅에 간즉 과연 그 땅에 젖과 꿀이 흐르는데 이것은 그 땅의 과일이니이다"(민 13:27) 라고 했다. 그러면서 두 사람이 장대에 커다란 포도송이를 매달아 가져 왔고, 석류와 무화과도 함께 보여 주었다. 하나님께서 예비하신 땅은 젖과 꿀이 흐르는 곳이었다. 이 땅에서 이스라엘 백성들이 하나님의 예비하신 복을 누리며 살기를 원하셨다. 오늘을 살고 있는 우리에게도 하나님께서는 동일한 소원을 가지고 계신다. 우리 마음이 젖과 꿀이 흐르는 곳이 되길 원하신다. 즉 하나님의 말씀대로 순종하므로 얻을 수 있는 온갖 복락을 누리며 살기를 원하신다. 이를 위해서는 벌이 꽃을 찾듯이 말씀을 부지런히 찾고 사모해야 한다. 시편 기자는 하나님의 말씀을 묵상하며 송이꿀보다 더 달다고 표현하고 있다. 왜냐하면 자신을 짓누르는 문제를 극복하고 승리할 수 있는 길을 성경 말씀에서 찾았기 때문이다. 이뿐만 아니라 말씀을 통해 영원에 이르는 길을 발견했기 때문이다. 나는 연약하지만 하나님은 지극히 강하신 분이다. 비록 나는 미련하지만 하나님은 무한히 지혜로운 분이다. 그래서 내가 의지할 분은 오직 하나님밖에 없음을 고백하는 것이다. 우리가 가진 지혜와 힘은 참으로 초라한 것임을 금새 파악할 수 있다. 불과 한 시간 후에 일어날 일을 나는 알지 못한다. 저 하늘의 별들을 바라보노라면 나 자신이 얼마나 미미한 존재인지 쉽게 이해할 수 있다. 그런데 감사한 것은 천지를 지으시고 지금도 통치하고 계시는 위대하고 광대하신 하나님을 인지할 수 있도록 나의 영안을 뜨게 하신 것이다. 그리고 말씀을 통해 하나님을 이해하게 하심이 너무나 감사하다. 이제는 태산을 넘어 험곡에 가도 빛 가운데로 행할 수 있는 은혜를 누릴 수 있다. 오늘도 내게 말씀하시는 하나님을 사랑하며, 그 분의 말씀을 꿀송이처럼 달게 여기며, 부지런히 말씀에서 길을 찾는 지혜로운 자가 되길 소원한다.

# 겨울에 나무는 왜 벌거벗는가?

　내가 섬기는 교회에서는 10여 명 안팎의 사람들로 구성된 소그룹들이 있어서 매주 그룹별로 만나 삶을 나누며 교제하고 있다. 이 소그룹 모임을 목장이라 하는데, 내가 속한 목장에 타지역으로 이사 가는 분이 생겼고, 또한 새롭게 참여하는 식구들도 있어서 환영식 겸 송별회를 가지기로 하고 호젓한 식당에 모였다. 함께 즐거운 담소의 시간을 보낸 후 서로 헤어지는 시간에 한 분이 나에게 다가 오더니 문득 생각났다면서 질문을 하였다. 평소에 의문을 가지고 있었는데, 왜 겨울이 되면 나무들이 잎을 모두 떨어뜨려 앙상한 가지만 남기는지 궁금하다는 것이다. 무성한 잎이 사라지니 더욱 추워 보일 뿐만 아니라 아깝다는 생각이 든다는 것이다. 봄부터 애써 힘들여 나뭇잎들을 만들어 풍성한 모습이 되고 나면 자랑할 만하다. 하지만 추워지면서 잎들이 누렇게 변하고 바싹 마르더니 결국에는 하나둘씩 떨어져 모두 바닥에 뒹구는 모습이 애처롭다는 것이다. 또한 매년 겨울만 되면 벌거벗었다가 봄에는 새로 잎을 만드는 일이 번거로울 뿐만 아니라 낭비라고 생각한다는 것이다.

　왜 가을이 깊어지면 푸르름을 자랑하던 나뭇잎이 빨간색, 노란색으로 변하다가 급기야는 모두 떨어져 버리는가? 가을을 지나며 겨울이

다가오면, 기온이 낮아지고 공기가 메마르게 된다. 이는 나뭇잎으로 광합성을 수행하기에 좋지 않은 조건이다. 광합성을 왕성하게 하기 위해서는 많은 물이 필요하다. 그래서 뿌리로부터 물을 부지런히 빨아 올려 나뭇잎으로 공급해야 공기 중의 이산화탄소와 함께 탄수화물을 합성할 수 있다. 식물은 빛 에너지를 이용하여 광합성을 할 때 엄청난 양의 수분을 대기 중으로 뿜어낸다. 옥수수 낟알 1kg을 만드는 데 무려 600kg의 물이 필요하다. 하지만 기온이 떨어지고 공기가 건조해지면, 충분한 양의 물을 확보할 수 없게 된다. 그러면 광합성의 활성은 서서히 떨어지게 된다. 왜냐하면 수분 보존을 위해 잎에 존재하는 기공을 닫아 버리기 때문이다. 기온이 떨어지고 수분이 감소하면 나무에 앱시스산이라는 호르몬이 많아진다. 이 호르몬은 식물의 생장조절물질 중의 하나로서 기공개폐, 생장 억제, 노화 및 낙엽 촉진 등을 유도한다. 잎의 기공은 수분이 증발되는 곳이기도 하고, 광합성에 이용되는 이산화탄소를 받아들이는 곳이기도 하다. 나무가 수분의 부족을 감지하면 앱시스산을 만들어내고 잎의 기공을 닫음으로써 물의 손실을 줄인다. 이로 인해 기공을 통한 이산화탄소의 유입도 차단된다. 그리고 기온이 내려가면 광합성에 필요한 각종 효소들의 작용이 느려져 필요한 영양분의 합성이 감소하므로 잎은 점차 시들어 간다. 시들은 나뭇잎이 떨어지는 이유는 가지에 붙어 있는 부분에 떨켜라는 조직이 생겨나기 때문이다. 잎과 가지의 연결부위에 코르크 조직이 만들어짐으로써 수분을 차단하고 해로운 미생물의 침입도 방지한다. 떨켜층이 생겨나면 나뭇잎은 물을 충분히 공급받지 못한다. 그럼에도 불구하고 잎에서는 가을의 따뜻한 날 빛을 받아 광합성은 일어나 당이나 아미노산을 만드는데, 떨켜층 때문에 줄기로 이동하지 못하고 잎에 남게 됨으로써 잎의 산성도가 증가하게 된다. 그리고 가을이 되면 일조량이 적어져 광합성량이 줄어들고, 엽록소의 합성이 중단되어 잎에 풍성하게 존재하던 엽록소는 점점 없어진다. 그러면 엽록소 때문에 가려져 있던 주황색의 카로틴(carotene)이나 노란색의 크산토필(xanthophyll)이 드러난다. 또한 잎에 쌓인 당으로부터 붉은 색의 안토시아닌(anthocyanin) 색소도 만들어져 여러 색소들과 함께 울긋불긋 단풍으로 곱게 단장하는 것이다. 그러다가 결국 나무에서 떨어지게 된다. 이는 겨울을 대비하는 나무의 방어기작이라 할 수 있다.

나무는 겨울의 혹독한 시절을 견디기 위해 단단히 준비를 한다. 나무 내부를 보호하기 위해 단단한 껍질을 만들고, 잎이 떨어진 자리에 겨울눈을 만든다. 겨울눈은 날이 길어지고 따뜻해지면 싹을 틔워 잎, 줄기, 꽃으로 변신하는 것이다. 하지만 겨울에도 푸르름을 자랑하는 나무가 있는데 이를 상록수라 한다. 소나무가 대표적인 상록수인데 잎이 두껍고 바늘 모양을 하고 있으므로 춥고 건조한 겨울에도 견

며낸다. 그러면 소나무는 낙엽을 만들지 않는가? 그렇지 않다. 소나무의 잎도 한번 생기면 계속 가지에 붙어 있는 것이 아니다. 추워지면 낙엽으로 떨어지는데, 잎이 생겨 2년 정도 지나면 잎을 싸고 있던 비늘이 없어지면서 땅으로 떨어진다. 다만 모든 잎을 다 떨어뜨려 앙상하게 되는 것이 아니라 몸의 부피가 줄어드는 정도로 잎의 수가 감소한다. 이처럼 침엽수도 동절기에는 광합성이 줄고 수분이 부족하므로 불필요한 낭비를 줄이는 것이다.

신앙의 삶에도 매서운 추위가 몰려올 때가 있다. 사람이 한평생 살아가면서 어렵고 힘든 시기가 없을 수 없다. 그럴 때마다 낙심하지 않고 꿋꿋하게 이겨 나갈 능력을 배양해야 한다. 믿음의 선배들은 일사각오의 정신으로 순교하기까지 신앙의 끈을 놓지 않았다. 일제시대에 신사참배를 강요하며 탄압과 회유가 있었다. 주기철 목사님은 이에 맞서 끝까지 굴하지 않았다. 그는 네 차례나 투옥되었고, 결국에는 병고와 심한 고문으로 감옥에서 순교하셨다. 신사참배는 우상숭배로서 십계명에 위배되고, 개인의 신앙 양심과 선교의 자유를 억압하는 것으로 보았다. 그래서 교회의 순수성과 거룩함을 지키기 위해 목숨 걸고 저항하신 것이다. 목사님께서 당하신 혹독한 핍박과는 비교하기 어렵지만 우리는 살아가면서 크고 작은 시련을 경험하면서 살아간다. 이를 견뎌내면서 천국백성으로 성장하는 것이다. 그런데 우리의 삶에서 자주 부딪히는 어려움이 있는 반면에 우리가 버티기 힘들 정도의 강한 고난이 말세에 있을 것이라고 성경은 예고하고 있다. "또 다른 천사 곧 셋째가 그 뒤를 따라 큰 음성으로 가로되 만일 누구든지 짐승과 그의 우상에게 경배하고 이마에나 손에 표를 받으면…… 거룩한 천사들 앞과 어린 양 앞에서 불과 유황으로 고난을 받으리니 그 고난의 연기가 세세토록 올라가리로다. 짐승과 그의 우상에게 경배하고 그 이름의 표를 받는 자는 누구든지 밤낮 쉼을 얻지 못하리라 하더라. 성도들의 인내가 여기 있나니 저희는 하나님의 계명과 예수에 대한 믿음을 지키는 자니라"(계 14:9~12). 죄악된 세상의 끝 무렵에는 짐승, 곧 적그리스도가 나타나 하나님을 대적하며 스스로 높여 우상을 만들게 하고 사람들로 하여금 경배하게 한다. 그리고 그들의 회중에 들지 아니한 자들, 즉 짐승의 표를 받지 아니한 자들에게는 참기 힘든 괴로움을 가할 것이라고 한다. 악한 영들이 세상을 장악하고 믿음의 사람들을 핍박할 때가 있다. 그런데 그들의 괴롭힘은 오래 지속되지 않는다. 반드시 끝이 있다. 우리가 믿음의 지조를 지키고 하나님의 계명을 따르며 인내할 때 구원함이 속히 이를 것이라 했다. 극심한 환난 가운데 우리가 마침내 구원받을 그 때가 적그리스도와 그를 따르던 자들에게는 멸망의 시간이다. 그들은 거룩한 천사들과 어린 양 예수님 앞에서 불과 유황못으로 던져져 고난의 연기를 세세토록 피울 수밖에 없는 형벌을 받는다. 우리의 인생 가운데 고통스러운 때가 올 때, 나를 사랑하시고 나를 보호하시는 하나님의 손길을 기억해야 한다. 그리고 종말의 때에 닥쳐올 환난이 우리에게 임할지라도 인내로써 이겨내야 한다. 견디기만 하면 궁극적인 승리는 우리의 것이니까 말이다. 사탄은 결박되어 영원히 꺼지지 않는 불못으로 던져지고, 우리는 예수 그리스도와 함께 세세토록 왕노릇할 것이다. 어느 때에 우리에게 겨울이 찾아올지 알 수는 없지만 깨어 기도하며 서로 격려하는 가운데 환난을 대비하는 믿음의 사람이 되길 소원해 본다.